Rembrandt Harmenszoon van Rijn

Wiederentdeckte Gemälde Rembrandts

in 128 Abbildungen

Verlag
der
Wissenschaften

Rembrandt Harmenszoon van Rijn

Wiederentdeckte Gemälde Rembrandts

in 128 Abbildungen

ISBN/EAN: 9783957007629

Auflage: 1

Erscheinungsjahr: 2016

Erscheinungsort: Norderstedt, Deutschland

Hergestellt in Europa, USA, Kanada, Australien, Japan
Verlag der Wissenschaften in Hansebooks GmbH, Norderstedt

Cover: Rembrandt "Der Künstler in seinem Atelier"

REMBRANDT
WIEDERGEFUNDENE GEMÄLDE

KLASSIKER DER KUNST

IN GESAMTAUSGABEN

SIEBENUNDZWANZIGSTER BAND

*

REMBRANDT

WIEDERGEFUNDENE GEMÄLDE
(1910—1922)

IN 128 ABBILDUNGEN

HERAUSGEGEBEN VON WILHELM R. VALENTINER

ZWEITE, DURCHGEARBEITETE AUFLAGE

DEUTSCHE VERLAGS-ANSTALT STUTTGART

BERLIN UND LEIPZIG

1923

VORWORT

ZUR ZWEITEN AUFLAGE

Die nach Verlauf eines Jahres erscheinende neue Auflage ist um die Abbildungen einiger inzwischen aufgetauchten Meisterwerke — das Bildnis einer siebzigjährigen Dame (S. 34), das Jagdstilleben (S. 44), das Christusbildnis (S. 95), das späte Selbstporträt (S. 96) — sowie um eine Anzahl Studien bereichert worden. Dafür sind, um nach dem Wunsch des Verlegers den gegebenen Raum nicht zu überschreiten, einige der Wiederholungen von Studienköpfen, die nur unter Bedenken aufgenommen worden waren, und im Anhang verschiedene Werke von geringerer Bedeutung gestrichen worden. Mit Ausnahme des ruhenden Amors und zweier Studienköpfe (S. 35, S. 13 und S. 100) ist das neue Material schon von Dr. Hofstede de Groot in seiner Schrift: „Die holländische Kritik der jetzigen Rembrandt-Forschung und neuest wiedergefundene Rembrandtbilder", Stuttgart 1922, veröffentlicht und eingehend gewürdigt worden. In dieser Schrift findet sich auch eine gründliche, methodisch lehrreiche Widerlegung der Angriffe, die der vorliegende Nachtragsband von einigen Seiten erfahren hat. Auch auf die zustimmenden Besprechungen W. von Bodes im Literarischen Zentralblatt (1921) und Kunst und Künstler (1921) sei verwiesen.

W. R. Valentiner.

Der Verfasser ist neben den verdienten Rembrandtforschern W. von Bode, A. Bredius und C. Hofstede de Groot, die ihn am reichlichsten mit photographischem Material unterstützten, besonders den folgenden Herren für die Überlassung von Photographien zu Dank verpflichtet: in Deutschland: Prof. G. Biermann (Hannover), J. Böhler (München), P. Cassirer (Berlin), Geheimrat M. J. Friedländer (Berlin), Heinemann (München), Dr. K. Lanz (Mannheim), F. Lippmann (Berlin), C. A. Mandl (Hamburg), Direktor H. Posse (Dresden), Graf Schall Riaucour (Gaussig); — in Dänemark: Direktor K. Madsen, Dr. G. Falck (Kopenhagen); — in England: Colin Agnew, H. W. Clark, O. Gutekunst, F. T. Sabin, R. Warner (London); — in Frankreich: F. Kleinberger, Dr. M. Lermoyez, Ch. Sedelmeyer (Paris); — in Holland: Dr. A. Bredius (Haag), J. Goudstikker (Amsterdam), A. Preyer (Haag), Jhr van Riemsdijk und W. Steenhoff (Amsterdam); — in Schweden: A. Gauffin, O. Granberg (Stockholm); — in der Schweiz: W. C. Escher, Dr. Wartmann (Zürich); — in den Vereinigten Staaten von Amerika: S. Bourgeois (New York), M. Knoedler & Co. (New York), John D. Mc Ilhenny (Philadelphia).

EINLEITUNG

Es ist keine geringe Leistung des menschlichen Spürsinns, daß es gelang, im Laufe der letzten zehn Jahre hundert bisher unbekannte Gemälde Rembrandts wieder zu entdecken und dadurch das schon 600 Bilder umfassende Werk des Künstlers noch um ein Sechstel zu erweitern. Wie bei manchen Entdeckungen auf anderen Gebieten, gingen dabei Forschungsdrang und Streben nach Gewinn Hand in Hand. Hätten die Werke Rembrandts nicht einen so hohen pekuniären Wert, der auch von dem häufigen Geschmackswandel neuester Zeiten nicht berührt wurde, so würde ihnen wohl weniger eifrig nachgespürt werden.

In der Tat sind die Entdecker der wiedergefundenen Gemälde Rembrandts nicht zum geringsten Teil Kunsthändler gewesen, denen der Weg in die entlegensten Privatsammlungen aus naheliegenden Gründen oft besser geebnet wird als dem uninteressierten Gelehrten. Der Kunsthistoriker hat keinen Anlaß, auf die dadurch geleistete Arbeit, die ohne umfassende praktische Kenntnisse nicht möglich wäre, herabzusehen. Er kann im Gegenteil nur dankbar sein, daß die Wissenschaft, um die er sich bemüht, dadurch wesentlich gefördert wird.

Beim Bestimmen der Echtheit der wiederentdeckten Gemälde haben dann die beiden Herausgeber des großen Rembrandtwerkes, Wilhelm von Bode und Cornelis Hofstede de Groot, das größte Verdienst gehabt. Wenn eine gewisse Vollständigkeit in der folgenden Zusammenstellung erreicht ist, so ist es vor allem dem Entgegenkommen dieser beiden Gelehrten zu danken, die dem Verfasser in gewohnter selbstloser Weise ihre Notizen und ihr photographisches Material zur Verfügung gestellt haben.

1905 erschien der letzte Band des großen Rembrandtwerkes, dem einige ergänzende Aufsätze der beiden Herausgeber in den Jahren danach folgten. Die nächste, möglichst vollständige Ausgabe der Gemälde Rembrandts war die vom Verfasser herausgegebene dritte Auflage des Bandes der „Klassiker der Kunst" vom Jahre 1909, die außer den 595 in jenem Werke veröffentlichten Bildern noch 17 inzwischen bekannt gewordene in Reproduktionen enthielt. Es folgte im Jahre 1915 das umfassende kritische Verzeichnis Hofstede de Groots in seiner Neuausgabe des Catalogue raisonné von John Smith, durch welches die Forschung um ein bedeutendes Stück weitergeführt wurde. Dieses Verzeichnis enthielt nicht allein eine größere Anzahl inzwischen bekannt gewordener oder von seinem Herausgeber neu bestimmter Gemälde, sondern auch eine vollständige Liste aller in Inventaren oder Auktionskatalogen von Rembrandts Zeit bis zur Gegenwart erwähnten Bilder des Künstlers: es bildet fortan ein unentbehrliches Hilfsmittel für die richtige Einordnung neuauftauchender Gemälde Rembrandts.

Der vorliegende Band ergänzt nun jenes Verzeichnis insoweit, als er wieder eine Reihe seither entdeckter Gemälde — es sind im ganzen etwa 35, darunter einige sehr bedeutende, die erst in den beiden letzten Jahren bekannt wurden — aufführt. Auch bringt er verschiedene der bei Hofstede de Groot verzeichneten, aber bisher noch nicht reproduzierten Gemälde in Abbildungen.

Eine gesonderte Ausgabe der in den letzten Jahren wiedergefundenen Bilder des Künstlers in Abbildungen wurde durch die Schwierigkeiten, die sich einer Neuausgabe des Bandes der Gemälde in „Klassiker der Kunst" bei den gegenwärtigen hohen Herstellungskosten entgegenstellten, veranlaßt. Sie hat den Vorteil, daß dem Außenstehenden die neuentdeckten Gemälde Rembrandts im Zusammenhang vorgeführt werden, während sie sich, in dem Gesamtwerk eingeordnet, in der Masse verloren hätten. Für die Besitzer des Hauptbandes sind im Anhang die Ergänzungen und Berichtigungen, die durch die Forschung der letzten Jahre und namentlich durch den Besitzwechsel vieler der dort beschriebenen Bilder bedingt wurden, zusammenhängend aufgeführt.

Man wird im vorliegenden Buch einige Gemälde abgebildet finden, die aus Wiederholungen im Hauptband schon bekannt sind. Es ist eine merkwürdige Tatsache, daß von einer Reihe Rembrandtscher Bilder mehrere, oft fast gleich gute Repliken vorkommen, die ohne Zweifel in des Künstlers nächster Umgebung ausgeführt wurden. Sie zeigen bisweilen so auffallend Rembrandts eigene Technik, daß es nicht verwunderlich ist, wenn die eine oder andere so lange für das Original galt, bis dieses selbst zum Vorschein kam. Dieser Fall trifft für sechs der abgebildeten Gemälde zu, für die beiden Bildnisse von Rembrandts Vater (Nr. 9 u. 20), das Bildnis der Frau in phantastischem Kostüm (Nr. 43), die Kreuzigungsskizze (Nr. 51) und den kleinen Studienkopf von 1654 (Nr. 79), von denen vier sich schon durch die echte Bezeichnung als die Originale dokumentieren.

Könnte man annehmen, daß bei den großen durchgeführten Bildern eine Wiederholung gelegentlich durch die Besteller veranlaßt worden sei, so erscheint dies nicht sehr wahrscheinlich bei den kleinen unscheinbaren Studienköpfen, von denen Repliken besonders häufig vorkommen. Namentlich gilt dies für einzelne Studien nach alten Männern, die in den vierziger Jahren entstanden, also zu einer Zeit, zu der Rembrandts Atelier besonders reichlich von Schülern besucht war.

So sind von dem bei Bode noch nicht abgebildeten Studienkopf der Sammlung Langaard in Christiania, der um 1645 entstanden ist, noch zwei Exemplare in der Sammlung Johnson in Philadelphia und bei P. Cassirer in Berlin bekannt geworden. Von dem 1643 datierten kleinen Bildnis eines Juden in der Sammlung Schloss in Paris („Klassiker der Kunst" II, S. 355 l.) kommt ein zweites Exemplar ohne Hut, aber mit völlig gleichen Gesichtszügen, früher bei Kleinberger in Paris („Klassiker der Kunst" II, Anhang S. 536 r.) vor, das von Bode und Hofstede de Groot als zweites Original abgebildet wird, aber schwerlich von Rembrandt selbst kopiert ist. Hofstede de Groot führt von dem um 1645 entstandenen Bildnis eines Juden mit Pelzmütze in Kassel nicht weniger als vier „übereinstimmende Wiederholungen" auf, darunter die bekannteste im Louvre (die in „Klassiker der Kunst" II, S. 361 l. irrtümlich statt des Kasseler Exemplares, S. 538, als das Original bezeichnet ist). Zwei, fast identische Studien für den einen der beiden Alten auf der Susannadarstellung von 1647 in Berlin besitzen Herr Heilbuth in Kopenhagen (Hofstede de Groot 56) und Herr de Bischoffsheim in Paris (Hofstede de Groot 59), die gewiß nicht beide von Rembrandt selbst gemalt sind (das zweite, weniger gute Exemplar, abgebildet in „Klassiker der Kunst" II, Anhang S. 540). Auch entdeckte Dr. Hofstede de Groot von dem kleinen Bildnis eines Juden in Glasgow („Klassiker der Kunst" II, S. 363) ein besseres, bezeichnetes und 1654 datiertes Exemplar, das als Original gelten muß; ein drittes Exemplar, in Qualität dem Glasgower verwandt, fand Dr. Binder in Berlin vor kurzem im Kunsthandel. Von dem „lesenden

Mann", den Dr. Bredius neuerdings entdeckte (Nr. 58), waren schon eine Anzahl von guten Schülerwiederholungen bekannt, und von dem „bärtigen Mann mit Barett" aus der Sammlung Hollitscher (Nr. 63) ist kürzlich noch ein zweites verändertes Exemplar aufgetaucht, das jedoch auch kaum als eigenhändig gelten kann.

Diese Beispiele mögen genügen, um es wahrscheinlich zu machen, daß es sich bei diesen Repliken meist um Atelierarbeiten handelte, die Rembrandt offenbar von seinen Schülern zu Übungszwecken ausführen ließ. Manche der Schüler erreichten im Kopieren eine so große Fertigkeit, daß es uns heute bisweilen schwer fällt, die Kopie vom Original zu unterscheiden. Vielleicht erklären sich auf ähnliche Weise die häufigen, oft raffiniert genauen Kopien, die von Zeichnungen des Meisters, besonders von bedeutenderen szenischen Darstellungen aus Rembrandts Zeit, in den Sammlungen existieren. Das Kopieren von Bildern und Zeichnungen des Künstlers scheint eine erste Stufe des Unterrichts in Rembrandts Atelier gewesen zu sein, dem vermutlich das Aktzeichnen und weiterhin das selbständige Ausarbeiten von Kompositionsaufgaben — auch hierfür finden sich genug Belege unter den Zeichnungen aus Rembrandts Schule — folgte. Während die heutige Auffassung vom Kunstunterricht dahin geht, die Schüler zu größtmöglicher Selbständigkeit zu erziehen und vom Kopieren deshalb möglichst Abstand genommen wird, scheint Rembrandt sich nicht gescheut zu haben, dem Kopieren nach seinen eigenen Werken einen breiten Raum im Lehrgang gewährt zu haben. Vielleicht hängt damit die Unselbständigkeit der meisten seiner Schüler zusammen, die es nicht über eine sklavische Nachahmung der Äußerlichkeiten dieses innerlichsten aller Künstler brachten. Es ist eine alte Weisheit, daß die stärksten Persönlichkeiten nicht die besten Lehrmeister sind, weil sie instinktiv danach streben, sich Menschen zu erziehen, die ihnen gleich seien.

*

Ein nicht geringer Prozentsatz der wiedergefundenen Gemälde Rembrandts sind Jugendarbeiten, die vor der Übersiedlung des Künstlers von Leiden nach Amsterdam im Jahre 1631 entstanden. Das ist nicht zu verwundern, da der Stil der frühen Werke erst am spätesten richtig erkannt wurde. Wurde doch Bode noch vor dreißig Jahren wegen der sogenannten „grünen Rembrandts", auf die er zuerst das Augenmerk lenkte, von Fachgenossen verspottet. Damals galten als die frühesten Arbeiten der Geldwechsler in Berlin und der Apostel Paulus in Stuttgart, beide 1627 datiert. Jetzt kennen wir schon zwei datierte Werke aus dem Jahre 1626, den Bileam in New Yorker Privatbesitz („Klassiker der Kunst" II, S. 1), und den Tobias der Sammlung Tschukin in Moskau (Nr. 2), ja es ist nicht unmöglich, daß das hier an erster Stelle wiedergegebene Gemälde (Nr. 1), der Triumph Davids im Haager Kunsthandel, schon im Jahre 1625 gemalt wurde.

Man wird nach diesen Bildern, die im neunzehnten oder zwanzigsten Lebensjahr des Künstlers entstanden, nicht behaupten können, daß Rembrandt frühreif gewesen wäre; denn sie sind nichts weniger als vollkommen, vielmehr in Auffassung und Technik roh, ja fast barbarisch zu nennen. Gleichwohl heben sie sich bedeutsam aus den soviel zahmeren zeitgenössischen Werken heraus. Merkwürdig enthüllen sie das leidenschaftliche Wollen, das wilde Draufgängertum des jungen Meisters. Gleich vulkanischen Explosionen brechen die seelischen Erlebnisse Rembrandts aus den biblischen Geschichten, die er erzählt, heraus und gestalten die lyrischen Berichte des Urtextes zu erregt dramatischen Begebenheiten um. Die noch ungelenke Hand hat kaum Zeit, den drängenden Ideen zu folgen. Mit einem Furor sondergleichen ist die Geschichte des triumphierenden jungen David auf die Tafel hingestrichen, mit aufgeregter Anteilnahme die Geschichte vom Ziegendiebstahl der Frau des Tobias dar-

XI

gestellt. Kein Wunder, daß bei dieser ausschließlichen Richtung auf das dramatische
Erlebnis die Einzelheiten noch hier und da übersehen werden, ja die Zeichnung des
Beiwerks, wie etwa der Tiere, selbst ungewollt komisch ausfällt.

Eine bäurische Kraft, eine fast unbändige Wildheit dringt auch aus den frühen
Selbstbildnissen hervor, zu deren schon stattlichen Reihe noch vier neue hinzugekommen
sind. Die kleinen Bilder im Besitz von J. Pierpont Morgan (Nr. 5), dem Grafen
Tarnowski (Nr. 4) und Herrn A. Philips (Nr. 7) zeigen noch den derben Müllersohn mit
krausen Gesichtszügen und struppigen Haaren, der vor allem um ein rückhaltloses
Erkennen seiner selbst bemüht ist. Der Blick ist erstaunt, verwirrt, als erschrecke
der Künstler vor dem Eindruck des eigenen, noch ungeschliffenen Wesens.

Bald bemerken wir, wie Rembrandt äußerlich und innerlich mit der Zähmung
seines Ichs leidenschaftlich beschäftigt ist. Das sorgfältig ausgeführte Selbstbildnis
im Londoner Kunsthandel (Nr. 6), eines der gefälligsten der frühen Werke des
Künstlers, zeigt in der Glättung der Formen, in der gedämpften Charakteristik, daß es
Rembrandt darum zu tun ist, vor der Außenwelt nicht in zu ungünstigem Licht zu
erscheinen.

Auch der Umgebung wird nun am Ende der Leidener Zeit, als man schon in
Amsterdam anfängt, auf den jungen Meister aufmerksam zu werden, ein bedeutenderes,
fast vornehmes Aussehen verliehen. Zwar brauchte an der Gestalt der Mutter, die
auch im einfachsten Gewand mit ihrem seelisch beherrschten Wesen immer einen über-
legenen Eindruck macht, nichts geändert zu werden (Nr. 10—12), aber der ängstlich
mürrische Vater mußte es sich jetzt gefallen lassen, durch breit umgeworfenen Mantel und
stolzen Federhut zu einer beinahe kühnen Erscheinung gestempelt zu werden (Nr. 20).

Als der Künstler nach Amsterdam übergesiedelt war, häuften sich bald die Auf-
träge. So zahlreiche, meist bestellte Bildnisse sind uns aus den Jahren 1632 – 1634
erhalten, daß wir annehmen müssen, der Künstler habe zuzeiten fast wöchentlich ein
Gemälde ausgeführt. Von den beiden Eigenschaften, die einen bedeutenden Künstler
in der Übergangszeit von der Jugend zum Mann auszuzeichnen pflegen, spricht diese
außerordentliche Leistung : von größtem Fleiß und von einer ununterbrochenen Tätigkeit im Aufnehmen von Eindrücken, die seiner Kunst fruchtbar werden könnten. Eine
innere, phantasievolle Verarbeitung des Stoffes, wie es Rembrandts eigenster Natur
entsprach, war bei den vielen Porträtaufträgen, die sachlich ausgeführt sein wollten,
kaum denkbar, wohl aber konnte sich der Künstler im Studium der verschiedensten
Menschentypen, die bei ihm Revue passierten, in der prägnanten Übertragung des
Gesehenen als Vorstufe des Gedachten üben.

Sieben Bildnisse dieser korrekten, doch lebendig überzeugenden Art, sind in den
letzten Jahren zum Vorschein gekommen, das bedeutendste die siebzigjährige Dame
von 1634, (Nr. 26, 34—39) und meist nach Amerika gewandert, wo Porträts dieser Art
aus Rembrandts früherer Zeit besonders beliebt sind. Dazu ein Selbstbildnis, das in
seiner gefälligen, fast weichen Formgebung zeigt, wie sich der Künstler dem vornehmen
Bekanntenkreis, der sich ihm in der Großstadt auftat, anzupassen suchte (Nr. 27). Allerdings war gerade dieses Selbstbildnis schwerlich für die Öffentlichkeit bestimmt; denn
es bildet das Gegenstück zu einem schon länger bekannten Bildnis eines Mädchens,
das Rembrandt in dieser Zeit häufiger malte und das lange für eine Schwester des
Künstlers, für Lisbeth van Ryn, angesehen wurde.

Wir lernen ihr Wesen gut aus einem Gemälde im Nationalmuseum in Stockholm
kennen (Nr. 27), das früher als eine Kopie nach dem Bild der Thiemeschen Sammlung
in Leipzig galt, während es in Wirklichkeit das Original ist. Kein sonderlich reizvoller
Typus: die Nase dick, der Mund klein, das Kinn üppig, die Formen derb, alles spricht

für ein einfaches Mädchen aus dem Volk, das aber dem Geschmack des Künstlers entsprochen haben muß, ehe er einen entwickelteren Geist in Saskia kennen lernte. Denn er steckt sie in alle möglichen, selbst antikischen Kostüme, benutzt sie als Modell für manche der Hauptfiguren seiner szenischen Darstellungen und fügt ihren Bildnissen häufig sein eigenes als Gegenstück hinzu. Es ist wohl kein Zweifel, daß es die erste Liebe des Künstlers war, die wie aus seinem gemalten Werk, so aus seinem Leben verschwand, als Saskia in seine Empfindungswelt eintrat.

Man muß sich wundern, daß Rembrandt für die zahlreichen Bildnisse von Gestalten aus seiner nächsten Umgebung, beginnend mit denen seiner Eltern und dieses Mädchens bis zu denen Hendrickjes, Titus' und anderer ihm nahestehender Personen in späteren Zeiten, ein kaufendes Publikum fand. Wir können nicht annehmen, daß er viele von diesen, oft sorgfältig durchgeführten Bildern für sich behalten habe. Ein Teil mag immerhin unter klassischen Namen von Sammlern oder Händlern erworben worden sein; für die Mehrzahl kann dies nicht angenommen werden. Es scheint, daß der Geschmack der Kunstfreunde in Holland so weit entwickelt war, daß die Bildnisse — und diesen gab man vielfach den Vorzug vor szenischen Darstellungen — ohne Rücksicht darauf, wen es darstellte, ob Rembrandt selbst, seine Eltern oder andere seiner Angehörigen, nur um ihres künstlerischen Wertes willen von dem Meister kauften.

Von Saskia ist kein neues Bildnis aufgetaucht, von zwei Porträtstudien abgesehen, für die sie vielleicht das Modell abgab (Nr. 30, 31), wohl aber können wir die Wirkung des üppig wogenden Lebens, das Rembrandt in den ersten Jahren seiner Heirat berauschte, an einigen anderen Bildnissen von pompöser Gestaltung beobachten. Die Dame in phantastischem Kostüm (Nr. 43) könnte eine jener humanistisch gerichteten Frauen sein, die im Kulturleben Hollands, besonders in dem Muidener Dichter- und Gelehrtenkreis, auf dessen Beziehungen zu Rembrandt neuerdings hingewiesen wurde, eine Rolle spielten. Von größerer Bedeutung im Werk Rembrandts ist das umfangreiche, von mächtigem barockem Schwung erfüllte Gemälde, das man als den jungen Simson (Nr. 47) nicht recht überzeugend bezeichnet hat. Es atmet ganz die Stimmung der gleichzeitig entstandenen Blendung Simsons in Frankfurt und der „Danae" in Petersburg, in denen eine ähnlich sinnlich flammende Atmosphäre durch vorherrschende blaue und graue Töne gebrochen und erträglicher gestaltet wird. Diese kühlen Töne verraten, wie sehr der Künstler in dieser Zeit von äußerem Wollen auch in seinem Gefühlsleben geleitet wird. Denn je stärker später sein Herz an seinen inneren Erlebnissen beteiligt ist, um so mehr erwärmt sich seine Farbenskala bis zu dem aus tiefem Braun hervortretenden durchleuchteten Rot und Gelb der letzten Zeiten.

Auch in den Bildnissen von Rabbinern und Orientalen aus der Mitte der dreißiger Jahre äußert sich das Streben des Künstlers nach imposanter äußerer Wirkung, nach breiter, barocker Formung in Kostüm und Gesichtszügen (Nr. 44 und 48). Der geistige Gehalt, nach dem wir bei Rembrandt zu suchen gewohnt sind, tritt darüber allzu-sehr zurück. Fast scheint es, als gäbe der Künstler dem Geschmack der Menge nach, als werde er von dem heiteren Leben im eigenen Hause und von gesellschaftlichem Erfolge betäubt, in falsche Bahnen gedrängt. Da weisen ihn erschütternde Ereignisse seines privaten Lebens wieder auf den ihm von Anfang an vorgezeichneten Weg tiefer geistiger Gestaltung. Seine ersten Kinder, seine Mutter, seine Gattin sterben wenige Jahre nacheinander. Über dem Wege des Studiums der freien Natur, über rastloser Arbeit vor beherrscht und fast unpersönlich wie durch einen unwirklichen Schleier gesehenen Bildnissen gelingt es dem Künstler, zu einer ruhigen, ja harmonischen Stimmung zu gelangen, aus der heraus er allmählich, am Ende der vierziger Jahre, zu einer wunderbaren Vertiefung seines seelischen Lebens durchdringt.

Freilich sind die Landschaftsbilder, die er nach getreuen Studien vor der Natur phantasievoll in seinem Atelier gestaltet, noch von leidenschaftlichen Stürmen und Beleuchtungseffekten zerrissen. So vor allem die große romantische Darstellung mit der Taufe des Kämmerers, die aus Ravensworth Castle in den Londoner Kunsthandel gelangte (Nr. 46) und das früheste bekannte und beinahe umfangreichste Landschaftsbild des Künstlers ist, ein für die Entwicklung der Landschaftskunst Rembrandts besonders wichtiges Werk — so auch die einige Jahre später entstandene „Landschaft mit den beiden Brücken", in der Sammlung A. Philips in Eindhoven, die auf der Höhe der bekannten Werke in Boston, Krakau und Braunschweig steht und von derselben düster geheimnisvollen Stimmung beherrscht wird (Nr. 53).

Die gleiche Ablenkung wie vor der freien Natur mochte der Künstler in einer Reihe von Darstellungen finden, die, wenngleich von menschlicher Staffage begleitet, den Charakter von Stilleben haben. Ein Werk, das sich dem Rohrdommeljäger in Dresden und dem Mädchen mit Pfauen in Rotterdamer Privatbesitz an die Seite stellt, ist das wundervolle Jagdstilleben im Besitz von Herrn J. D. Mc Ilhenny in Philadelphia (Nr. 49). Die Frau, die einen Hahn rupft (Nr. 55), ist so wenig gut erhalten, besonders in der Gestalt des Alten, daß es schwer ist, ein sicheres Urteil über die Echtheit zu fällen; am ehesten weist der gut erhaltene und prachtvoll ausgeführte Hahn auf die Hand des Meisters.

Die größere Ruhe und Gehaltenheit im Wesen des Künstlers seit der Mitte der vierziger Jahre drückt sich deutlich auch in seinen biblischen Darstellungen aus. Zwei bedeutende Kompositionen, beide vom Jahre 1646, fügen sich den köstlichen stillen Bildern der heiligen Familie in Petersburg und Kassel und den Anbetungen des Kindes in London und in München der gleichen Zeit vortrefflich an. Die eine, von geringem Umfang, behandelt einen Gegenstand, mit dem sich Rembrandt besonders gern abgab, da er ihm gute Gelegenheit bot, seiner Freude an Lichterscheinungen nachzugehen. Abraham und die drei Engel (Nr. 65), die andere — in einer bisher zu wenig beachteten, vortrefflichen Atelierkopie in Braunschweig erhalten (Nr. 4 der verschollenen Bilder) — entwarf der Künstler zusammen mit der Anbetung des Kindes in München im Auftrag des Prinzen Friedrich Heinrich. Da das Motiv der Beschneidung nicht viele Möglichkeiten für die Wiedergabe seelischen Ausdruckes bot, so verwandte der Künstler alle Sorgfalt auf die Raumdarstellung und die Farbenkomposition, und scheint in dieser doppelten Hinsicht das Außerordentliche erreicht zu haben. In der großartigen Gestaltung des mächtigen Innenraumes muß ihm noch eine zauberhaftere Wirkung als auf der frühen Haager Darstellung im Tempel und der Ehebrecherin in London gelungen sein, und die Farbengebung war so reich — smaragdgrün, blau, weiß, rosa, karmin und goldgelb standen bunt nebeneinander —, wie bisher noch in kaum einer anderen der biblischen Kompositionen.

Wieviel innerlich beruhigter und nachdenklicher der Künstler in seiner Bildnisauffassung im Laufe der vierziger Jahre geworden ist, zeigt ein Vergleich des lesenden Mannes in Marseille (Nr. 58) und des Porträts eines Juden vom Jahre 1648 im Berliner Kunsthandel (Nr. 67) mit den Darstellungen von Rabbinern und Orientalen aus den dreißiger Jahren. Noch hat der Künstler jenem jüdischen Modell einen reichen Pelzmantel und eine Goldkette umgetan, aber er hat an seinem ärmlichen Aussehen sonst so wenig geändert, daß eine alte Beschreibung den Dargestellten noch als „Arbeiter mit ungepflegtem Haar und Bart und vorne offenem Hemd ansprechen" konnte. Nach einer Periode des Glanzes wird Rembrandt wieder wie in seiner Jugend der Maler der armen Leute, gleich sozial denkend wie damals, doch nach mancher Lebenserfahrung vor allem den seelisch leidenden Menschen mit humanen Sinnen betrachtend. Wir sind nicht weit vom Hundertguldenblatt, das die soziale christliche Auffassung des Künstlers am umfassendsten darlegt, entfernt. Näher noch führt uns an diese Radierung der Christuskopf im Besitze von Dr. Bredius heran (Nr. 68), der wie das Abbild des Christus auf jenem Blatte erscheint und zugleich als eine Vorstudie zu dem Emmausbild in Kopenhagen gelten kann.

Der Gehalt der Werke des Künstlers nimmt an Innerlichkeit in den fünfziger Jahren noch bedeutend zu. Gleich am Anfang stehen unter den hier abgebildeten Gemälden zwei ergreifende Werke: König David im Besitz von Dr. Lanz in Mannheim (Nr. 74), und die unvergleichliche Darstellung der Kreuzabnahme, früher in der Sammlung Gans in Frankfurt, jetzt im Besitz Herrn Wideners in Philadelphia (Nr. 81).

Die Vorstellung des zur Harfe singenden Königs David muß dem Künstler von Jugend an geläufig gewesen sein, seit ihm seine Mutter die Psalmen vorgelesen oder er sie selbst in den oberen Klassen der Lateinschule sang. Enthält doch die Leidener Bibel von 1589, die sicher seine Mutter noch benutzte, am Schluß die großartigen altniederländischen Melodien zu den Psalmen in Noten beigefügt.*) Aus der Mitte der vierziger Jahre stammt das kleine Bildnis eines Juden im Londoner Kunsthandel, das nach der Andeutung des oberen Teiles einer Harfe offenbar König David darstellen soll und sich nach den Maßen als ein Gegenstück zu dem König Saul in der Sammlung Quincy Shaw in Boston erweist (Nr. 60). 1652 ist die wundervolle Radierung datiert (Bartsch 41), die David im Gebet vor seinem Bett kniend wiedergibt. Zeitlich dazwischen liegt der eindrucksvolle Kopf der Sammlung Lanz (Nr. 74), in dem sich schon deutlich jene Resignation und Umdüsterung des Gemütes andeutet, die in den späteren Werken des Künstlers der immer stärker werdende Grundton wird.

Bei der Kreuzabnahme (Nr. 81) haben wir es mit einem der seltenen Fälle zu tun, in denen sich Rembrandt selbst wiederholte. Er lehrt, daß es dem Künstler unmöglich war, sich selbst sklavisch zu kopieren, und bestätigt, daß jene jeden Pinselstrich nachahmende Repliken, von denen eingangs die Rede war, schwerlich von der Hand des Meisters sein können. Indem der große dunkle untere Teil der Vorlage — das Petersburger Bild von 1634 — beiseite gelassen ist, erscheint die Komposition, an der äußerlich sonst wenig geändert ist, konzentrierter; der Farbenauftrag ist breiter und reicher, die Linienführung einfacher und gerader geworden, vor allem aber zeigt der Ausdruck in leisen, aber bedeutsamen Veränderungen der Gesichtszüge, daß der gereifte Meister es jetzt noch ganz anders versteht, die tiefsten seelischen Erregungen mit wenigen Strichen auf der Oberfläche deutlich abzuzeichnen.

Von gleich ergreifender Wirkung sind die beiden Kreuzigungsdarstellungen, die eine in der Sammlung Johnson in Philadelphia (Nr. 51, das Original zu dem im Hauptband abgebildeten Exemplare der Sammlung Bonnat in Paris), die andere im Besitz Colnaghis in London (Nr. 88). Gewiß ist eine von beiden die „Skizze der Kreuzigung", die in des Künstlers eigener Sammlung erwähnt wird; wir wundern uns nicht, daß Rembrandt sich nicht gern von Werken trennte, die wie diese Ausdruck tiefsten seelischen Mitempfindens sind. — Das Bildchen der Sammlung Johnson gehört in seiner kühlen grauen Färbung und den barocken Umrissen wahrscheinlich jenem Wendepunkt im Leben des Künstlers am Ende der dreißiger Jahre an, während die Londoner Studie das Datum des traurigen Jahres der Bankerotterklärung des Künstlers, 1656, trägt und ganz in dem düsteren Geist der großartigen Radierung „Die drei Kreuze" (Bartsch 78) gehalten ist.

*) Diese bei Jan Paedts Jacobszoon erschienene Bibel enthält außer den Psalmen am Schluß noch drei andere in Musik gesetzte Lobgesänge biblischer Gestalten: des Zacharias (nach Lukas 1, 68), der Jungfrau Maria (nach Lukas 1, 46) und des Simeon (nach Lukas 2, 29). Dabei erinnern wir uns der Vorliebe Rembrandts für Zacharias und Simeon von seinen frühen Werken an und denken an die Radierung von 1641 (Bartsch 61), die Maria mit dem Kinde, ein Dankgebet zum Himmel schickend, darstellt.

Herrliche Charakterköpfe, von leidensvollen Schicksalen geformt, entstanden in der zweiten Hälfte der fünfziger Jahre, als der Künstler Hab und Gut verlor und sein Ruhm wie seine gesellschaftliche Stellung anfing ins Wanken zu geraten. Eine bedeutende Reihe führt uns auch der vorliegende Band vor, beginnend mit dem monumentalen Bildnis des sogenannten Bruders Rembrandts (Nr. 77), des Modells, das uns von dem Manne mit dem Goldhelm in Berlin her bekannt ist, weiter zu dem mit größter Kraft gemalten heiligen Bartholomäus (Nr. 91) und dem verwandten Studienkopf, den Bode im Berliner Schlosse entdeckte (Nr. 92), bis zu dem weißbärtigen Alten der Sammlung Kappel (Nr. 97) und den beiden Studien, die mit dem Matthäus im Louvre von 1661 in Zusammenhang stehen (Nr. 104, 105).

Inmitten der Werke der fünfziger Jahre überrascht ein Gemälde bedeutenden Umfanges durch Gegenstand und Auffassung: die Darstellung Heraklits und Demokrits, des weinenden und des lachenden Philosophen (Nr. 77). Daß Zweifel an der Echtheit auftauchten, als das Werk allgemein bekannt wurde, kann bei der ungewöhnlichen Komposition und Farbengebung, die allerdings nicht zu der Spätzeit paßt, in die man das Werk anfangs datierte, nicht wundernehmen. Der Gegenstand war nicht der Art, daß er den Künstler gleich gefangennehmen konnte, wie manche der biblischen Darstellungen, die gleichzeitig und vermutlich aus freieren Stücken wie dieses Werk entstanden. Ein überlegender Verstand hatte sich hier um die Gestaltung eines äußerst spröden Motives zu bemühen. Erstaunlich ist gleichwohl, wie der Künstler die schwierige Aufgabe meisterte. Er brachte die beiden Philosophen, die meist in zwei Halbfigurenbildern wiedergegeben wurden, zusammen auf eine Leinwand, stellte sie im Zwiegespräch dar und löste das Problem, zwei lebensgroße Kniefiguren auf einem Bild zu vereinigen, durch die Dreieckskomposition, die er später ähnlich in der Amsterdamer „Judenbraut“ anwandte. Zum erstenmal taucht hier das großartige Motiv des weinenden alten Mannes auf, der sich mit einem Tuch die Augen trocknet, ein Motiv, das wir in der Darstellung des zornmütigen, von Davids Saitenspiel zu Tränen gerührten Saul im Haag so oft bewundert haben. Welcher Schüler Rembrandts wäre fähig gewesen, ein solches Motiv zu erfinden und überzeugend wiederzugeben! Wäre das Bild der beiden Philosophen nicht von Rembrandt, so müßte man, wie es auch geschehen ist, annehmen, daß der Saul im Haag früher entstanden und jenes Motiv von ihm übernommen sei. Selbst wenn wir aber mit Bredius den Saul um 1657, und nicht um 1665, wie es die allgemeine Meinung ist, datieren, so kämen wir immer noch nicht in die Zeit des Bildes der beiden Philosophen, das um 1650 entstanden ist. Denn das Modell des lachenden Philosophen ist das des sogenannten Bruders Rembrandts, der in Bildern des Künstlers von 1650 bis 1654 vorkommt. Daß der lachende Philosoph nicht wirklich lacht, vielmehr seinen Freund mit überlegener Ironie zu trösten scheint, spricht mehr als alles andere für einen großen Meister. Wie könnte man Rembrandt die Geschmacklosigkeit zutrauen, neben eine weinende Gestalt eine laut auflachende zu stellen! Daß er aber das gegebene Motiv nach der ernsten Seite umgebogen hat — man könnte sich auch eine Umgestaltung im entgegengesetzten Sinne denken —, ist für den großen Künstler bezeichnend, dessen starke Seite nicht die heitere, sondern die tragische Kunst war.

Das letzte Jahrzehnt stellt sich in der durch den Zufall geschaffenen Auswahl des vorliegenden Bandes nicht ganz in richtigem Lichte dar. Man müßte sich szenische Darstellungen wie den Claudius Civilis, den Homer, David und Saul und den verlorenen Sohn zwischen die Reihe von Bildnissen eingeschoben denken, sollte man deutlich erkennen, daß Rembrandt bis zuletzt an einer immer großartigeren Verbreiterung seiner Weltanschauung arbeitete. Bedeutend tritt das, vermutlich Rembrandts Sohn Titus darstellende Porträt vom Jahre 1662 (Nr. 108) hervor, das von den zarten, poetischen Jünglingsbildnissen in der Sammlung Lanz in Mannheim (Nr. 90) und in Dulwich College (Nr. 95) zu der Darstellung des kranken, frühgealterten Bräutigams in dem Amsterdamer Doppelbildnis aus Rembrandts letztem Lebensjahre überleitet. Nahe an die Amsterdamer Judenbraut rückt zeitlich das mächtig aufgefaßte und breit hingestrichene Bildnis eines Herrn mit dickem Gesicht im Besitz Lord Cowdrays heran, ein wunderbares Zeugnis der geistigen Souveränität Rembrandts in seiner letzten Zeit (Nr. 112). Wie der Künstler damals aussah, zeigen zwei Selbstbildnisse, die wenige Jahre früher entstanden sind, umdüstert im Ausdruck, in der Technik von jener scheinbaren Unfertigkeit, über die sich die Zeitgenossen erregten, während Rembrandt nach seinen eigenen Worten die Auffassung vertrat: ein Kunstwerk sei dann vollendet, wenn die Absicht des Künstlers erreicht sei (Nr. 109).

Ob diese Absicht in dem „Simeon" (Nr. 113), dem letzten abgebildeten Werk, erreicht war, dürfen wir füglich bezweifeln. Das Gemälde ist wahrscheinlich die Darstellung, die Rembrandt nach einer von Bredius gefundenen Urkunde des Jahres 1671 bei seinem Tode unvollendet hinterließ. Die Beschränkung der Szene auf wenige lebensgroße Halbfiguren ist der Komposition mit anderen Spätwerken gemeinsam; leider fehlt aber noch jene letzte Verklärung des geistigen Ausdruckes, die wir dort wiederfinden, so schon in der um 1663 entstandenen Radierung (Bartsch 50), die den gleichen Gegenstand behandelt. Am schönsten ist die Wiedergabe des neugeborenen Kindes, wie denn dem Künstler die Schilderung von Kindern selten besser gelang als an seinem Lebensabend; das zeigt vor allem das Braunschweiger Familienbild.

*

Obgleich nun das Werk Rembrandts durch die neuentdeckten Gemälde der letzten zehn Jahre auf etwa 700 Bilder erweitert worden ist, so läßt sich doch auf Grund des Inventars der Sammlungen Rembrandts und der Angaben anderer zeitgenössischer Quellen feststellen, daß es noch immer nicht vollständig ist. Schon eine Durchsicht der in Hofstede de Groots Verzeichnis aufgeführten biblischen Werke ergibt, daß allein unter diesen noch mehrere verschollene Gemälde namhaft zu machen sind. Und doch machen die biblischen Darstellungen nur den kleineren Teil im Gesamtwerk des Künstlers gegenüber seinen Bildnissen aus. Zwar müssen wir annehmen, daß eine Anzahl der vermißten Gemälde zugrunde gegangen ist, doch lehren die Funde der letzten Jahre, daß sehr viel mehr erhalten ist, als man lange annahm. Der Ruhm des Künstlers, der schon zu seinen Lebzeiten nicht gering war und niemals — selbst nicht am Ende des 17. und in der ersten Hälfte des 18. Jahrhunderts — völlig verging, war der beste Schutz seiner Werke. Noch immer besteht begründete Hoffnung, daß verloren geglaubte Werke wieder zum Vorschein kommen und die Freunde des Künstlers in Staunen setzen werden.

Abkürzungen — Abbreviations — Abréviations

H. = Höhe = Height = Hauteur
B. = Breite = Width = Largeur

———

Auf Holz = on wood = sur bois
Auf Leinwand = on canvas = sur toile

———

Die Maße sind in Zentimetern angegeben
Measures are noted in centimeters
Les mesures sont indiquées en centimètres

Verzeichnis der wiedergefundenen Gemälde

Die Abkürzung HdG mit folgender Nummer gibt einen Hinweis auf die ausführlichen Beschreibungen bei
C. Hofstede de Groot: Verzeichnis der hervorragendsten holländischen Meister des 17. Jahrhunderts. 6. Band, 1915.
Von den mit * versehenen Gemälden ließen sich keine Abbildungen verschaffen.

1. **David mit dem Haupte Goliaths vor Saul.** Um 1625/26. HdG 34. Amsterdam, Kunsthändler J. Goudstikker.
   Bezeichnet mit dem Monogramm RHL und undeutlich datiert. Veröffentlicht von C. Hofstede de Groot in „Onze Kunst", 1909 und W. von Bode in der „Zeitschrift für bildende Kunst", 1910. Längere Zeit in der Alten Pinakothek in München (damals im Besitz der Galerie Heinemann) ausgestellt. . . . . S. 1
2. **Der alte Tobias und seine Frau.** 1626. HdG 64a. Moskau, Sammlung Tschukin.
   Links unten bezeichnet: RHL 1626. Veröffentlicht von W. von Bode in „Art in America", 1913. Rembrandt kannte vermutlich die in der Auffassung verwandte Radierung Jan van de Veldes . . . . S. 2
3. **Der Apostel Paulus.** Um 1626/27. Amsterdam, Kunsthändler J. Goudstikker.
   Links auf einem Blatt Papier bezeichnet: Rembrandt. Veröffentlicht von C. Hofstede de Groot im „Nieuwe Rotterdamsche Courant", 1920. Die plumpen, breiten Formen, besonders der Hände, erinnern an den Federschneider bei Sedelmeyer, doch ist die Malweise pastoser. Manches läßt an Lievens, dem es von Professor Six und Dr. Bredius zugeschrieben wird, anderes an Salomon Koninck denken. Es ist nicht leicht, das Bild zeitlich in das Werk Rembrandts einzuordnen, Hofstede de Groot setzt es um 1632 an . . . . . S. 3
4. **Selbstbildnis.** Um 1627. HdG 379. Dzikow, Sammlung Graf Tarnowski.
   Veröffentlicht von C. Hofstede de Groot in „Onze Kunst", 1909, doch nicht als Selbstbildnis des Künstlers bezeichnet . . . . S. 4
5. **Selbstbildnis.** Um 1628/29. HdG 564. New York, Sammlung J. Pierpont Morgan.
   Bezeichnet rechts mit dem Monogramm RHL. Veröffentlicht von W. R. Valentiner im Katalog der Hudson-Fulton-Ausstellung, New York, 1909. Der Kopf ist dem auf der Radierung von 1629, Bartsch 338, verwandt. . . . . S. 5
6. **Selbstbildnis.** Um 1629. HdG 552A. London, Kunsthändler P. & D. Colnaghi & Co.
   Links oben in der gemalten Umrahmung bezeichnet: Rembrandt. — Wohl zwischen dem Selbstbildnis bei der Gräfin Delaborde in Paris und dem bei Mrs. Gardner in Boston (datiert 1629) entstanden. — Eine alte Kopie im Berliner Kunsthandel . . S. 6
7. **Selbstbildnis.** Um 1629. Eindhoven (Holland), Sammlung A. Philips.
   Vorher in der Sammlung Onnes in Nyenrode. Geschabt von D. Martin 1765. Identisch mit Smith 236 . . . . S. 7
8. **Gelehrter in hohem Innenraum.** Um 1629. London, National Gallery.
   Rechts unten bezeichnet: Rembrandt. Aus der Sammlung Warburton Davies. 1917 erworben von Sir Francis Davies. Stilistisch dem Zinsgroschen der Sammlung Beit in London (1629) verwandt und vermutlich gleichzeitig entstanden. Veröffentlicht von C. J. Holmes im „Burlington Magazine", 1917 . . . . S. 8
9. **Rembrandts Vater.** 1629. HdG 682. Mainz, Sammlung R. Busch (verkauft).
   Rechts oben bezeichnet: RHL 1629. Ein zweites Exemplar des Bildes im Museum von Kopenhagen (abgebildet in „Klassiker der Kunst", S. 41 rechts). Ohne die Kenntnis des vorliegenden Bildes würde man schwerlich an der Eigenhändigkeit des Kopenhagener Gemäldes zweifeln

52. **Hütten am Wasser.** 1639. HdG 945. Christiania, Sammlung Chr. Langaard (†).
Links unten bezeichnet: Rembrandt 1639. Katalog der Sammlung Langaard 1913, Nr. 31   S. 47
53. **Landschaft mit den beiden Brücken.** Um 1640. Eindhoven, Sammlung A. Philips.
Veröffentlicht von H. Schneider in der „Kunstchronik" 1919 (Dez.).   Von dem Londoner
Kunsthändler H. M. Clark in englischem Privatbesitz aufgefunden, dann im Besitz des Amsterdamer Kunsthändlers J. Goudstikker, der es im November 1919 im Haag ausstellte   S. 48
54. **Mutter und Kind.** 1640. Rotterdam, D. G. van Beuningen.
Rechts unten bezeichnet: Rembrandt f. 1640.   Identisch mit dem bei Hofstede de Groot 302
nach Smith 176 beschriebenen Bild.   Zu der dort gegebenen Provenienz ist noch hinzu-
zufügen, daß das Bild sich 1864 in der Sammlung des Barons Yaunton in Stoke, dann in der
Sammlung des Lords Foley befand. — Das Kostüm der Frau (braunes Mieder mit roten Ärmeln
und roter Mütze) ist ähnlich dem, welches die als Amme des Titus geltende Frau auf den
zwei Zeichnungen in Haarlem und London trägt. — Vermutlich ist eines der Kinder der
Saskia, von einer Amme gehalten, dargestellt.   Wohl das in Rembrandts Inventar von
1656 beschriebene Bild: „eine Mutter mit einem kleinen Kind" und „die Frau mit
Wickelkind" der Sammlung Abraham Heyblom in Dordrecht, erwähnt 1685 (HdG 229 b)
S. 49
55. **Alte Frau, einen Hahn rupfend.** Um 1640. HdG 298. Paris, Kunsthändler F. Kleinberger.
Bezeichnet Rembrandt f. — Besprochen 1912 von W. von Bode im „Cicerone", A. Bredius
im „Burlington Magazine" und Hofstede de Groot in „Onze Kunst".   Die Übermalungen des
18. Jahrhunderts sind 1912 von Hauser in Berlin entfernt worden, dabei wurden einzelne
wesentliche Teile ergänzt . . . .   S. 50
56. **Ochse.** Studie. Um 1640. HdG 970.   Kopenhagen, Gemäldegalerie.
Nach Hofstede de Groot eine Replik in der Sammlung Cavens in Brüssel.   Veröffentlicht von
K. Madsen in der „Kunstmuseets Aarsskrift" 1914.   Zweifel scheinen mir unberechtigt.   Vermutlich das in Rembrandts Inventar von 1656 erwähnte Bild „een ossie", das wohl identisch
ist mit dem der Sammlung Pieter de Vos, Amsterdam 1681 (HdG 980 a und 987 a)   S. 51
57. **Alter Mann.** Studie. 1643. Lyon, Sammlung Joseph Gillett.
Rechts oben bezeichnet: Rembrandt 1643.   Erworben von M. Knoedler & Co., New York.
Dies und das folgende Bild sind mir nur aus der Photographie bekannt   . . . . .   S. 52
58. **Lesender Mann mit Schlapphut.** 1645. Marseille, Comte de Demandolx-Dedons.
Rechts unten bezeichnet: Rembrandt f. 1645.   Veröffentlicht von A. Bredius in „Gazette des
beaux arts" 1921.   Ehe das vorliegende Gemälde bekannt wurde, waren schon lange mehrere
vortreffliche Werkstattwiederholungen, so in den Sammlungen Cook, Johnson, Comte de
Bésenval usw. bekannt, die meist unter dem Namen des Karel Fabritius gingen.   Vgl. darüber Hofstede de Groot (S. 468), der mit Recht annahm, daß diese Kopien auf ein ver-
schollenes Original Rembrandts und nicht des K. Fabritius zurückgingen.   Dasselbe Modell
scheint auf einigen Zeichnungen Rembrandts in schwarzer Kreide in Danzig, in der Alber-
tina usw. vorzukommen   . . . .   S. 53
59. **Bildnis einer älteren Frau.** Um 1645. Sandford Manor, Woodley, Sammlung A. Watson.
Bei HdG (Nr. 6.0) nach Smith 540 (als Rembrandts Mutter) beschrieben.   Früher im Besitz
des Fürsten von Kaunitz in Wien, 1832 auf der Versteigerung G. J. Vernon in London .   S. 54
60. **König David.** Um 1645. New York, Kunsthändler M. Knoedler & Co.
In der linken unteren Ecke scheint der obere Teil der Harfe Davids angedeutet zu sein.
Das Bild ist vermutlich das Gegenstück zu dem König Saul in der Sammlung Quincy Shaw
in Boston (abgebildet in „Klassiker der Kunst", S. 363 links) . . . .   S. 55
61. **Alter Mann.** Studie. Um 1645. HdG 448.   Philadelphia, Sammlung Joseph E. Widener.
Eine zweite Studie, die in umgekehrter Richtung auf das Brett gemalt war, schimmert durch.
Veröffentlicht von Hofstede de Groot in „Onze Kunst" 1912 . . . .   S. 56
62. **Bärtiger Greis.** Um 1645. HdG 432.   Paris, Sammlung Warneck.   Die ungenügende
Abbildung ist nach dem Katalog der Ausstellung in Paris 1911 angefertigt.
Erwähnt von C. Hofstede de Groot in „Onze Kunst" 1912   S. 57

hat Rembrandt dasselbe Modell in dem 1651 datierten Bildnis beim Grafen Wachtmeister in Vanas gemalt. („Klassiker der Kunst“, S. 367 rechts) . . . . S. 70

77. **D e m o c r i t u n d H e r a c l i t.** Um 1650 1652. Amsterdam, Kunsthändler J. Goudstikker.
Veröffentlicht von Harry David im „Cicerone“ und von Batavus im „Kunstwanderer“, 1920. Bei Hofstede de Groot 216 b nach Smith 157 beschrieben. Erwähnt in „London and its environs“ 1761. Versteigerung Sir G. Yonge in London 1806 und Sir Gregory P. Turner in London 1815. 1836 in der Sammlung I. R. West in Alcote. Versteigert in London, Juni 1920.

Das Modell für Democrit bildete der sog. Bruder Rembrandts (vgl. folgende Nummer). Daraus ergibt sich die Datierung um 1650, da das Bildnis dieses Modells im Haag dieses Datum trägt; auf dem zweiten datierten Bildnis desselben Modelles in Petersburg vom Jahre 1654 sieht der Dargestellte wesentlich älter aus. Auch in Farbe und Technik paßt das Bild in die Zeit des Haager Bildnisses, des Ungetreuen Knechtes in der Wallace-Sammlung und des Daniel in Berlin. Das Motiv des weinenden alten Mannes, das Rembrandt später im Saul und David im Haag verwandte, taucht hier zuerst auf. Es ist nicht unmöglich, daß Rembrandt in der Komposition durch ein 1617 datiertes Gemälde des gleichen Gegenstandes Cornelis von Haarlems (jetzt im Besitz des Amsterdamer Kunsthändlers Douwes) angeregt wurde. Auch zu der Behandlung des Motives in einem Gemälde Jacob Jordaens' im Metropolitan-Museum, New York, scheinen Beziehungen vorhanden. Das Motiv des weinenden und lachenden Philosophen war im Leidener Kreis Rembrandts bekannt. Wie Orlers erzählt, war eines der ersten Werke des Lievens eine Kopie nach einem Democrit und Heraclit von Cornelis Ketel von Haarlem (vielleicht handelt es sich um das oben genannte Bild von 1617 und liegt eine Verwechslung des Namens vor).
S. 71 u. 72

78. **B i l d n i s e i n e s a l t e n M a n n e s.** (Der sog. Bruder Rembrandts.) Um 1652. HdG 423. New York, Duveen Brothers.
Von dem Dargestellten sind noch eine Anzahl anderer zwischen 1650 und 1654 entstandenen Bildnisse, zwei mit weiblichem Gegenstück bekannt. Auch hat ihn Rembrandt als Modell für den einen der Knechte auf dem Gleichnis vom Ungetreuen Knecht in der Wallace-Sammlung und für den Democrit auf dem vorigen Bild (Nr. 77), sowie für den Mann mit dem Goldhelm benützt. Gegen die Annahme, daß in diesem Modell Rembrandts Bruder Adriaen zu erkennen sei, ist geltend gemacht worden, daß dieser in Leiden lebte und bereits 1652 starb . . . . S. 73

79. **B ä r t i g e r J u d e.** Studie. 1654. Haag, Sammlung Dr. C. Hofstede de Groot.
Rechts bezeichnet: Rembrandt f. 1654. Atelierwiederholungen im Museum von Glasgow, abgebildet in „Klassiker der Kunst“, S. 363 rechts und im Besitz von Dr. J. Binder in Berlin   S. 74

80. **L a n d s c h a f t m i t B a u e r n h ü t t e n.** 1654. HdG 950. Montreal, Sammlung Sir W. van Horne (†).
Bezeichnet links unten: Rembrandt f. 1654. Aus der Sammlung Lord Howe in Gopsall. Rembrandt hat den hier wiedergegebenen Bauernhof auch gezeichnet (in zwei Blättern im Berliner Kupferstichkabinett und in der Sammlung M. Kappel in Berlin) und radiert (Bartsch 222). Veröffentlicht von C. Hofstede de Groot in „Onze Kunst“, 1909, S. 182, M. Eisler, Rembrandt als Landschaftsmaler, 1918, S. 227, und F. Lugt, Mit Rembrandt in Amsterdam, 1920, S. 121, wo das ganze Material abgebildet und besprochen ist . . . . S. 75

81. **K r e u z a b n a h m e.** Um 1653—1655. HdG 133. Philadelphia, Sammlung J. E. Widener.
Unten in der Mitte bezeichnet: Rembrandt f. 165 (die letzte Ziffer undeutlich, angeblich 1). Aus der Sammlung F. Gans, Frankfurt a. M. Vermutlich die Kreuzabnahme, die in Rembrandts Inventar am 25. Juli 1656 erwähnt wird. Eigenhändige, veränderte Wiederholung des Bildes in der Eremitage vom Jahre 1634 . . . . S. 76 u. 77

82. **W e i n e n d e F r a u.** Studie (nach Hendrickje) zur Ehebrecherin vor Christus. Um 1655. HdG 717 A. Berlin, Sammlung O. Huldschinsky.
Aus der Sammlung Holland in London, dann bei F. W. Lippmann in London. Vielleicht Studie zu der Darstellung: Christus und die Ehebrecherin in der Sammlung Walcker in Minneapolis (früher Sammlung Weber in Hamburg), die lange mit Unrecht angezweifelt wurde (abgebildet „Klassiker der Kunst“, S. 537). Nach Bode (Katalog Huldschinsky, Nach-

Zu dieser Liste müßten aus dem Anhang „zweifelhafte Gemälde" in „Klassiker der
Kunst" II, noch die beiden folgenden Bilder (S. 537 und 540 rechts hinzugefügt werden,
die der Verfasser inzwischen im Original nachgeprüft hat und für echt hält:

ANHANG

I. Von Rembrandt übergangene Schülerarbeiten und verschollene Originalgemälde

II. Rembrandt zugeschrieben

In diese Gruppe sind nur solche Werke aufgenommen, die von autoritativer Seite für Rembrandt in Anspruch genommen sind.

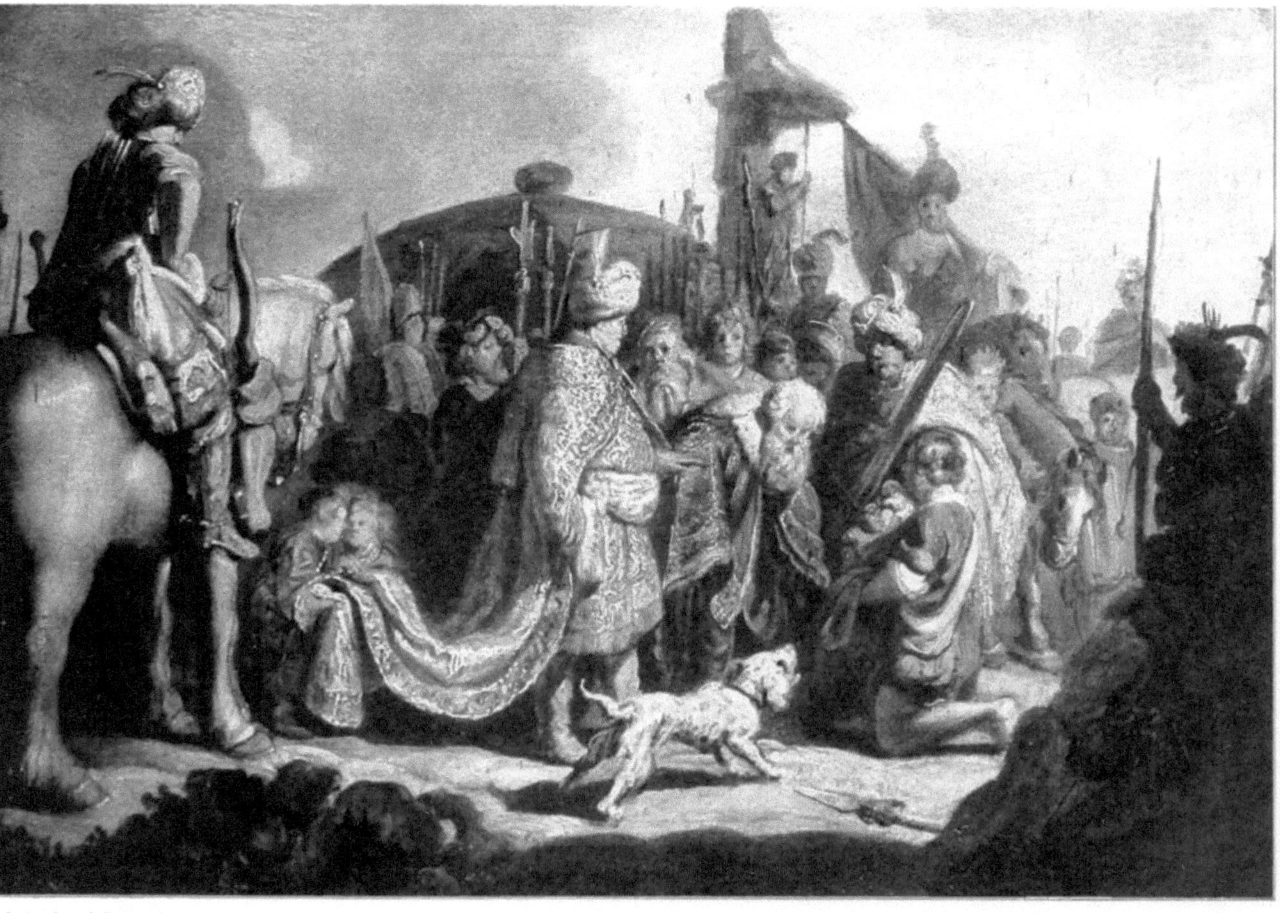

Amsterdam, J. Goudstikker

Auf Holz, H. 27,5, B. 40

David with the head of Goliath before Saul

David mit dem Haupte Goliaths vor Saul
Um 1625/26

David portant la tête de Goliath devant Saul

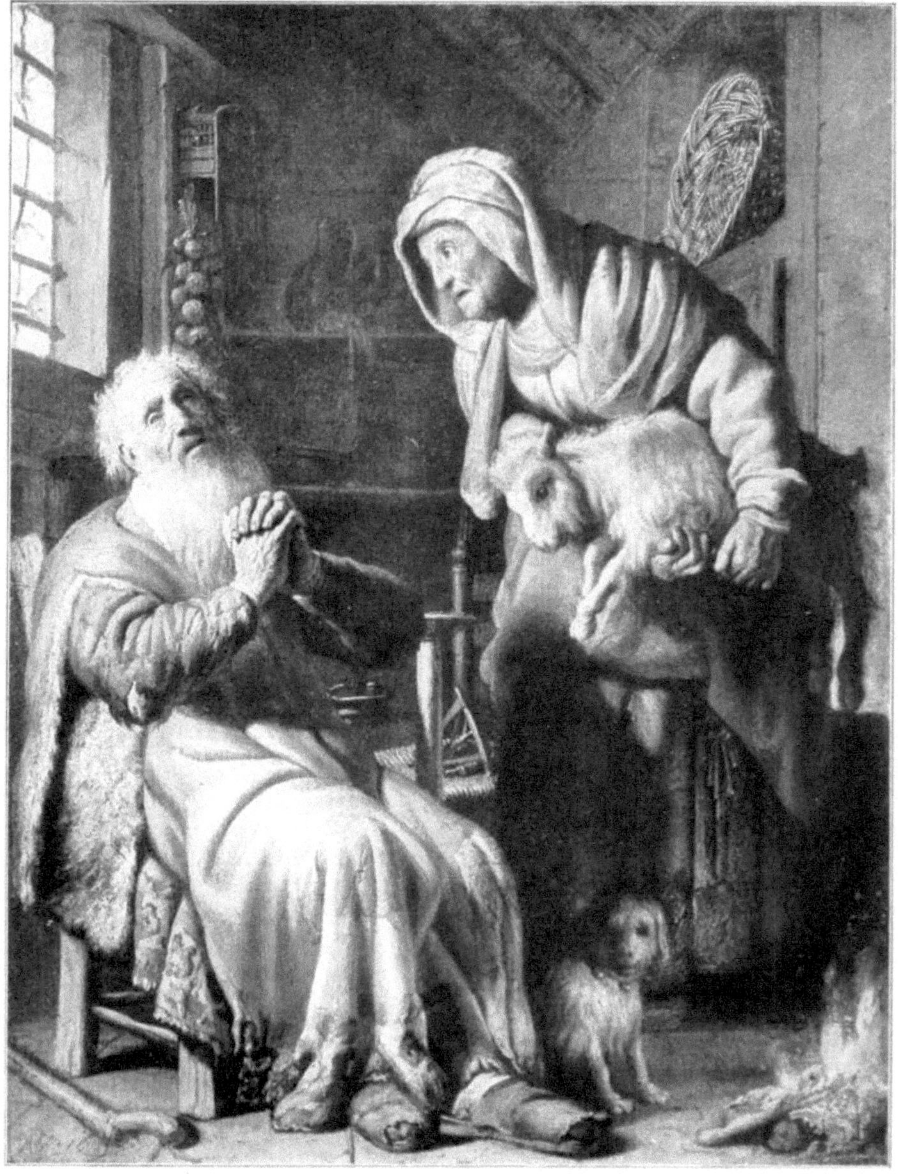

Tobias und seine Frau

Tobias and his wife   1626   Tobie et sa femme

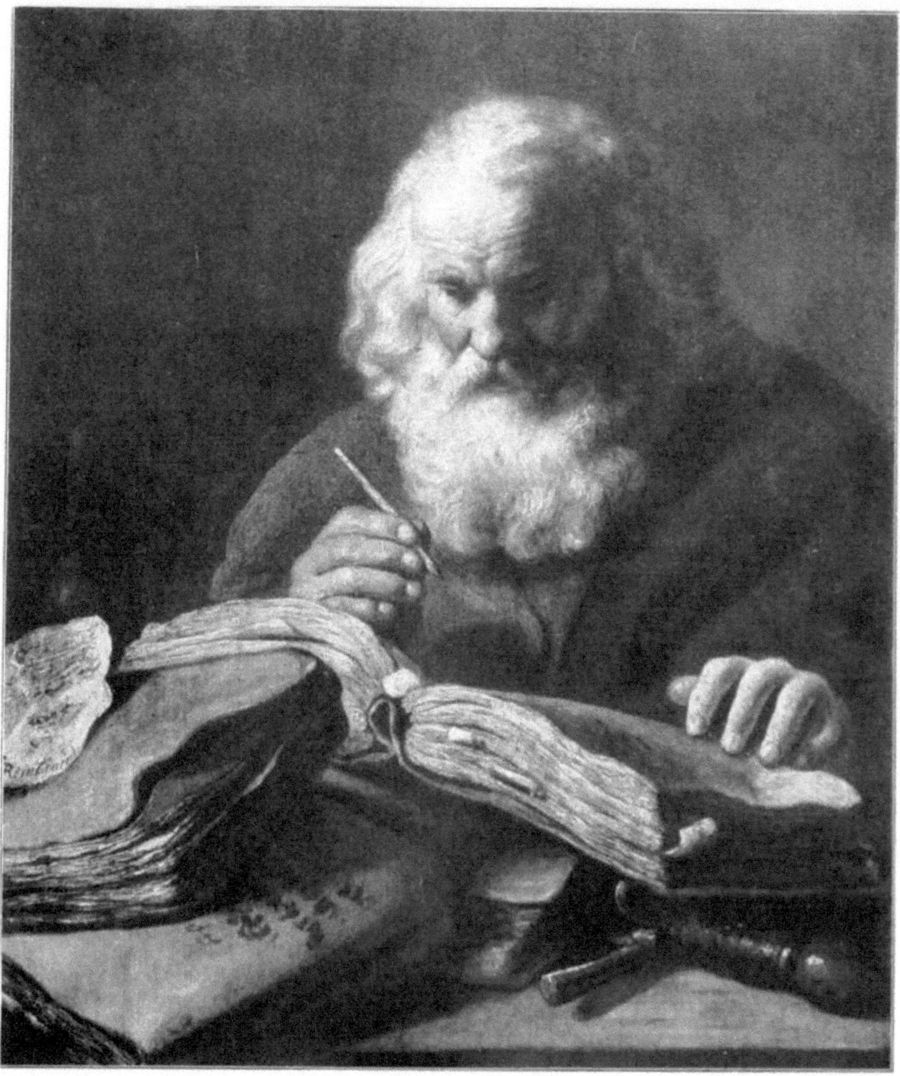

Apostel Paulus

St. Paul   Um 1626/27   Saint Paul

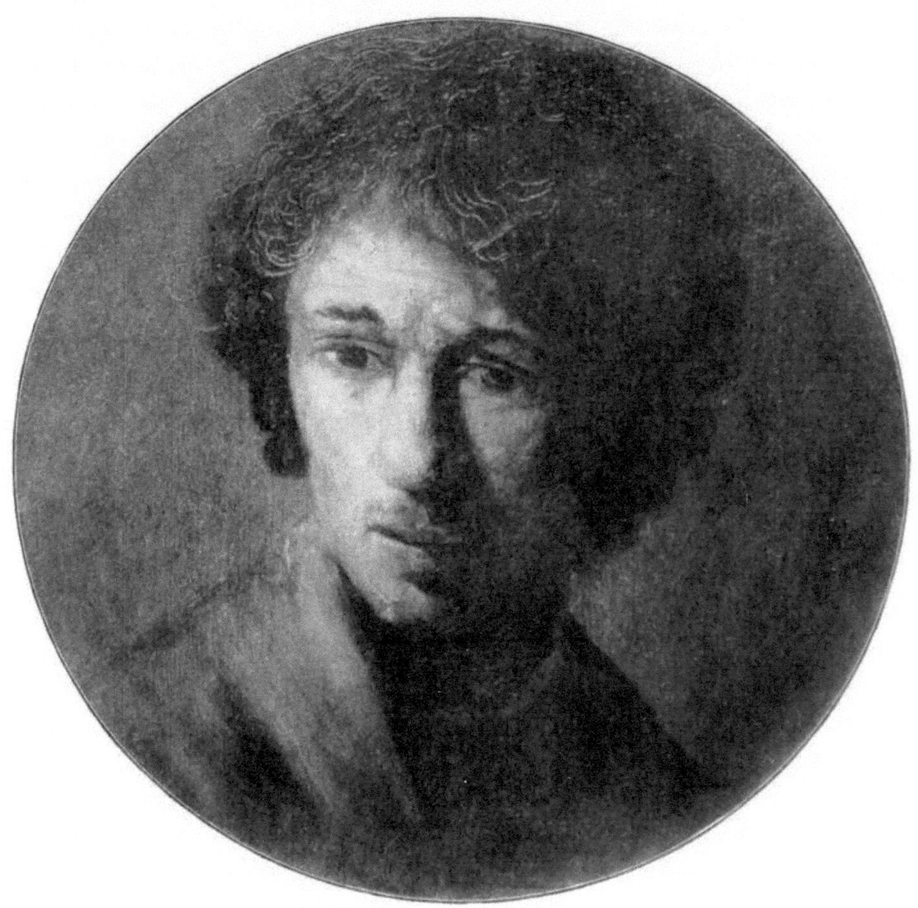

Dzikow, Graf Tarnowski   Auf Holz, Durchmesser 21

Selbstbildnis. Studie

Portrait of the artist. Study   Um 1627   Portrait de l'artiste. Étude

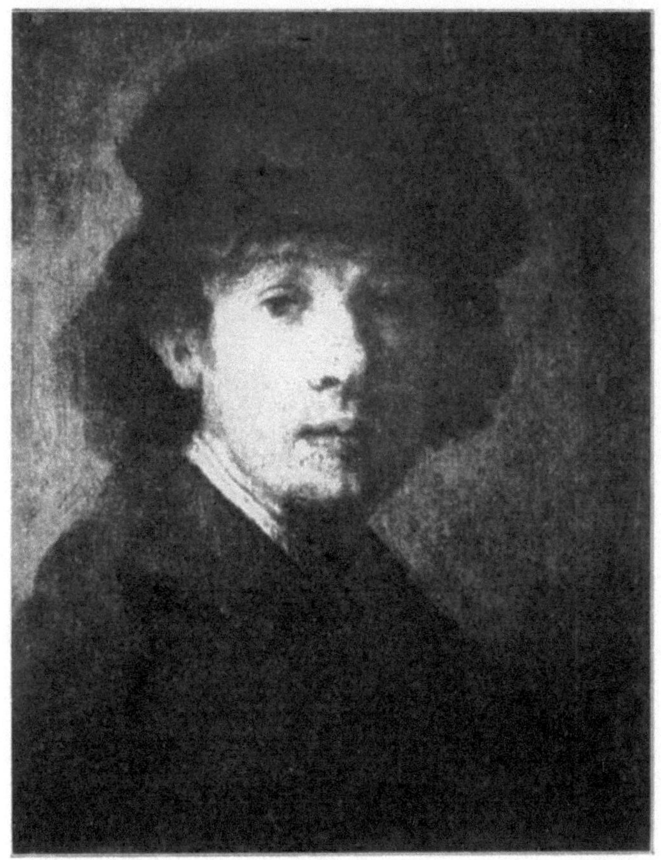

Selbstbildnis

Portrait of the artist   Um 1628/29   Portrait de l'artiste

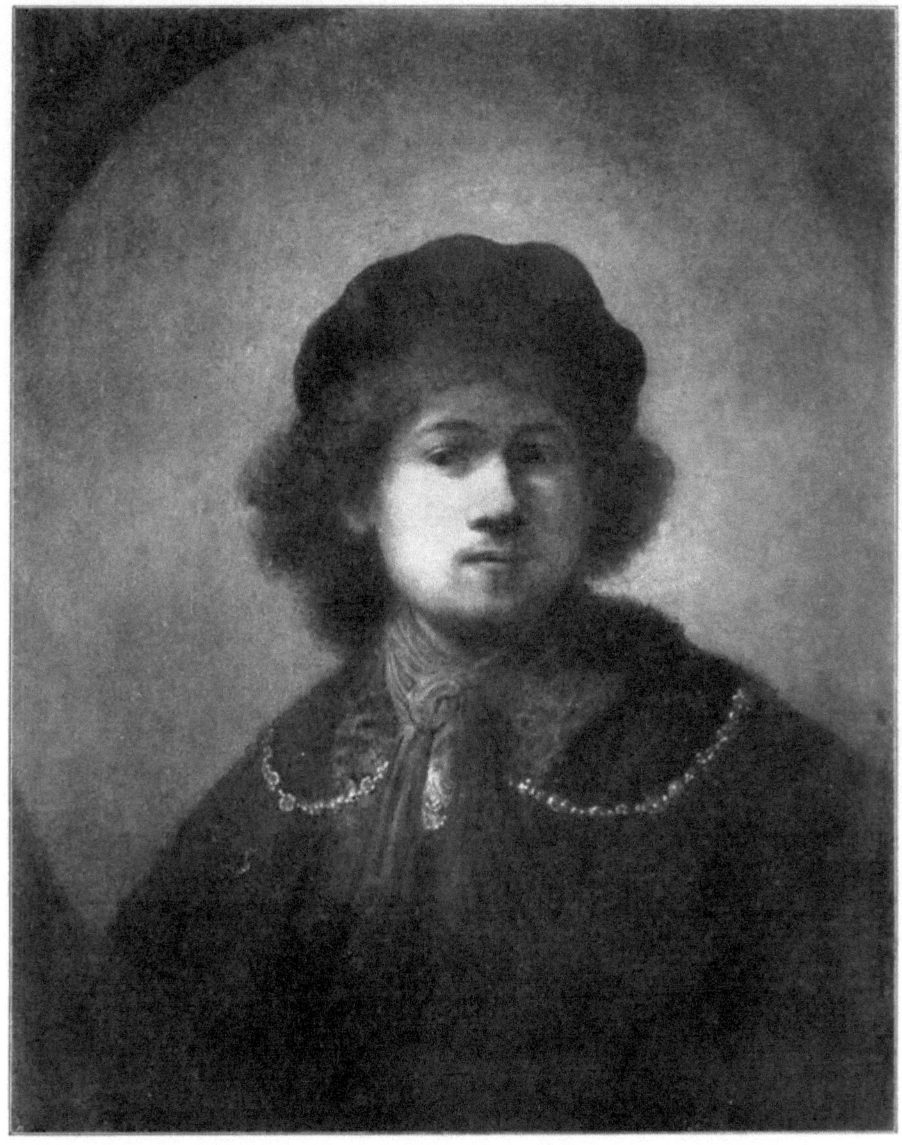

Selbstbildnis

Portrait of the artist   Um 1629   Portrait de l'artiste

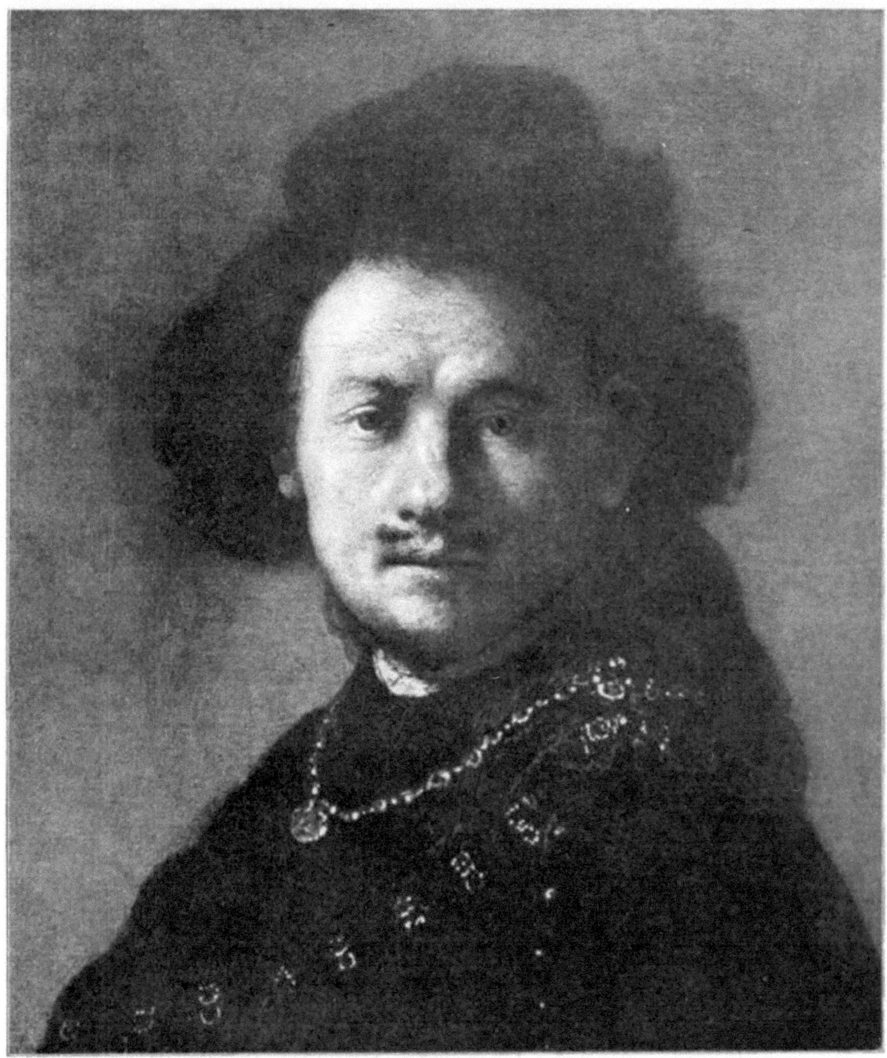

Eindhoven (Holland), A. Philips

Auf Holz. H. 72,5. B. 58

Selbstbildnis

Portrait of the artist

Um 1629

Portrait de l'artiste

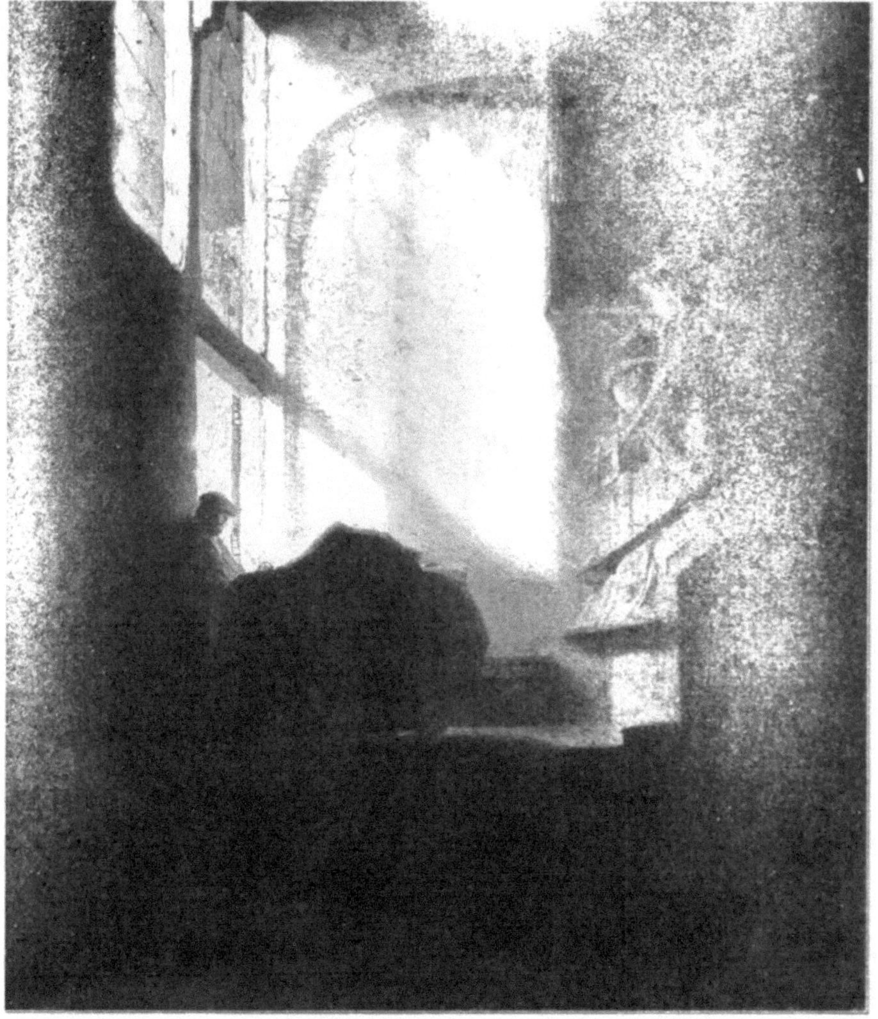

Gelehrter in hohem Innenraum

A scholar   Um 1629   Un savant

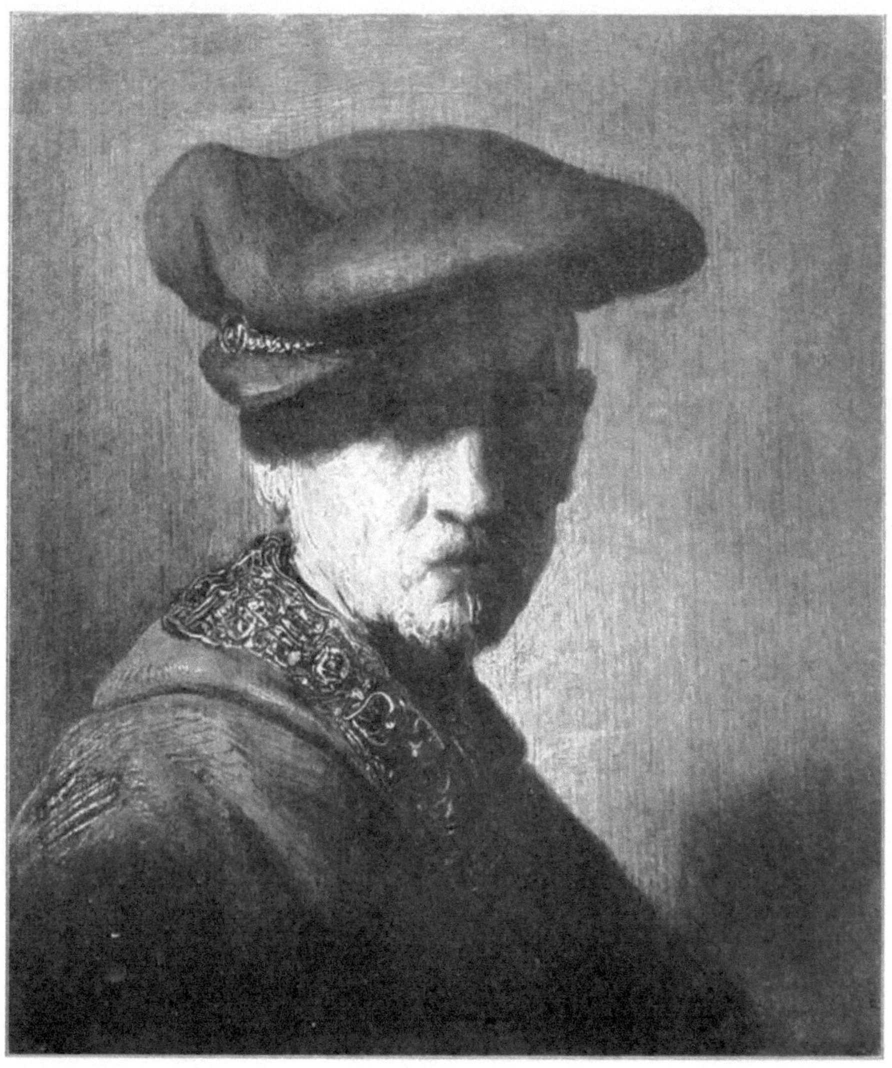

Rembrandts Vater

The father of Rembrandt   1629   Le père de Rembrandt

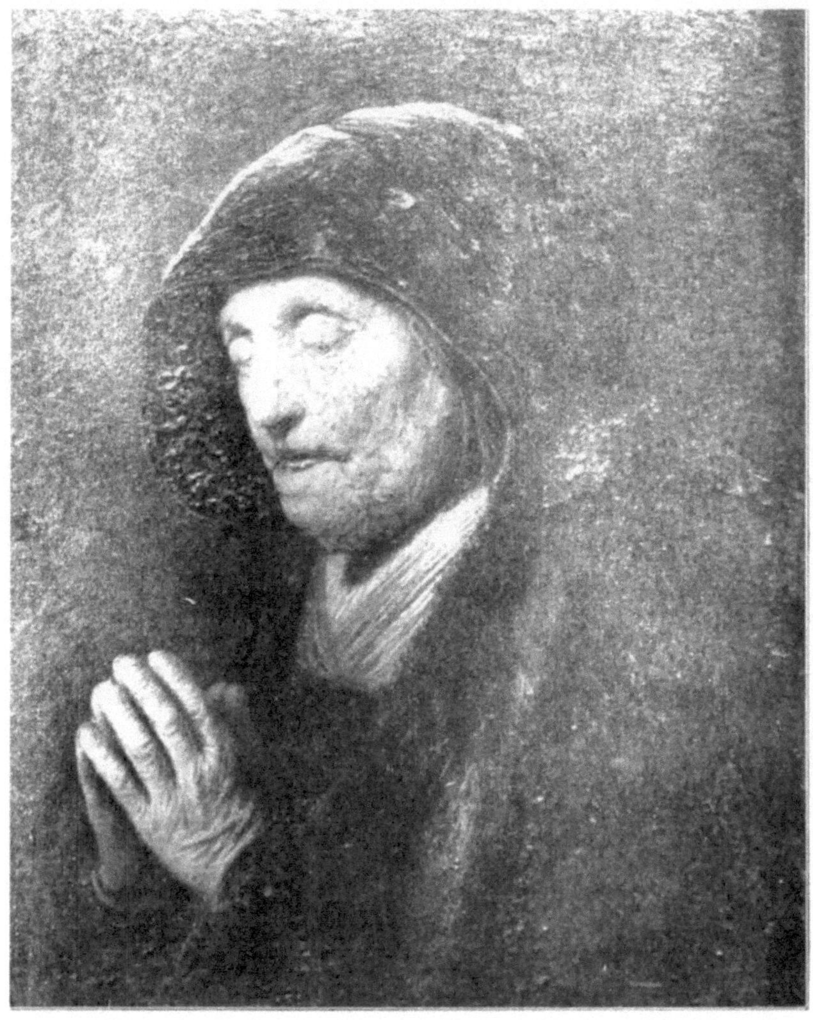

Rembrandts Mutter

The mother of Rembrandt — Um 1629 — La mère de Rembrandt

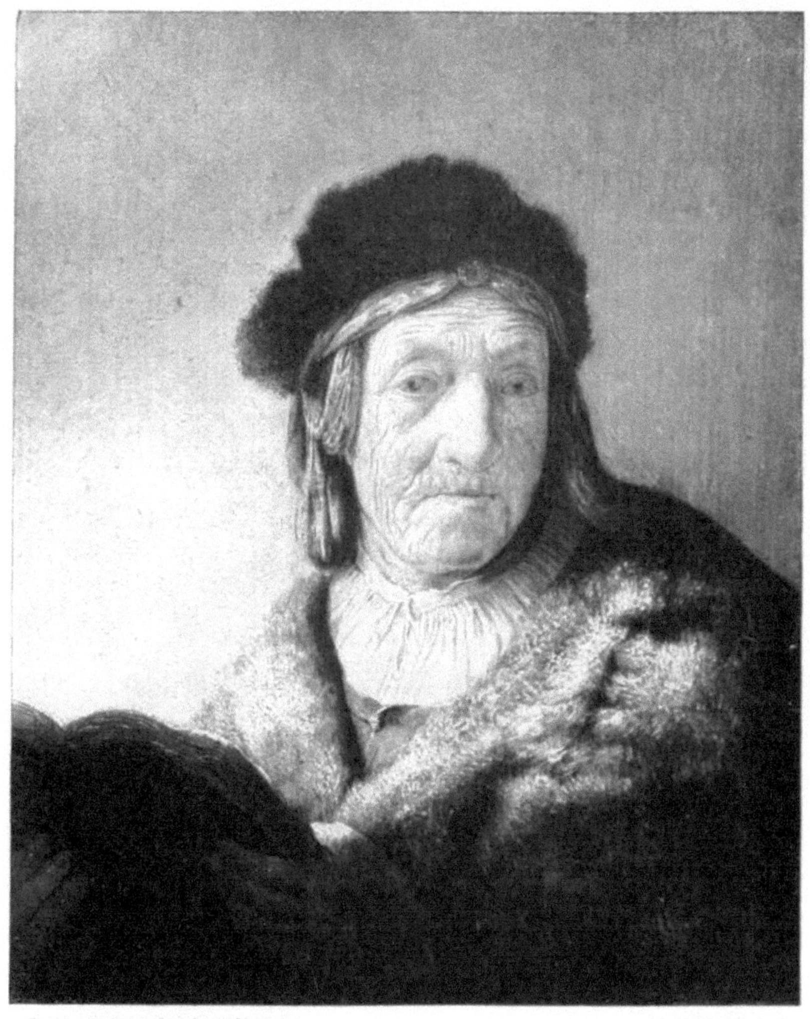

Rembrandts Mutter

The mother of Rembrandt   Um 1629   La mère de Rembrandt

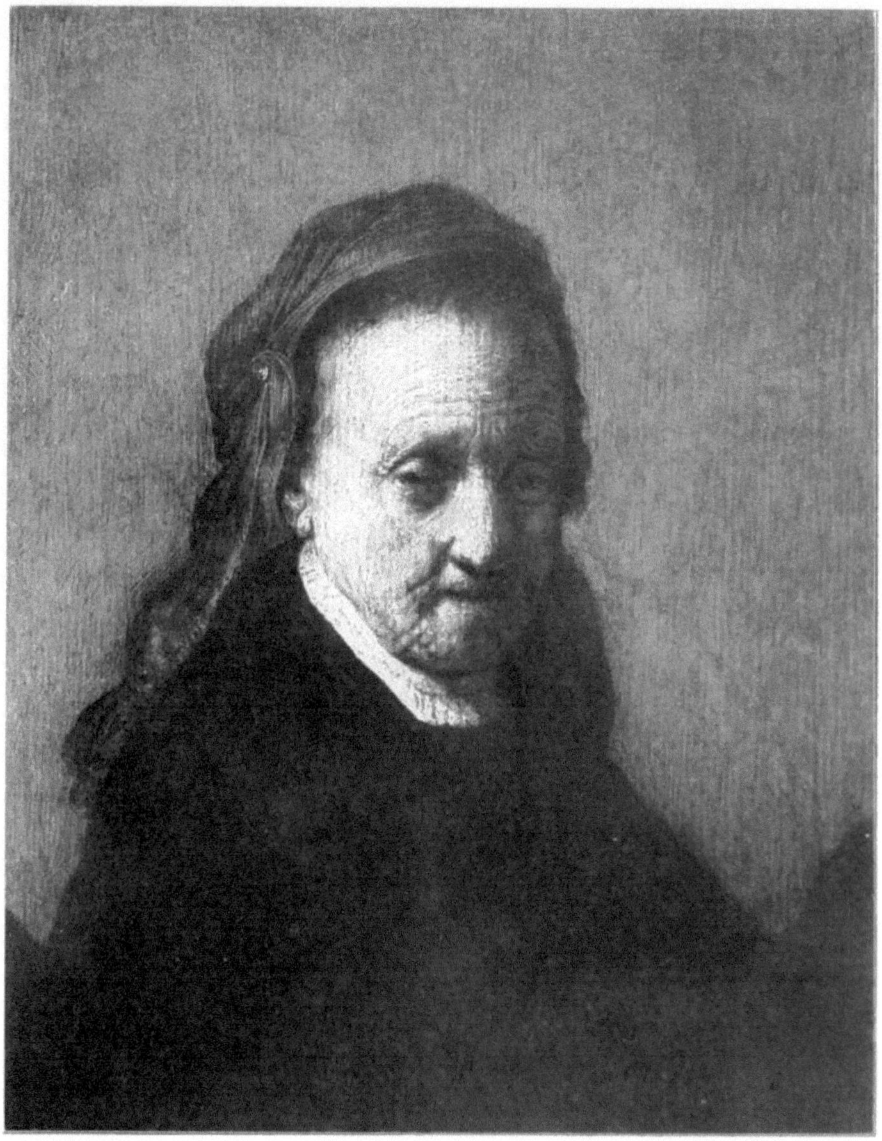

Rembrandts Mutter

The mother of Rembrandt   Um 1630   La mère de Rembrandt

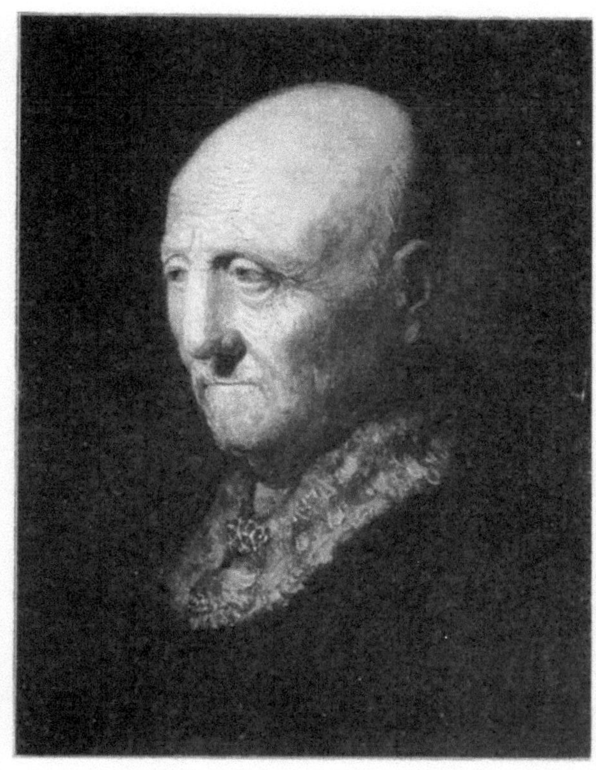

London, P. u. D. Colnaghi & Co.   Auf Holz, H. 19,8, B. 15,1

Studie nach Rembrandts Vater

Study after the father of   Um 1628/30   Étude après le père de
Rembrandt   Rembrandt

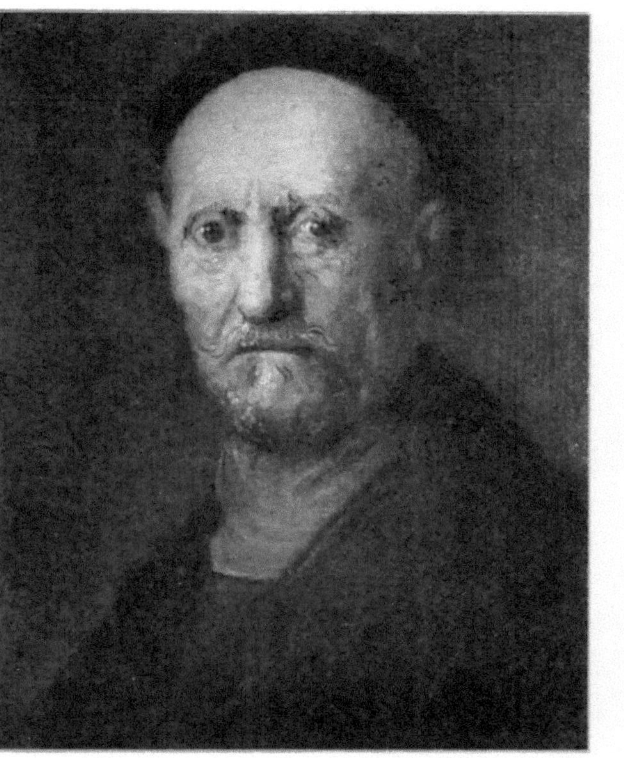

London, P. u. D. Colnaghi & Co.   Auf Holz, H. 16,5, B. 13

Studie nach Rembrandts Vater

Study after the father of   Um 1630   Étude après le père de
Rembrandt   Rembrandt

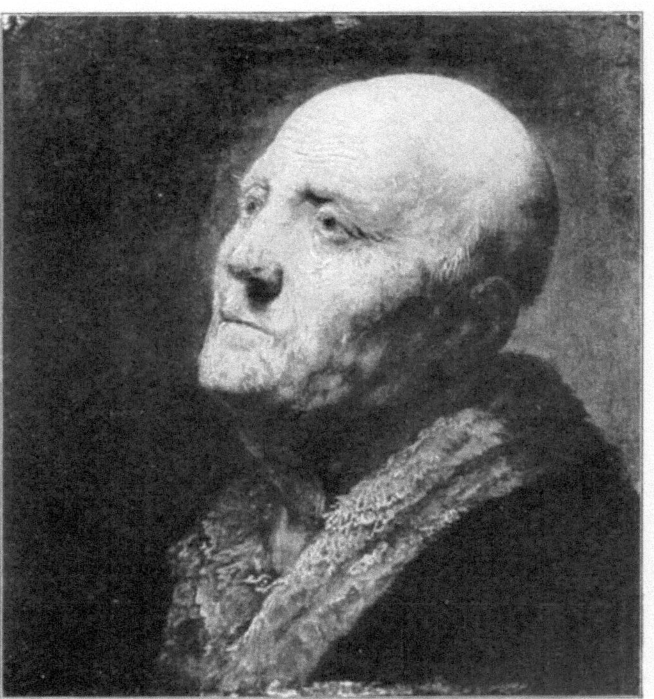

Philadelphia, J. D. Mc Ilhenny

Auf Holz, etwa H. 12,5, B. 11,5

Studie nach Rembrandts Vater

Study after the father of Rembrandt   Étude après le père de Rembrandt

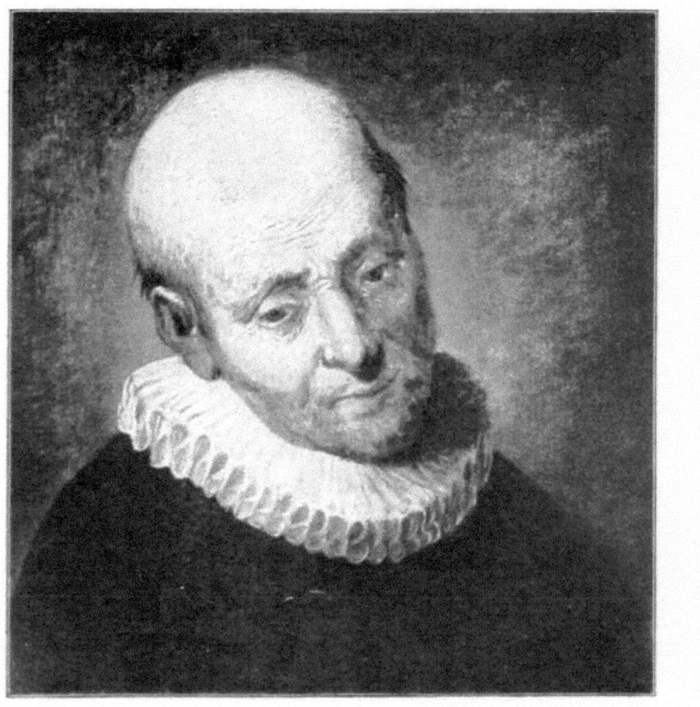

Philadelphia, J. D. Mc Ilhenny

Auf Holz, etwa H. 12,5, B. 11,5

Studie nach Rembrandts Vater

Study after the father of Rembrandt   Étude après le père de Rembrandt

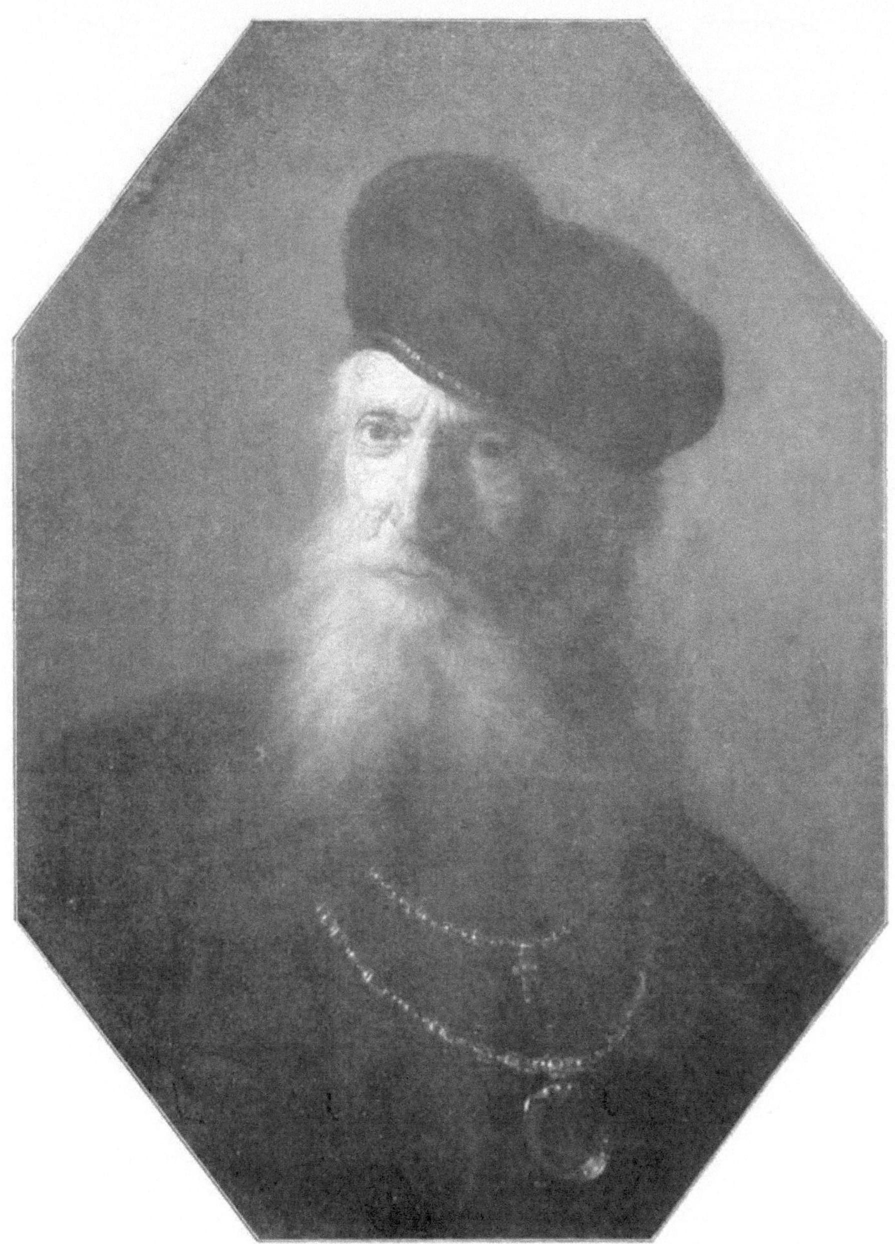

Detroit, Henry G. Stevens

Auf Holz. H. 58,5, B. 49

Bärtiger Greis

Bearded old man · Um 1630 · Un vieillard barbu

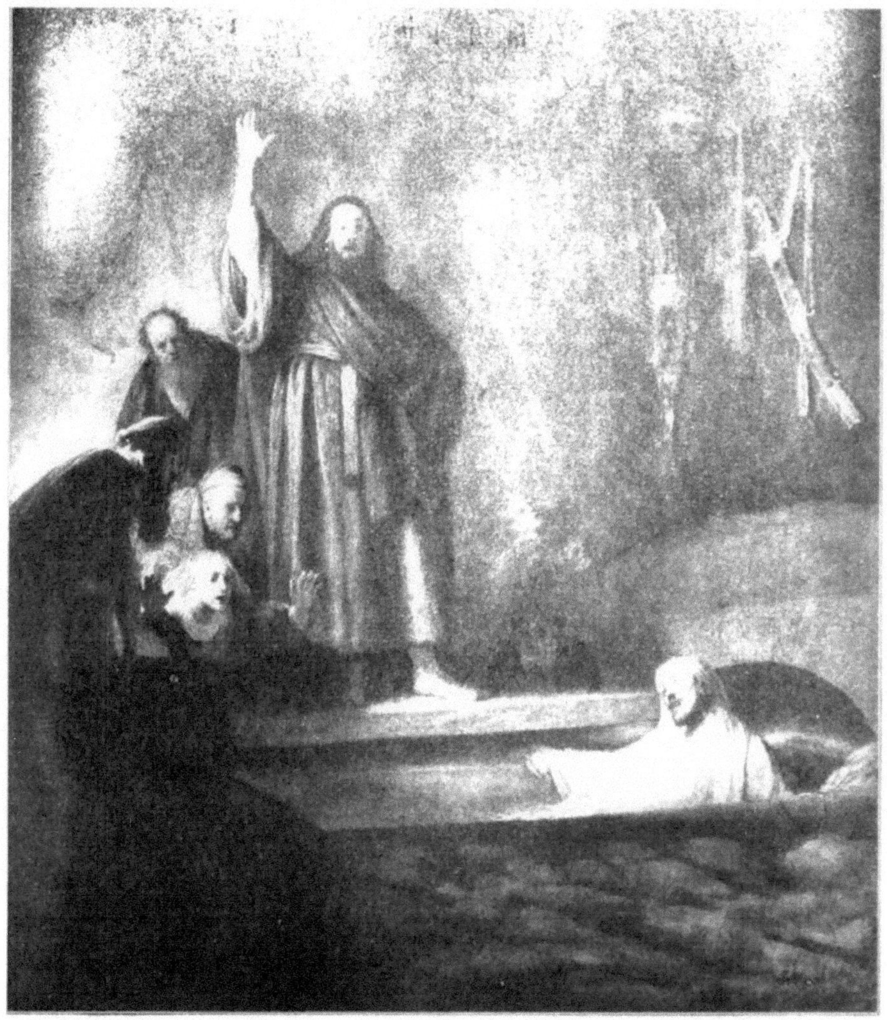

Die Auferweckung des Lazarus

The raising of Lazarus   Um 1629   La résurrection de Lazare

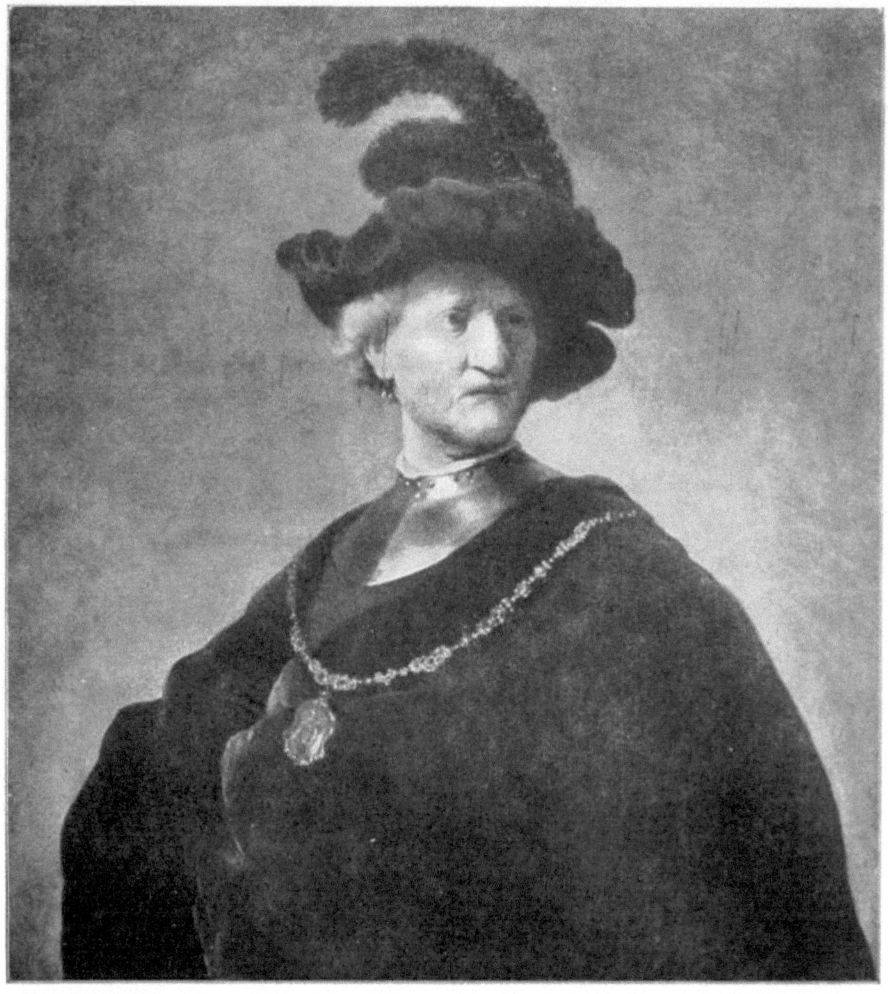

Rembrandts Vater

The father of Rembrandt   Um 1631   Le père de Rembrandt

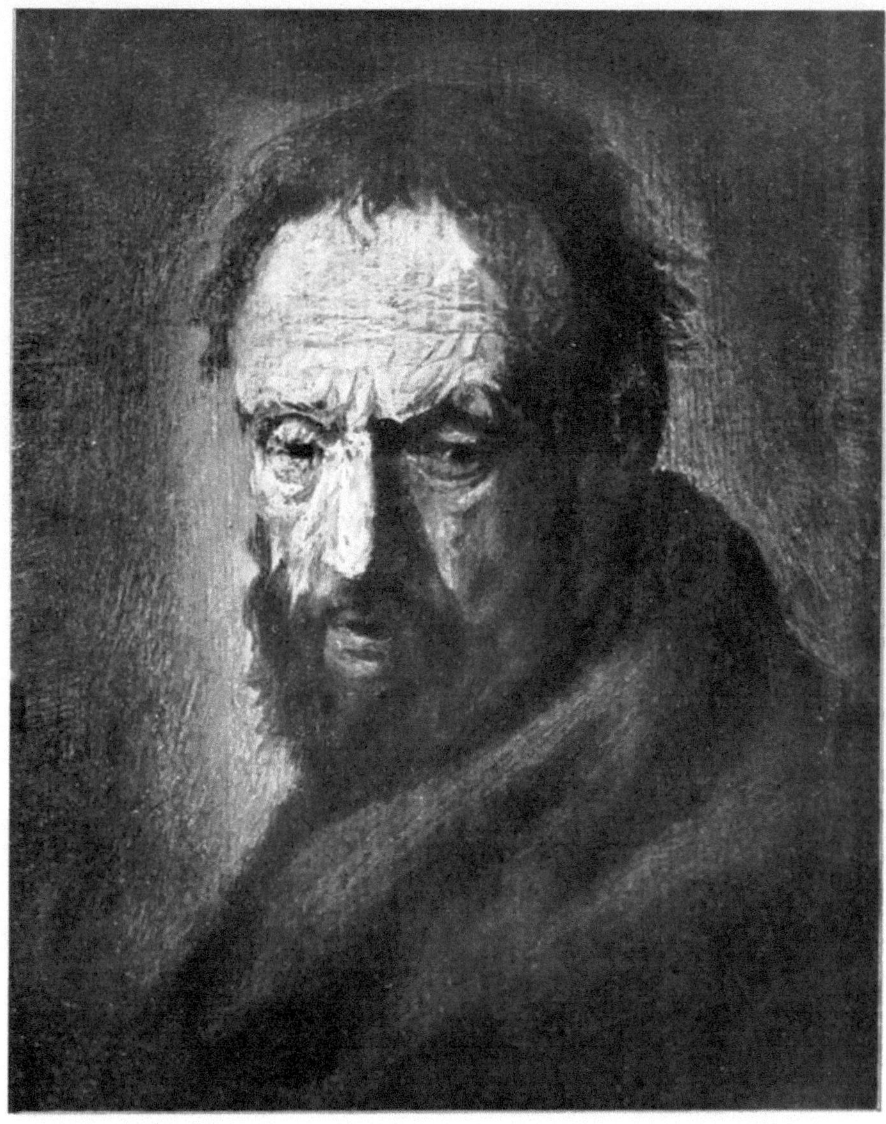

Bärtiger Alter. Studie

Bearded old man. Study   Um 1631   Un vieil homme barbu. Tête d'étude

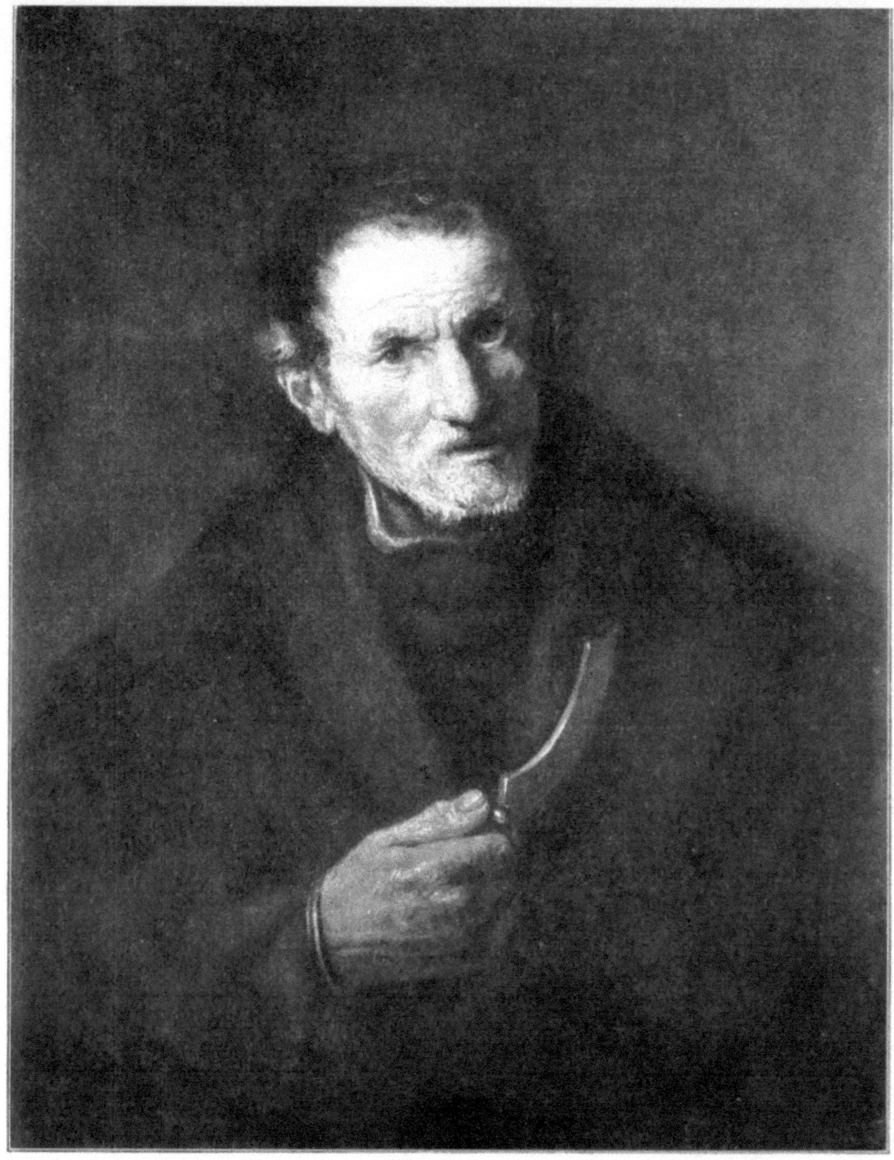

New York, M. Friedsam

Auf Leinwand, H. 74, B. 54.5

Der heilige Bartholomäus

St. Bartholomeus　　　　　Um 1631　　　　　Saint Barthélemy

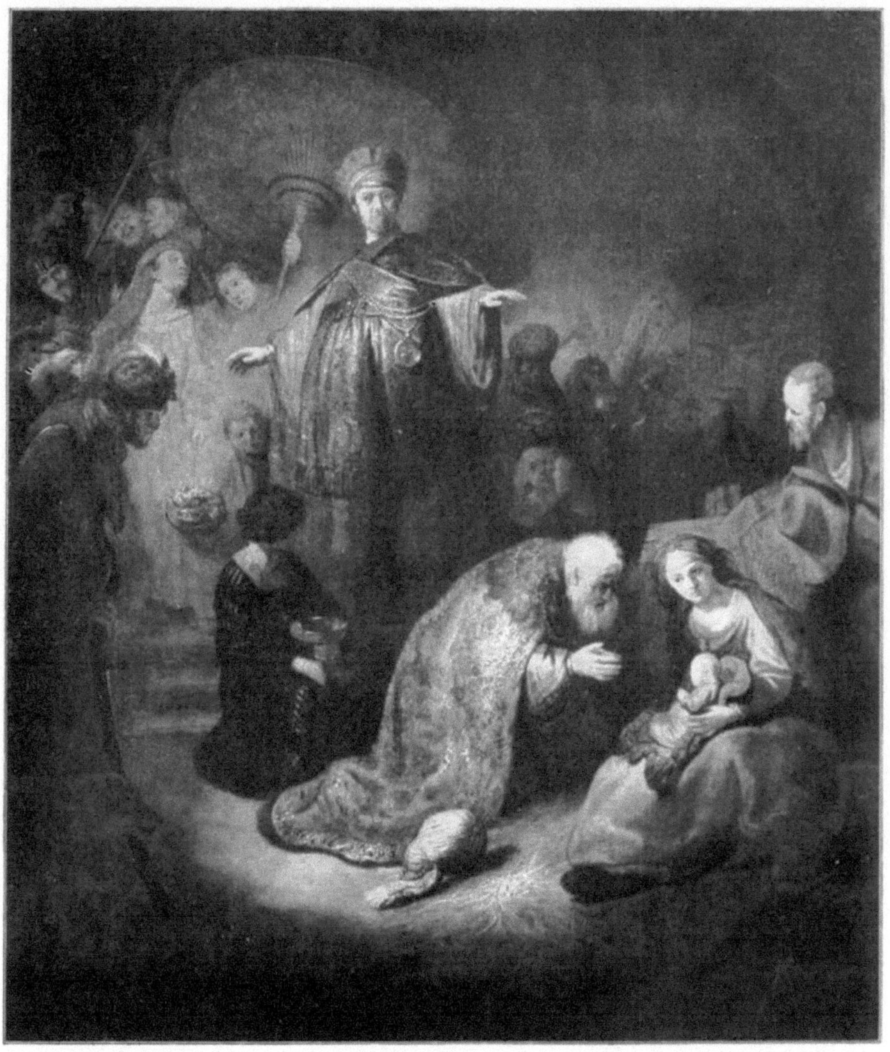

Anbetung der Könige

The adoration of the magi   Um 1631   L'adoration des rois

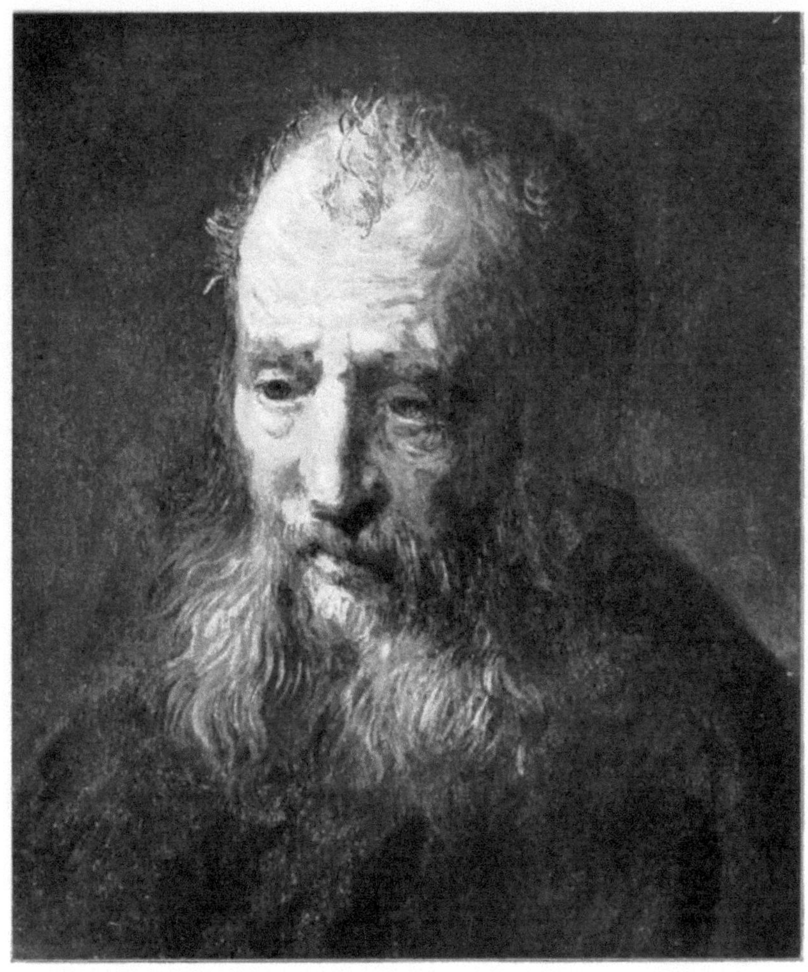

Auf Holz, H. 19,5, B. 17

Greis mit ungepflegtem Haar und Vollbart

Study of an old man   Um 1632   Étude de vieillard

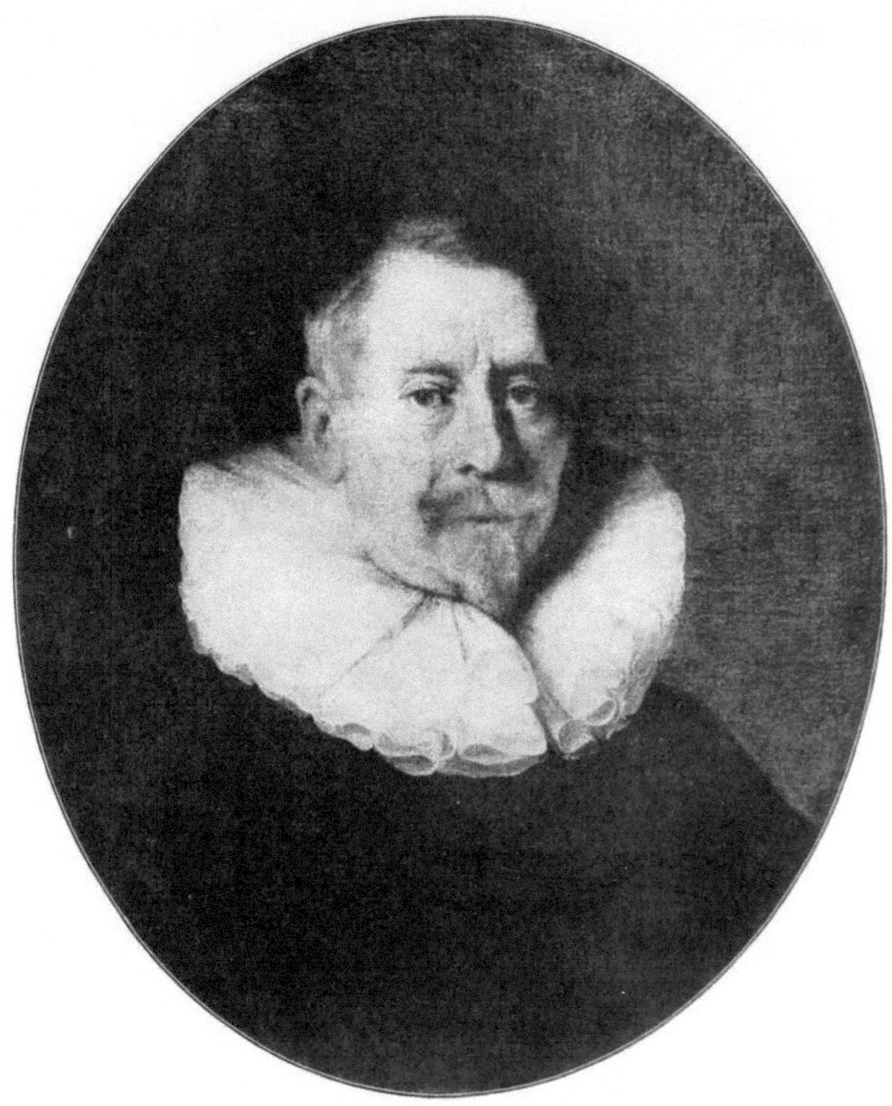

Auf Leinwand, H. 65,6, B. 52,5

Bildnis eines Herrn

Um 1632

Portrait of a gentleman

Portrait d'un homme

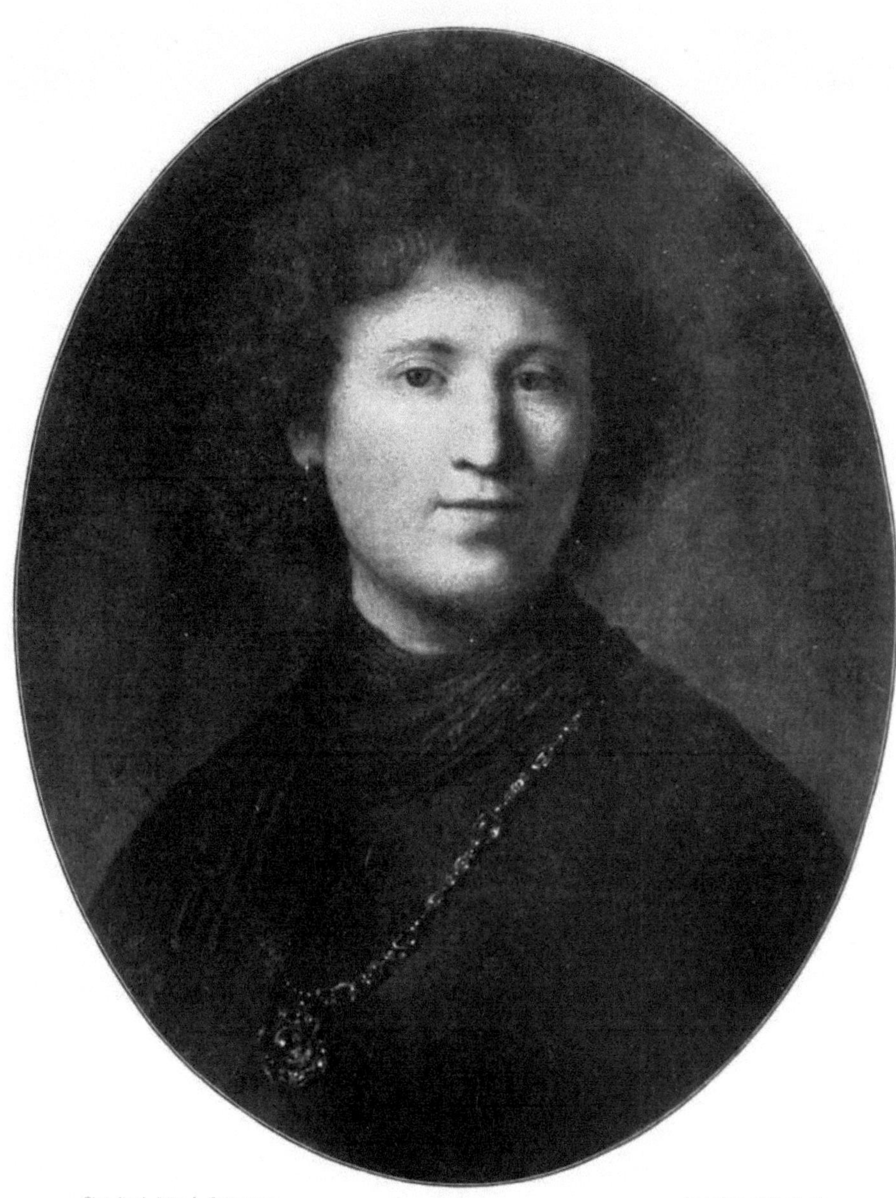

Selbstbildnis

Portrait of the artist   1632   Portrait de l'artiste

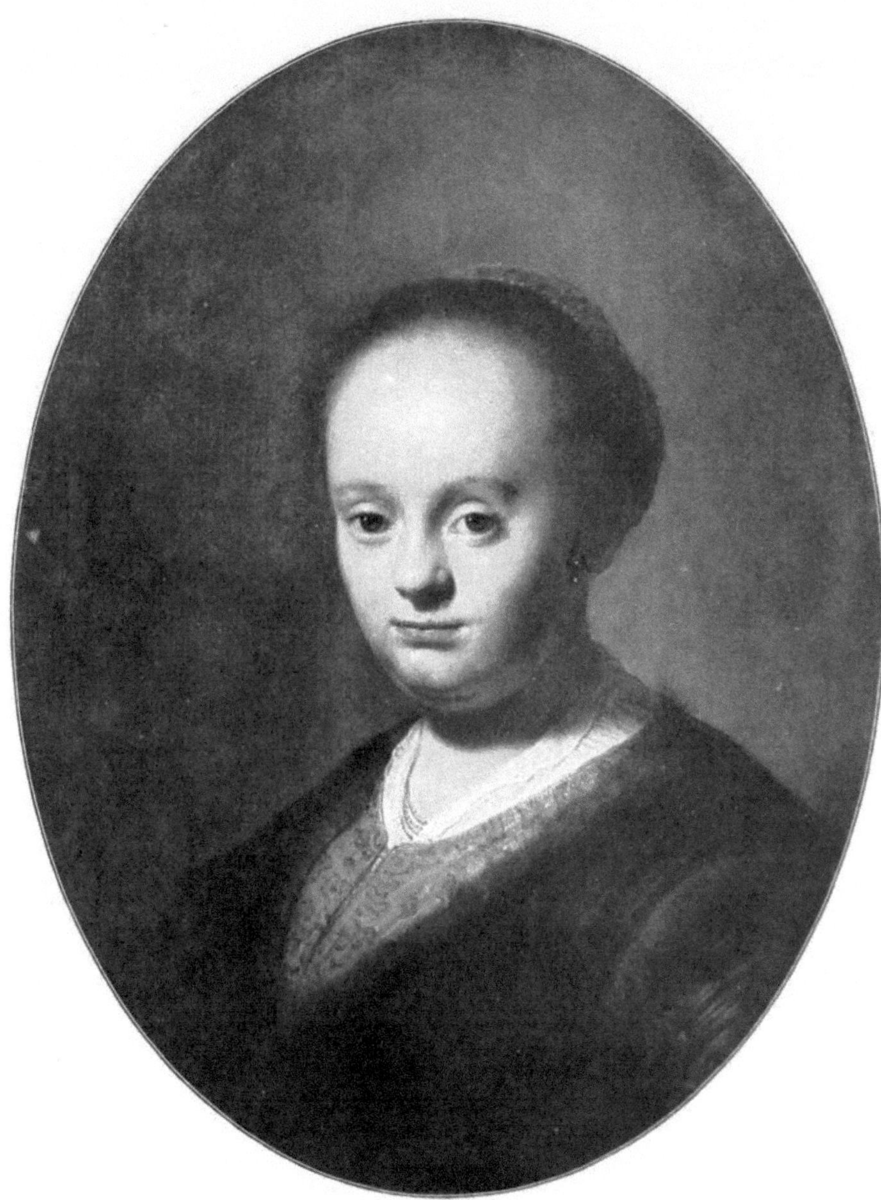

Die sogenannte Schwester Rembrandts

Portrait of the so-called sister
of Rembrandt

Um 1632

Portrait d'une jeune fille,
nommé la sœur de Rembrandt

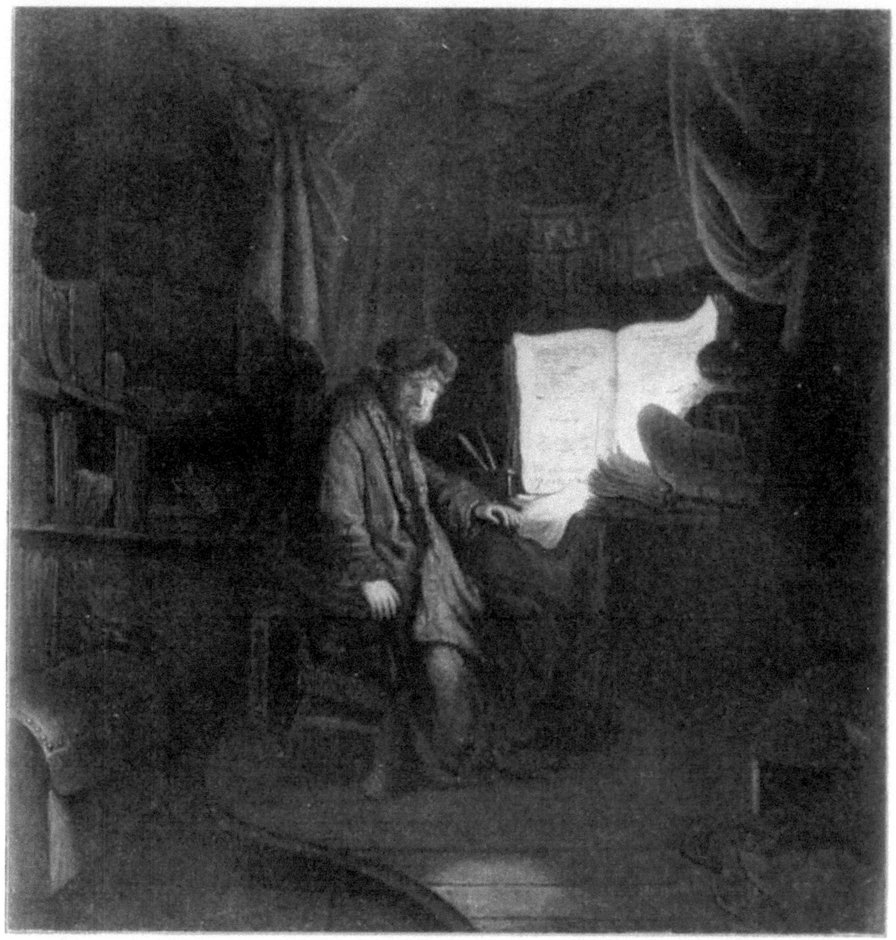

Gelehrter in seinem Studierzimmer

A man of letters   Um 1632   Un savant

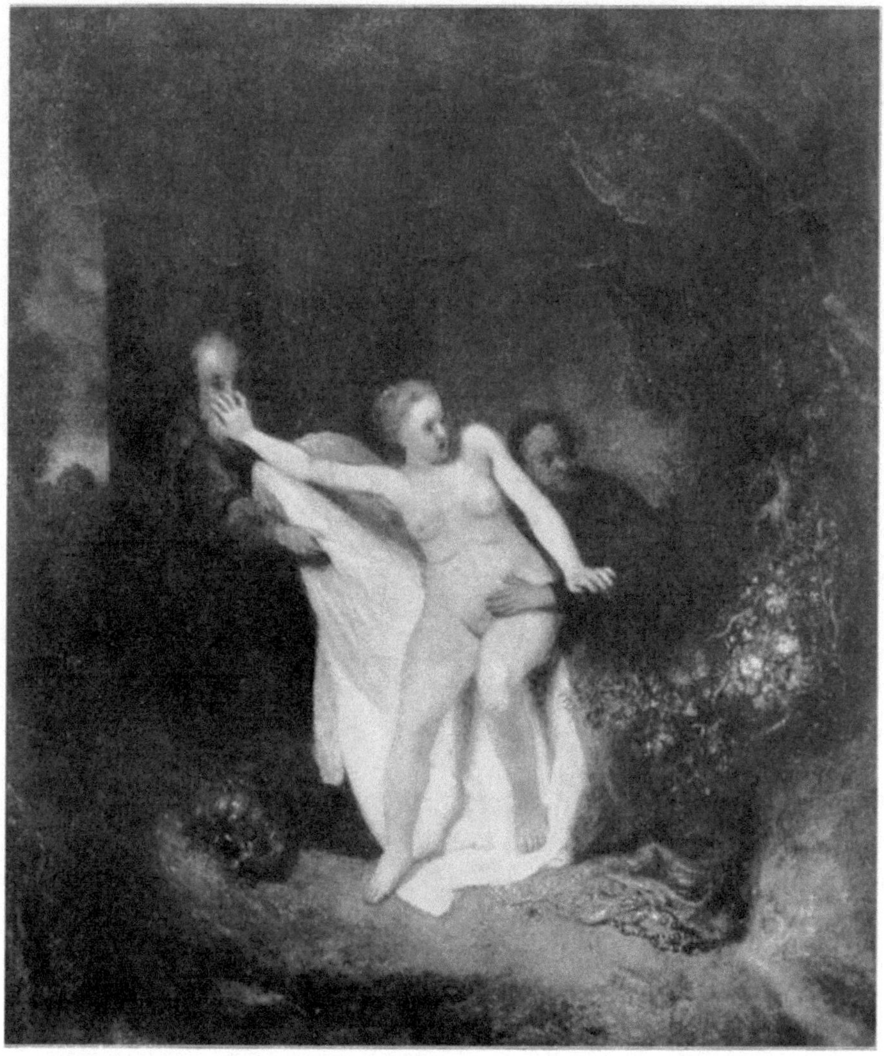

Susanna und die beiden Alten

Susan and the two elders · Um 1632 · Suzanne et les deux vieillards

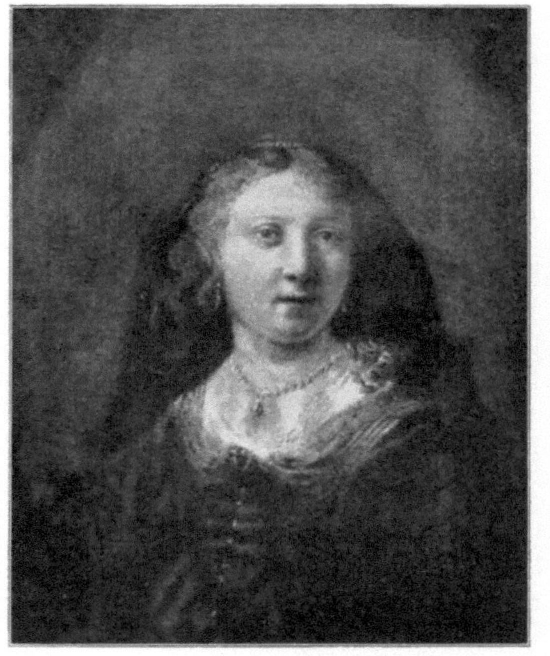

Hamburg, C. A. Mandl   Auf Holz, H. 21, B. 17

Bildnisstudie (Saskia?)

Portrait study (Saskia?)   Um 1633   Étude après Saskia (?)

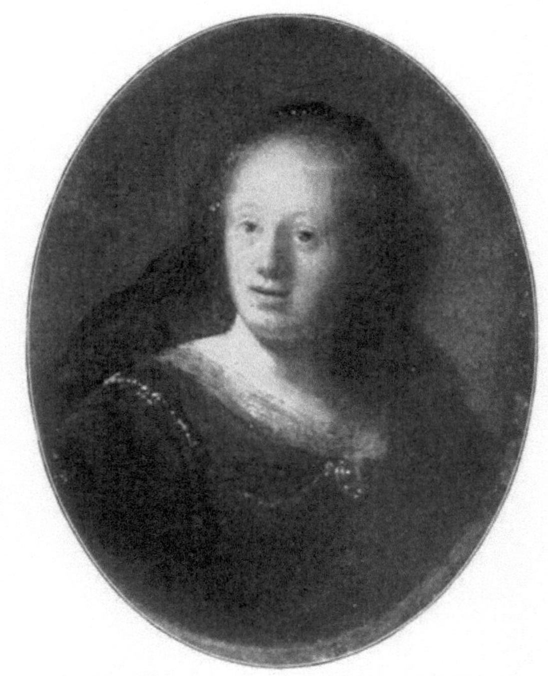

Paris, Ernest May   Auf Holz, H. 9,7, B. 7,7

Bildnisstudie (Saskia?)

Portrait study (Saskia?)   Um 1633   Étude après Saskia (?)

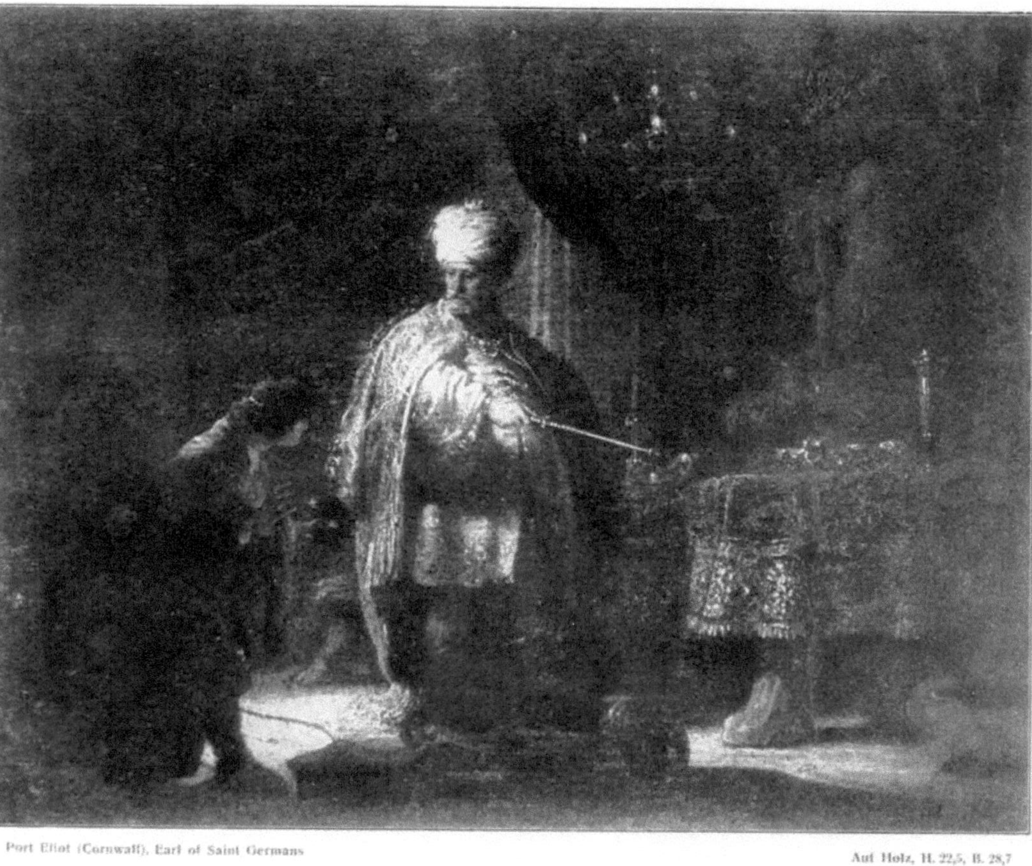

Port Eliot (Cornwall), Earl of Saint Germans

Auf Holz, H. 22,5, B. 28,7

David vor Saul (?)

David before Saul (?)

1633

David devant Saul (?)

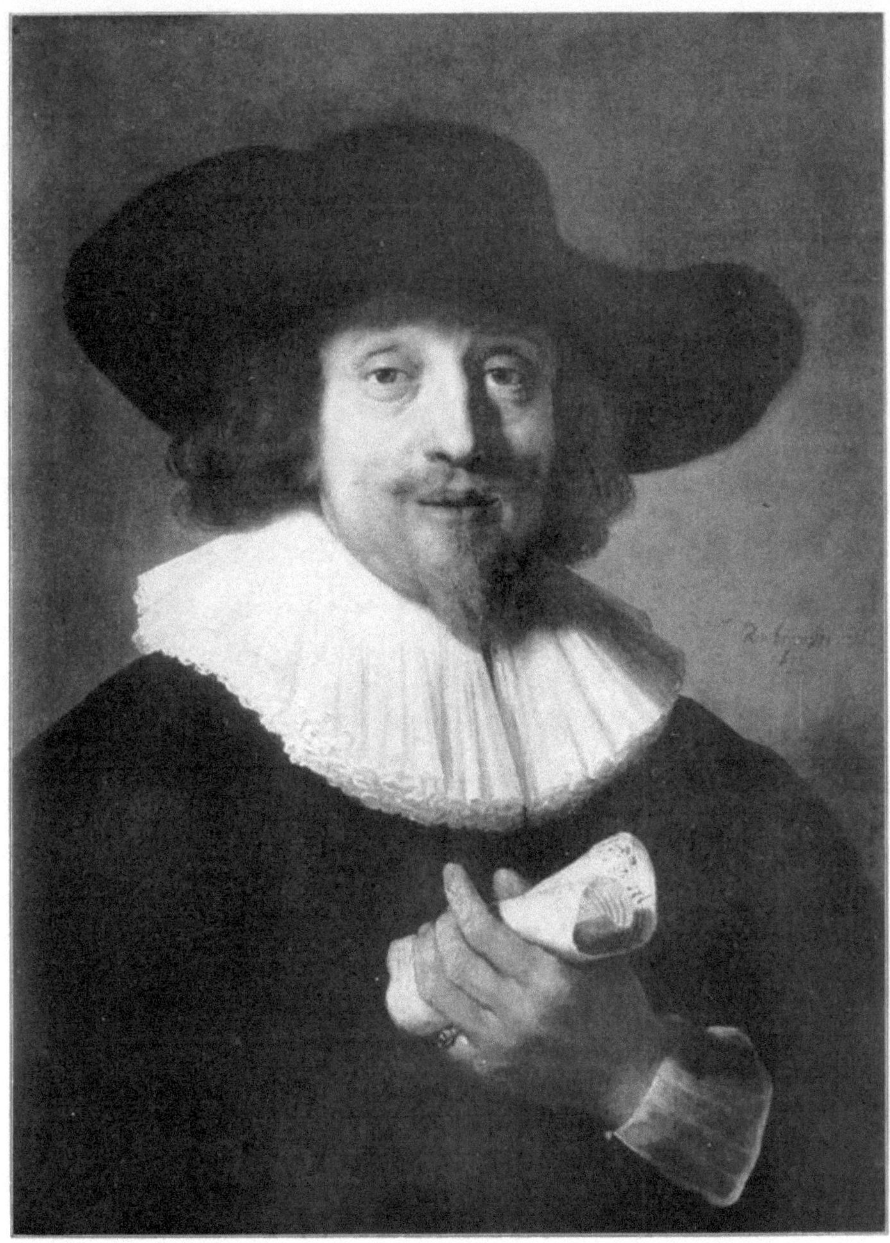

Bildnis eines Musikers

Portrait of a musicain   1633   Portrait d'un musicien

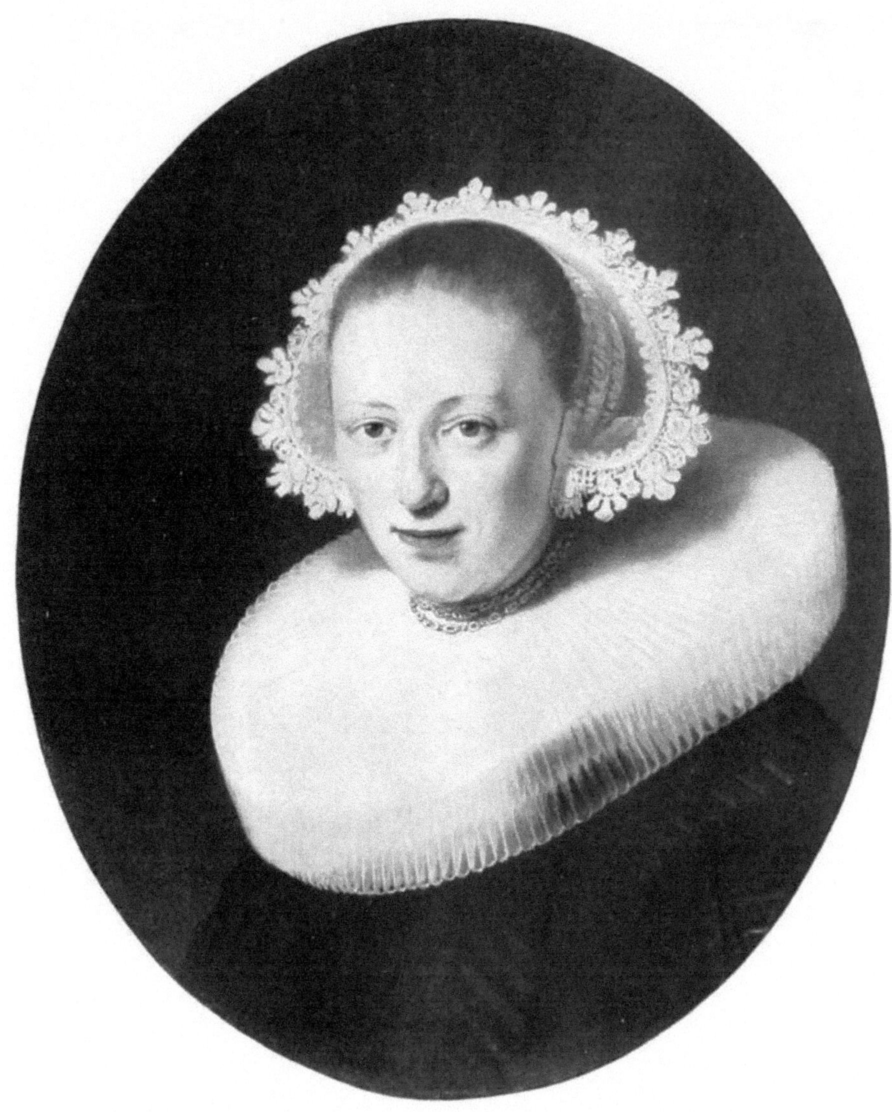

Damenbildnis

Portrait of a lady   1633   Portrait d'une femme

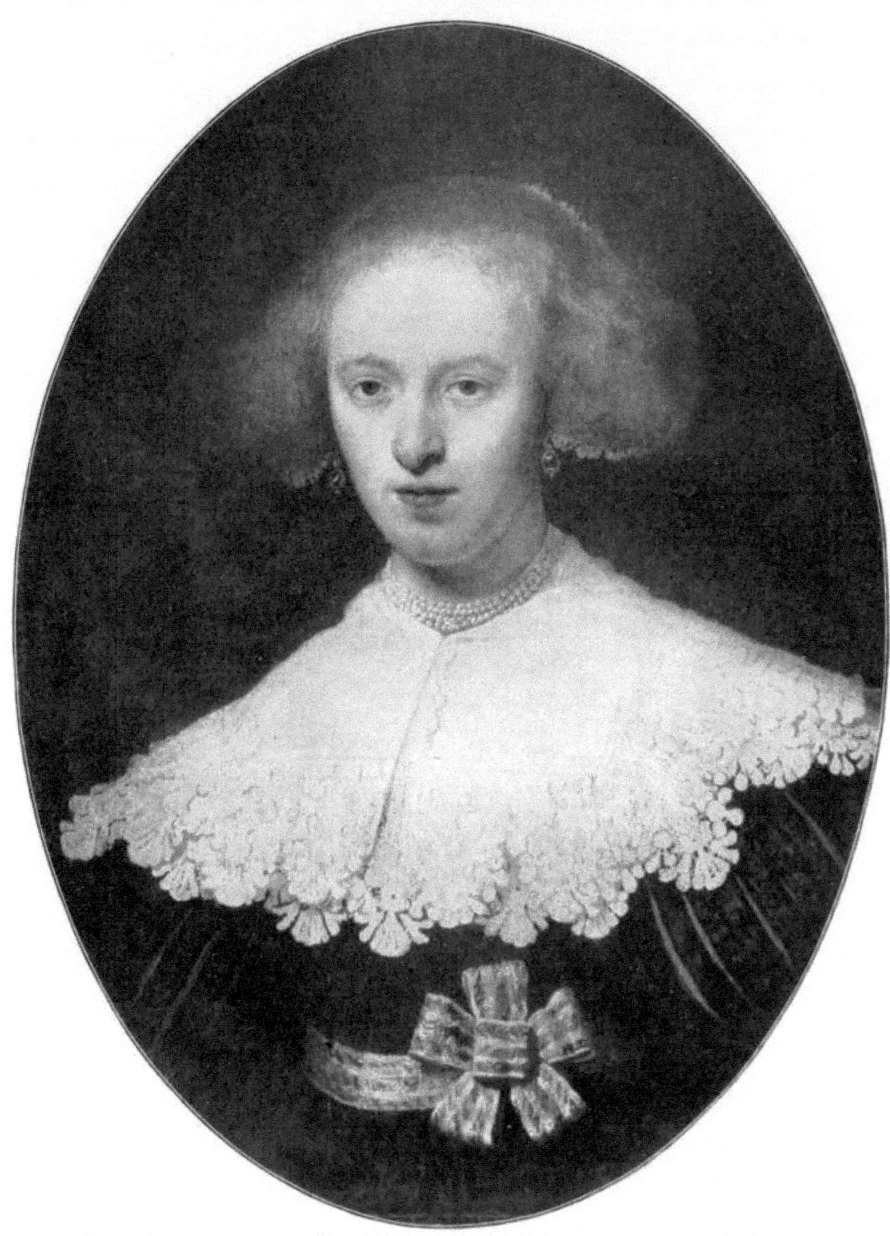

Haag, A. Preyer   Auf Holz, H 63,7, B 47,5

Damenbildnis

Portrait of a lady   1633   Portrait d'une femme

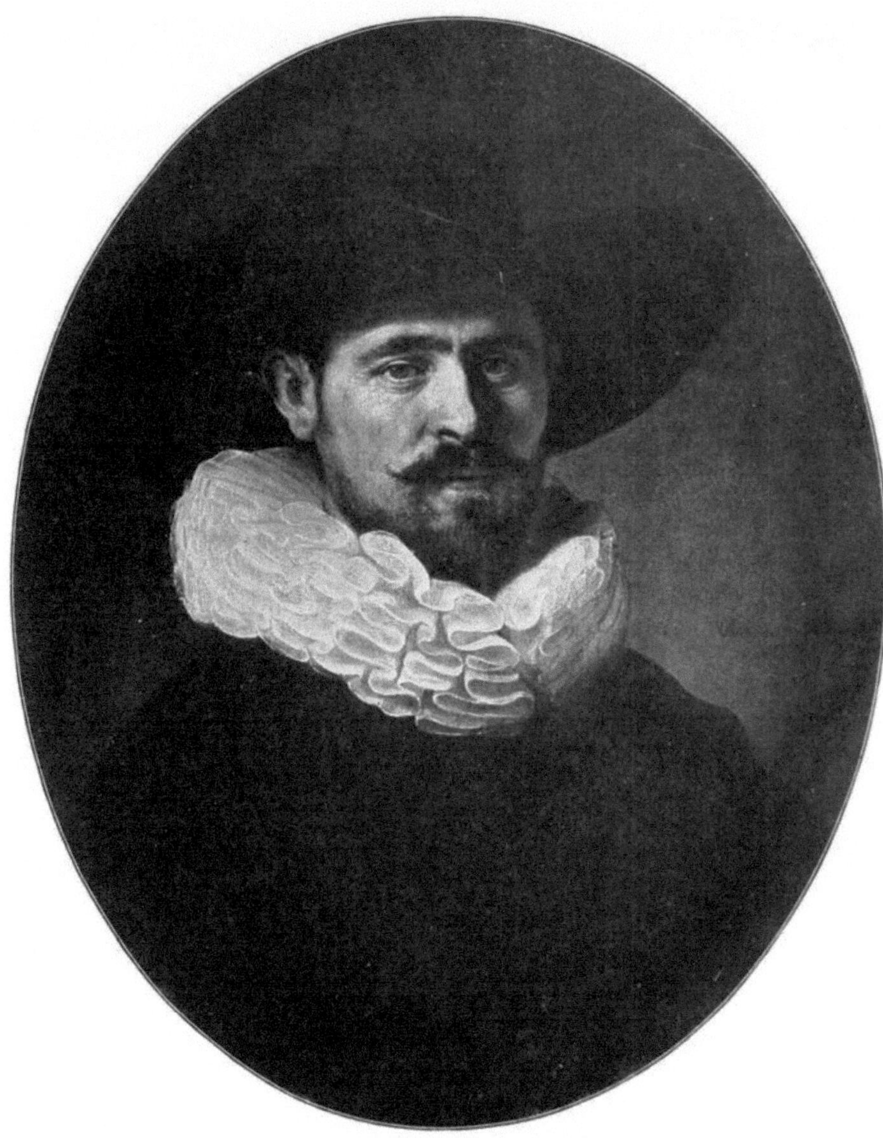

New York, W. H. Moore

Auf Holz, H. 69,3, B. 54,8

Bildnis eines Herrn

Portrait of a gentleman   1633   Portrait d'un homme

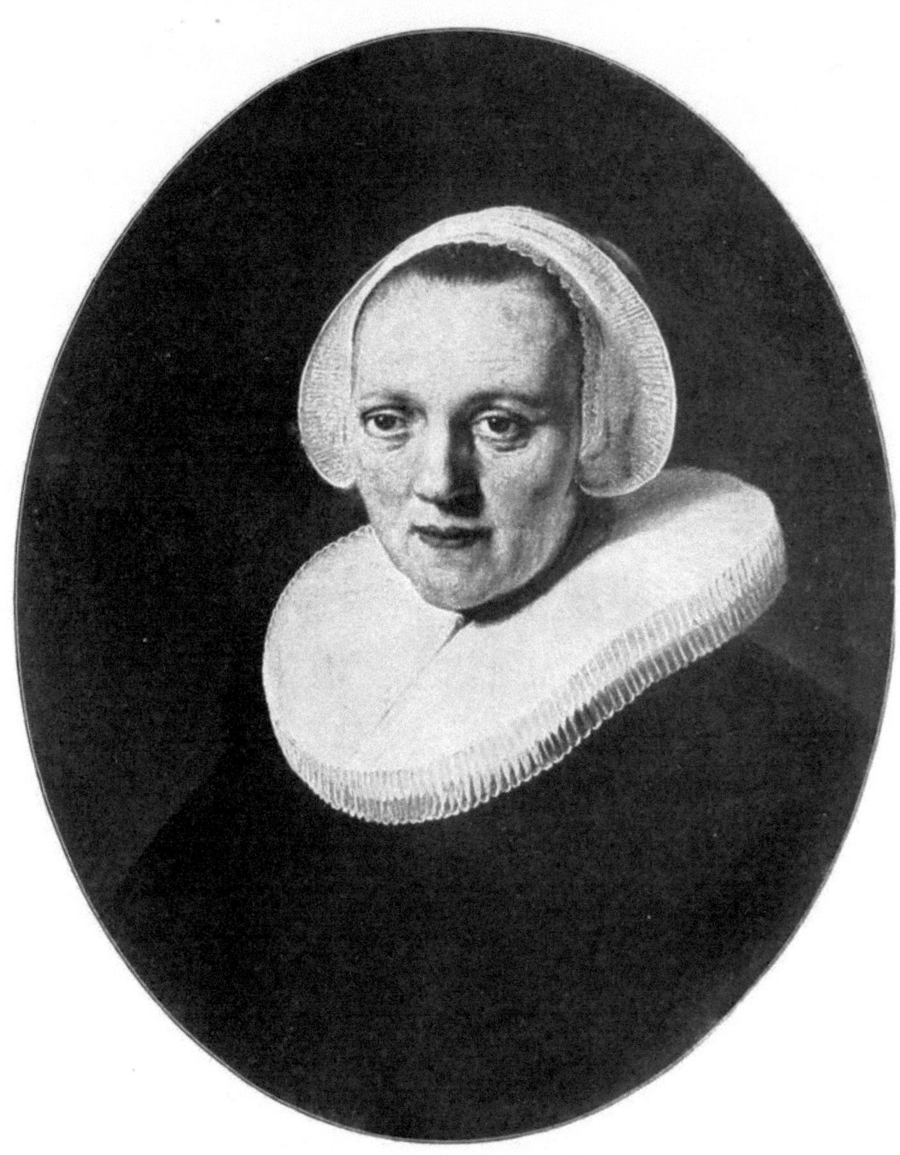

Bildnis der Frau des vorigen

Portrait of the wife of the former   1634   Portrait de la femme du précédent

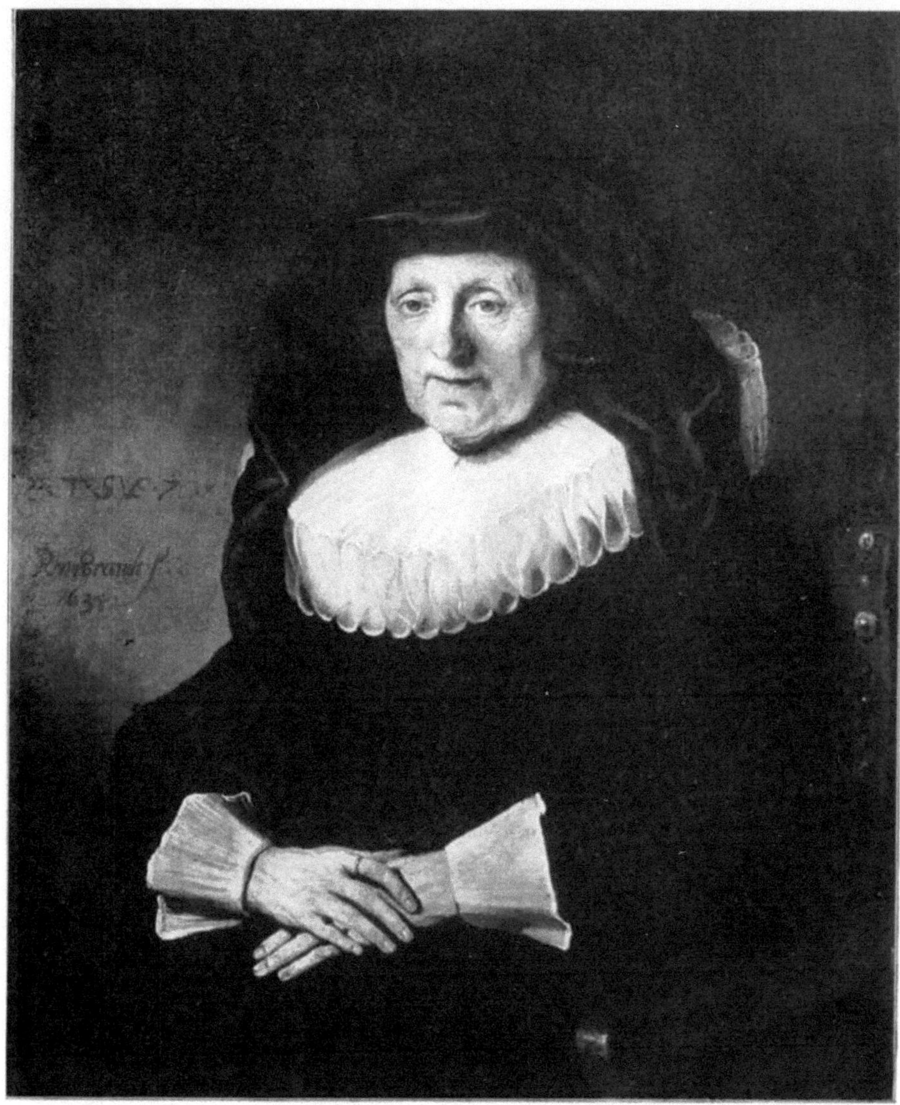

Bildnis einer siebzigjährigen Dame

Portrait of an old lady · 1631 · Portrait d'une dame âgée

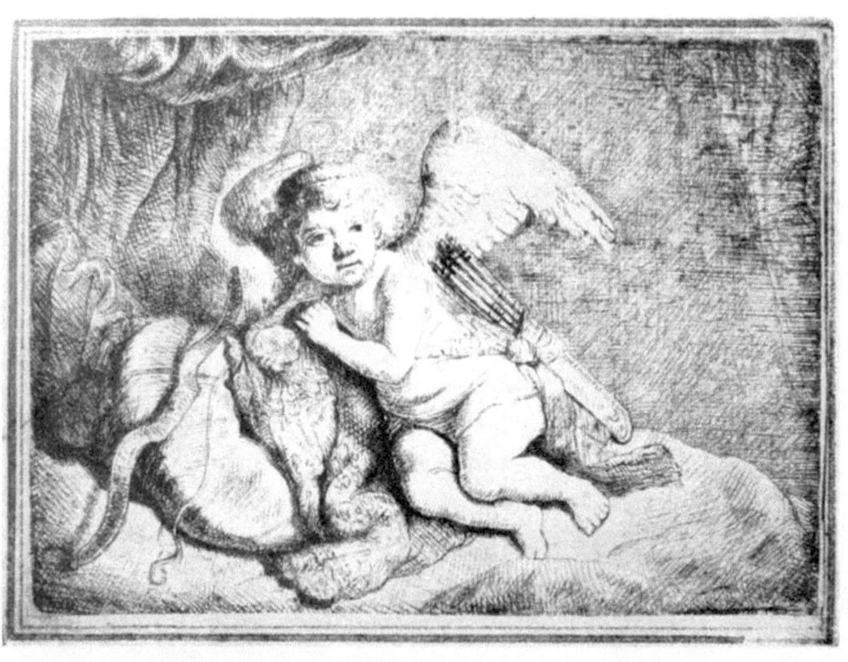

Ruhender Amor
Radierung aus der Rembrandt-Schule nach nebenstehendem Gemälde

Cupid reposing   L'Amour couché

B. 132, Hind 313

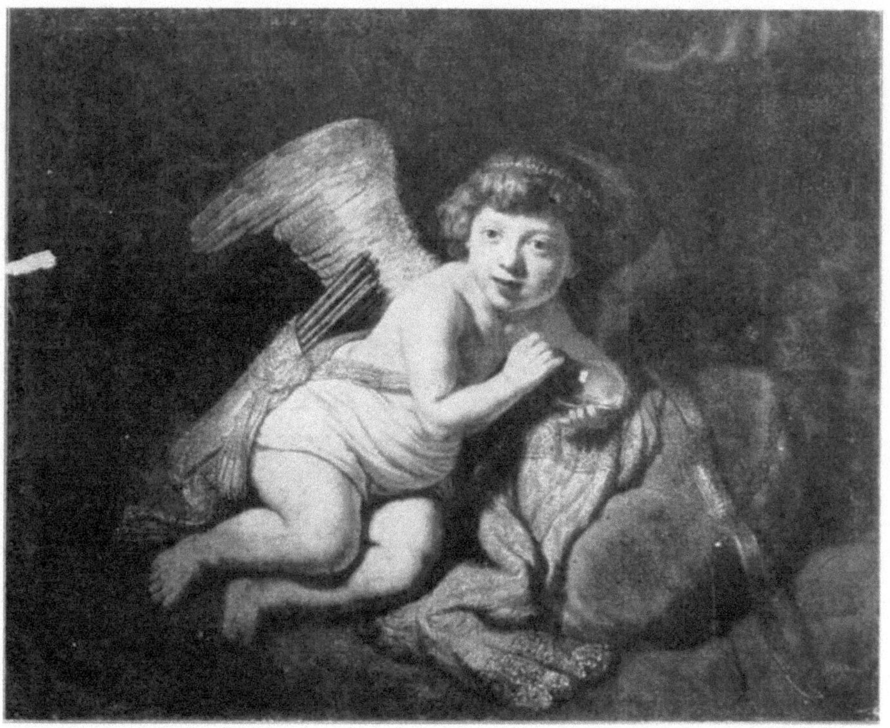

Ruhender Amor

Cupid reposing   1634   L'amour couché

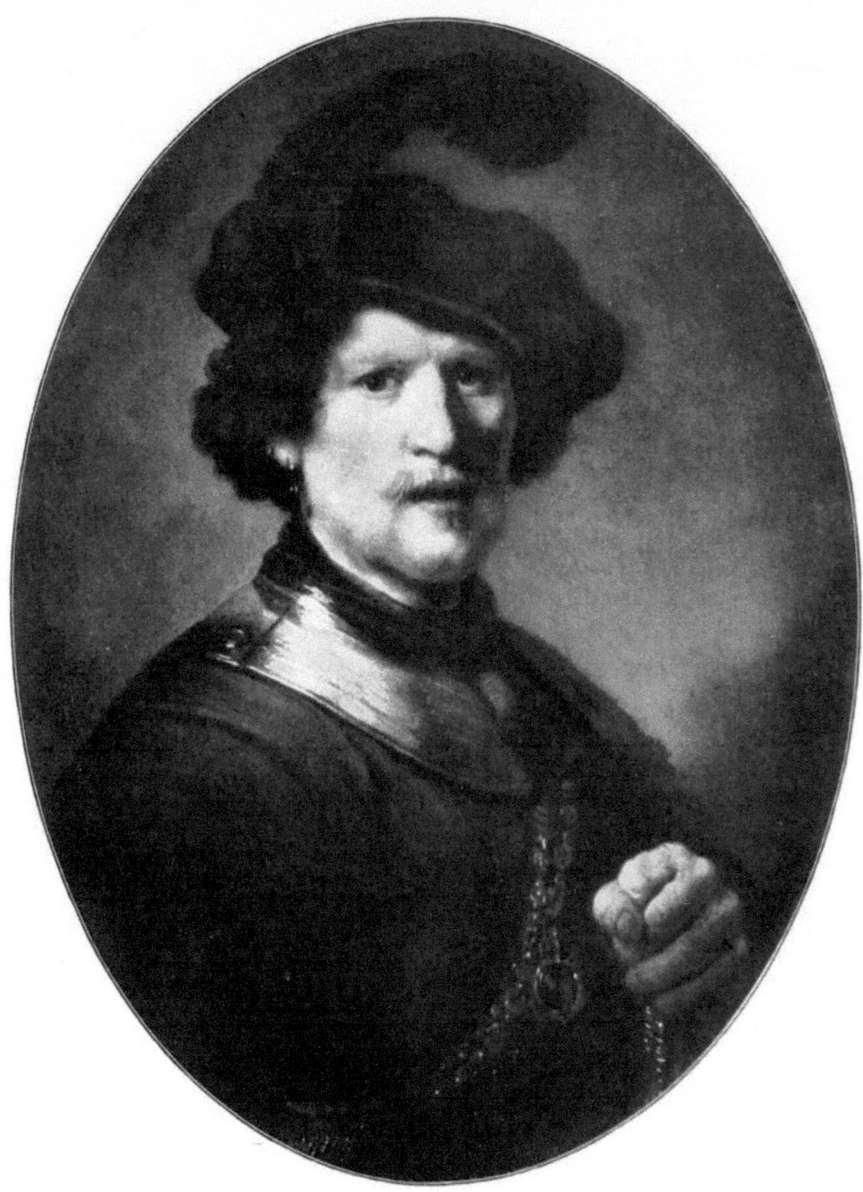

Krieger (Selbstbildnis?)

A warrior (portrait of the artist?)   Um 1634   Un guerrier (portrait de l'artiste?)

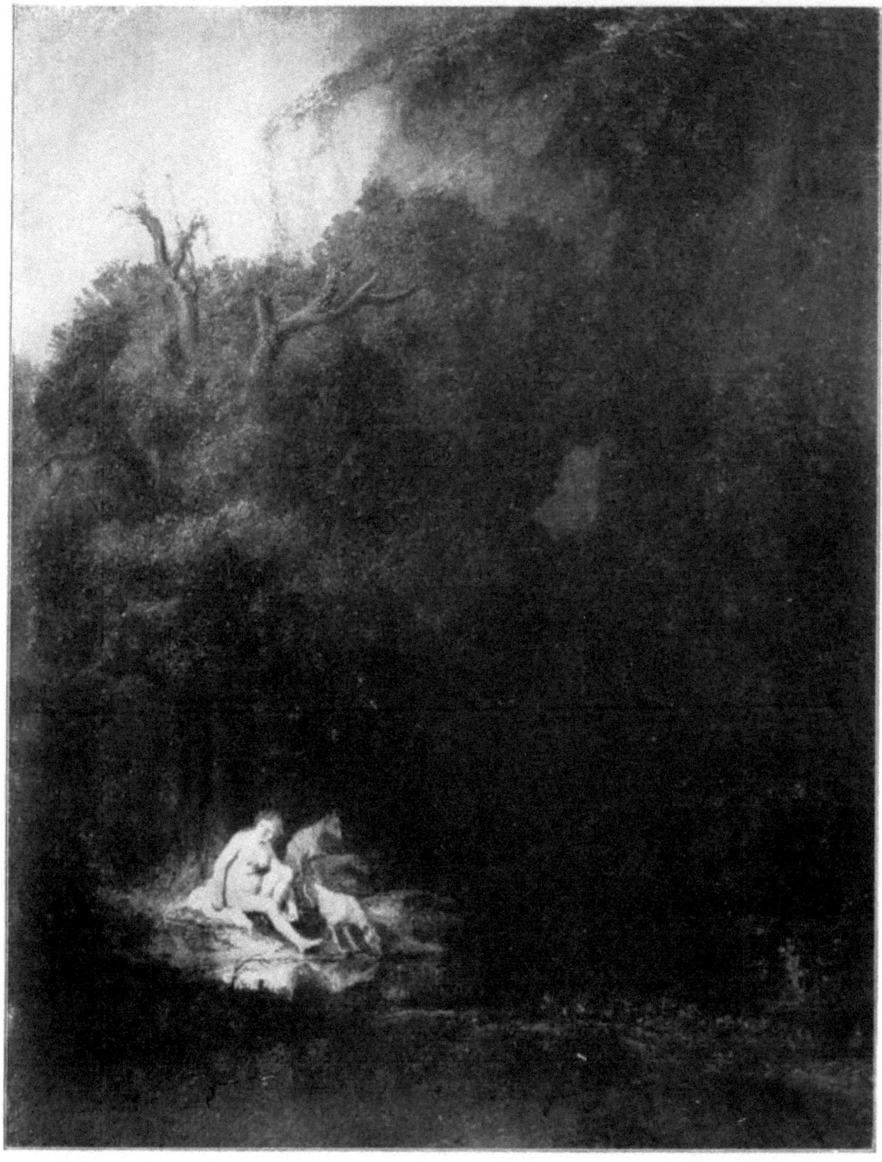

Diana im Bad

Diana bathing   Um 1635   Diane au bain

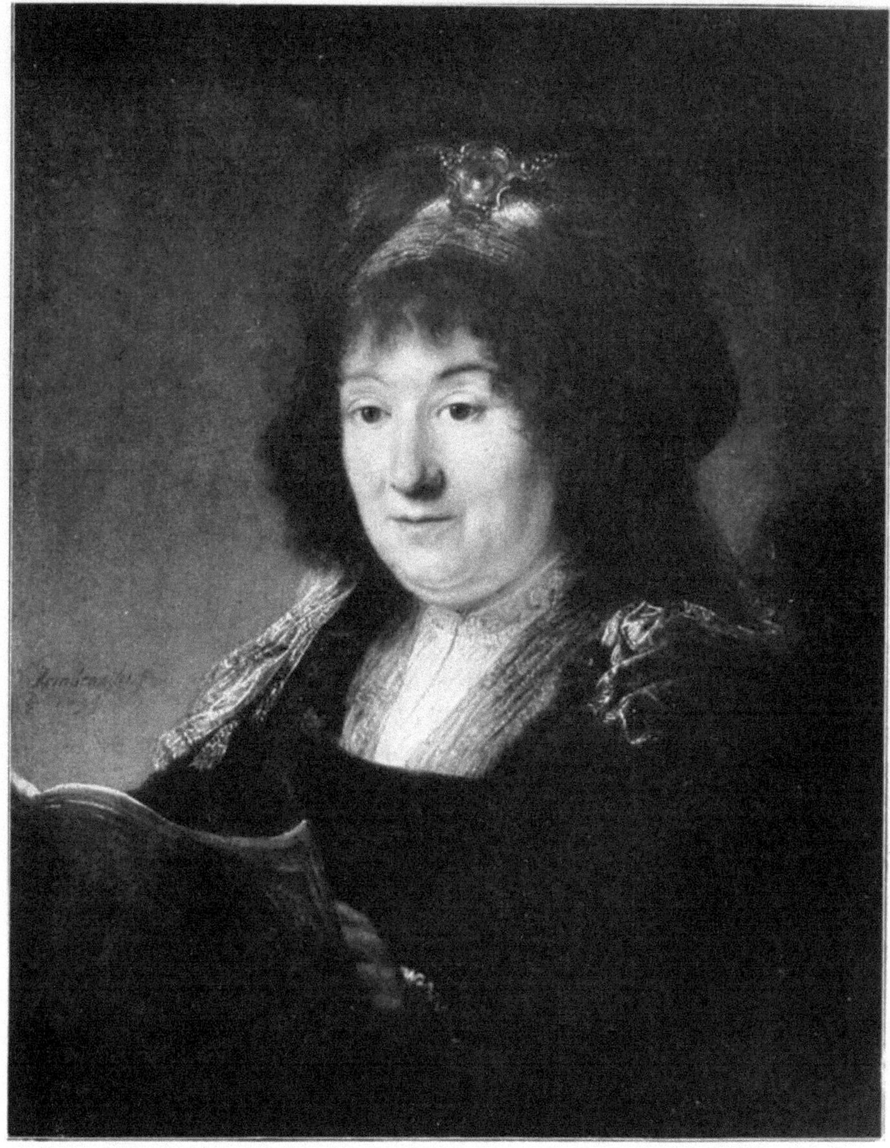

Auf Holz. H. 65, B. 51

Junge Frau in phantastischem Kostüm

Young woman dressed
in oriental manner

1635

Une jeune femme portant
une costume phantastique

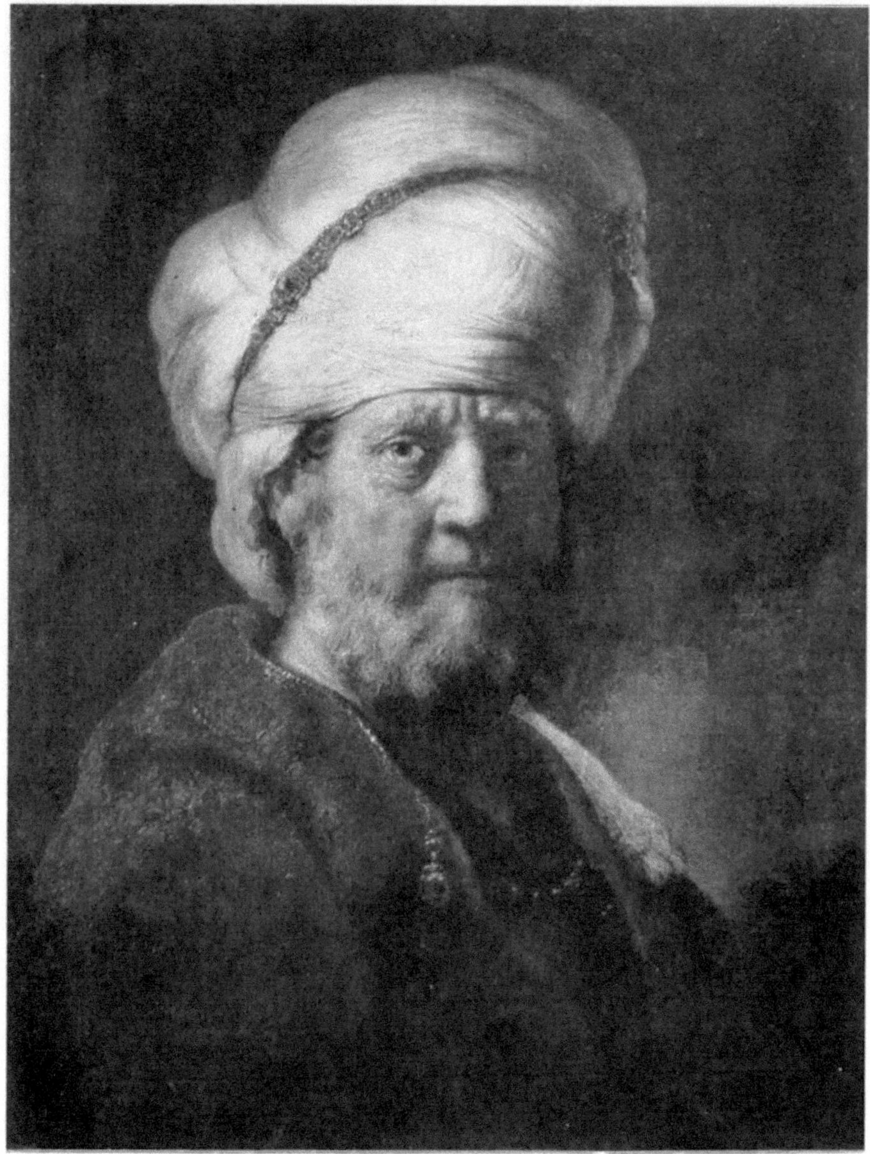

Auf Leinwand, H. 130, B. 102

Orientale
1635

An oriental   Un oriental

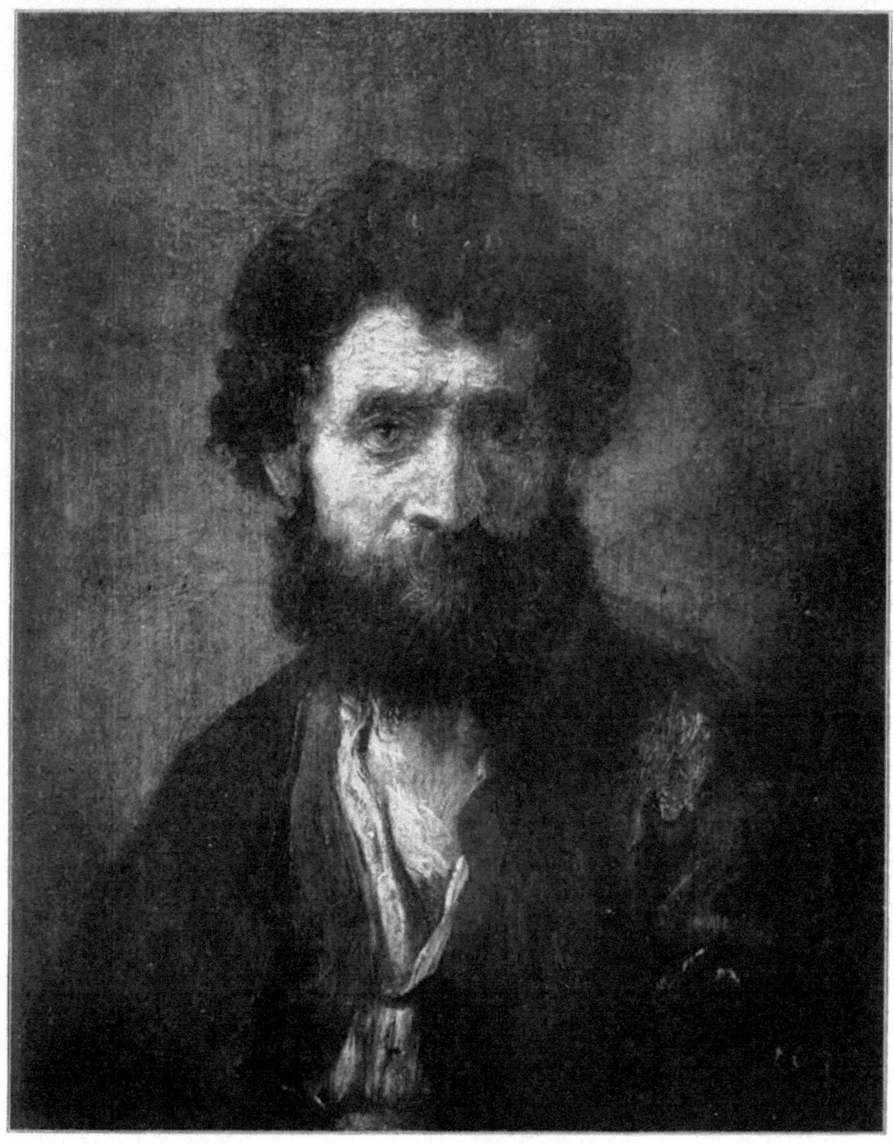

Bärtiger Mann. Studie

Bearded man, study   1636   Un homme barbu, étude

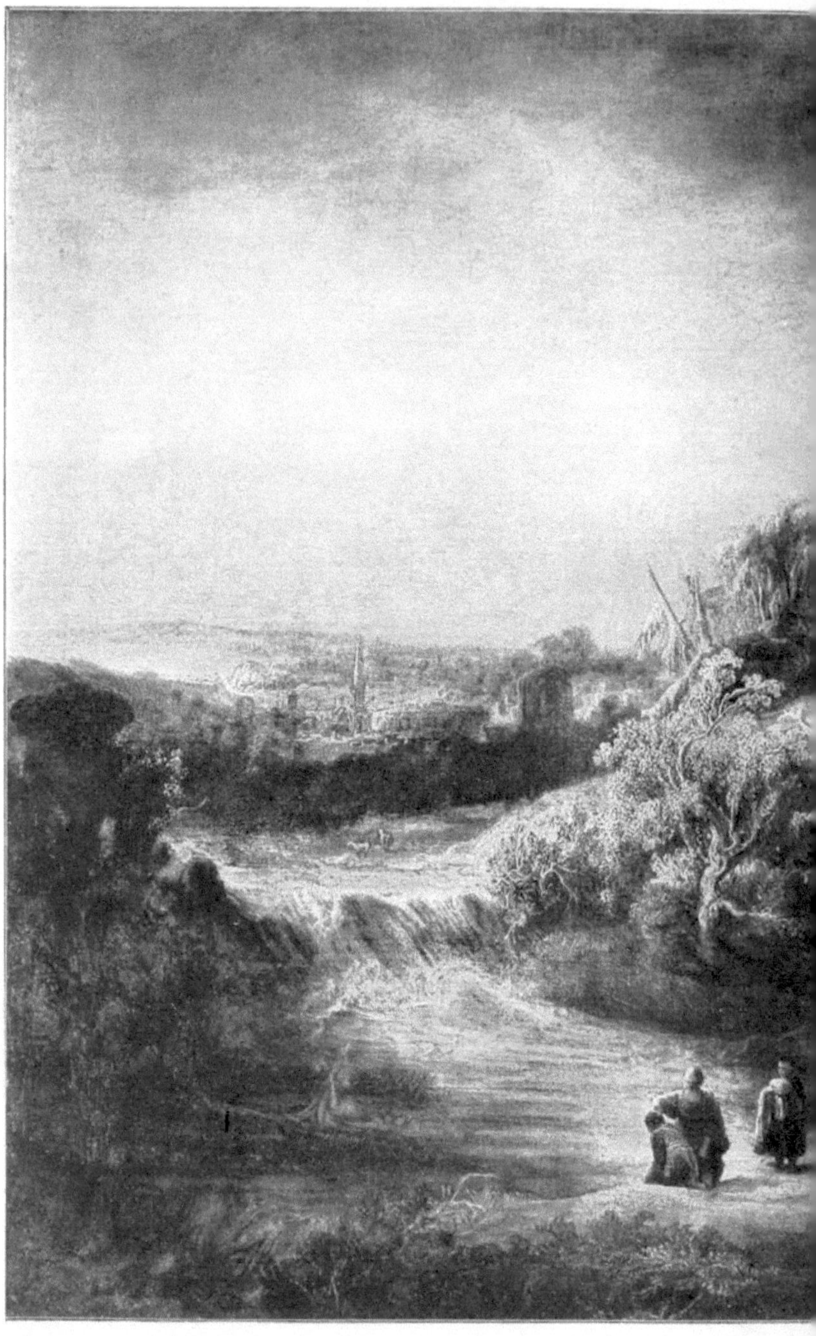

Landschaft mit d

Landscape with the baptism of the officer

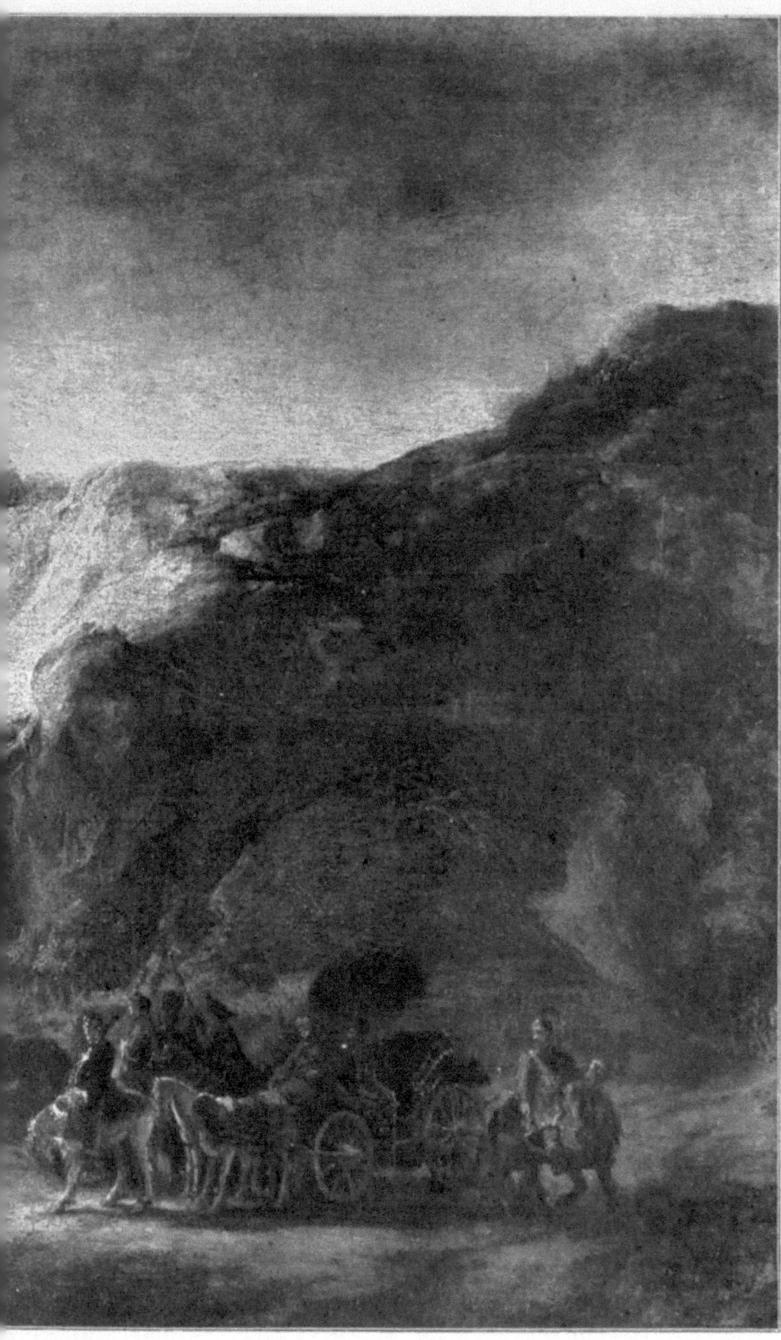

Auf Leinwand, H. 71,2, B. 103,7

s Kämmerers

Paysage avec le baptême de l'intendant

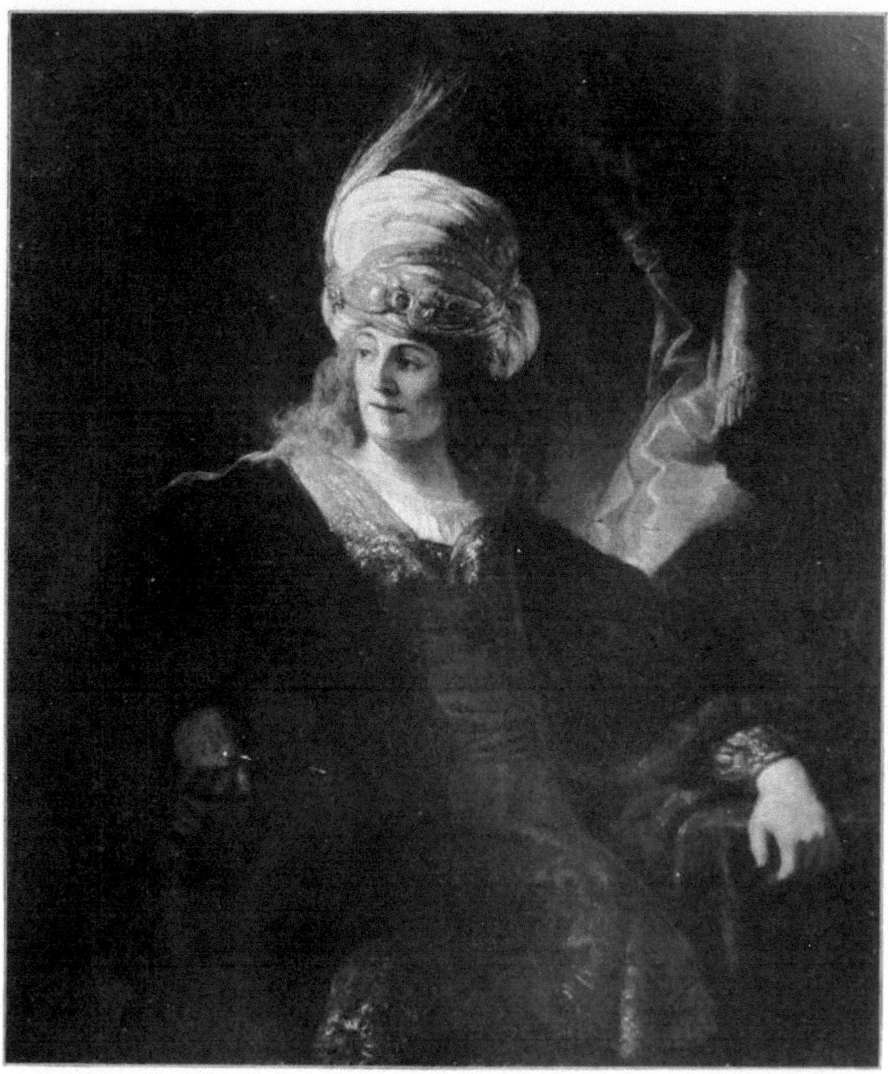

Der junge Simson

The young Samson   Um 1636   Le jeune Samson

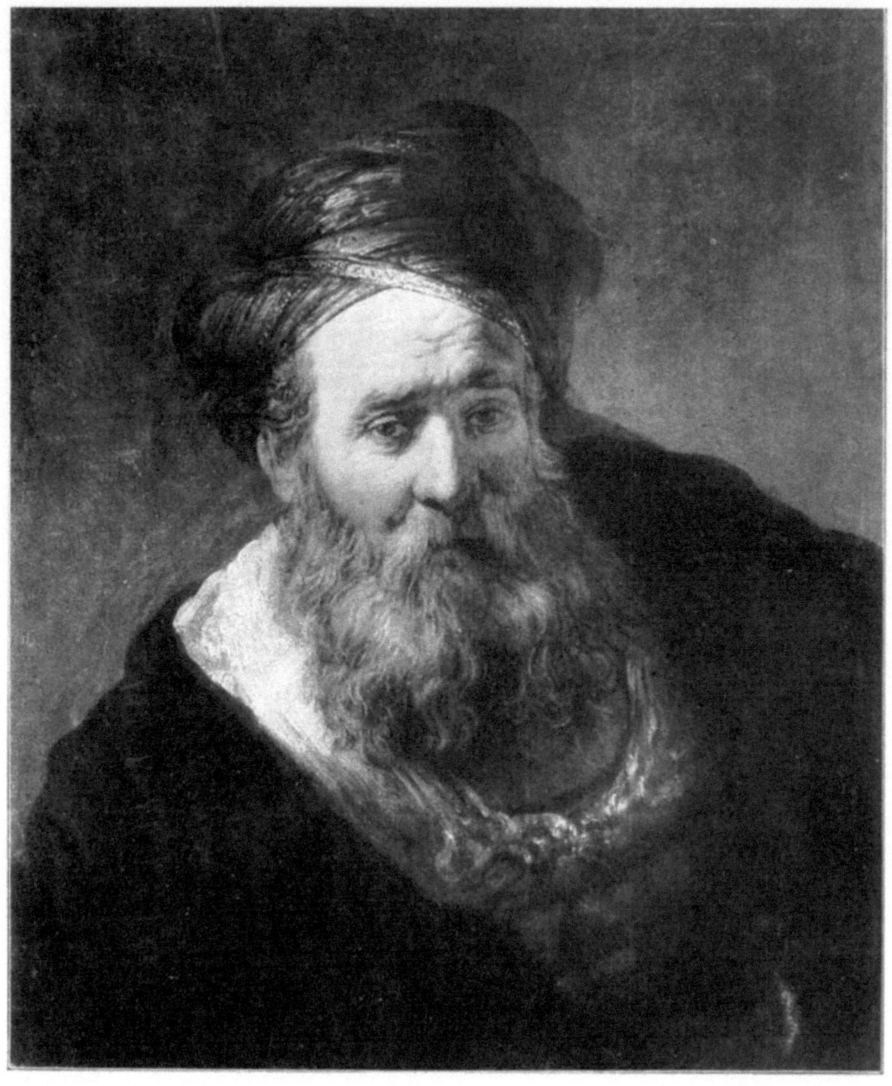

Orientale

An Oriental   1637   Un Oriental

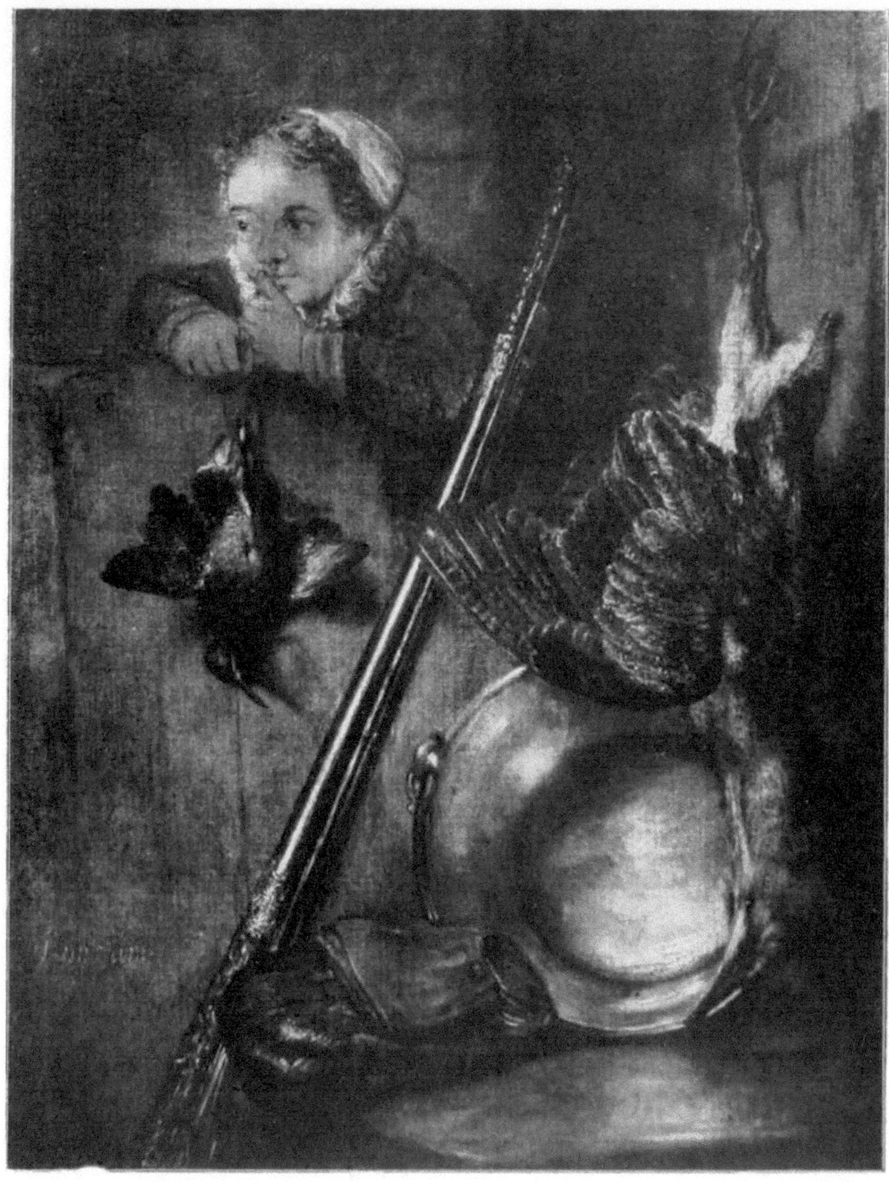

Jagdstilleben mit Rohrdommel

Stillife with bittern   Wohl 1639   Nature morte de chasse

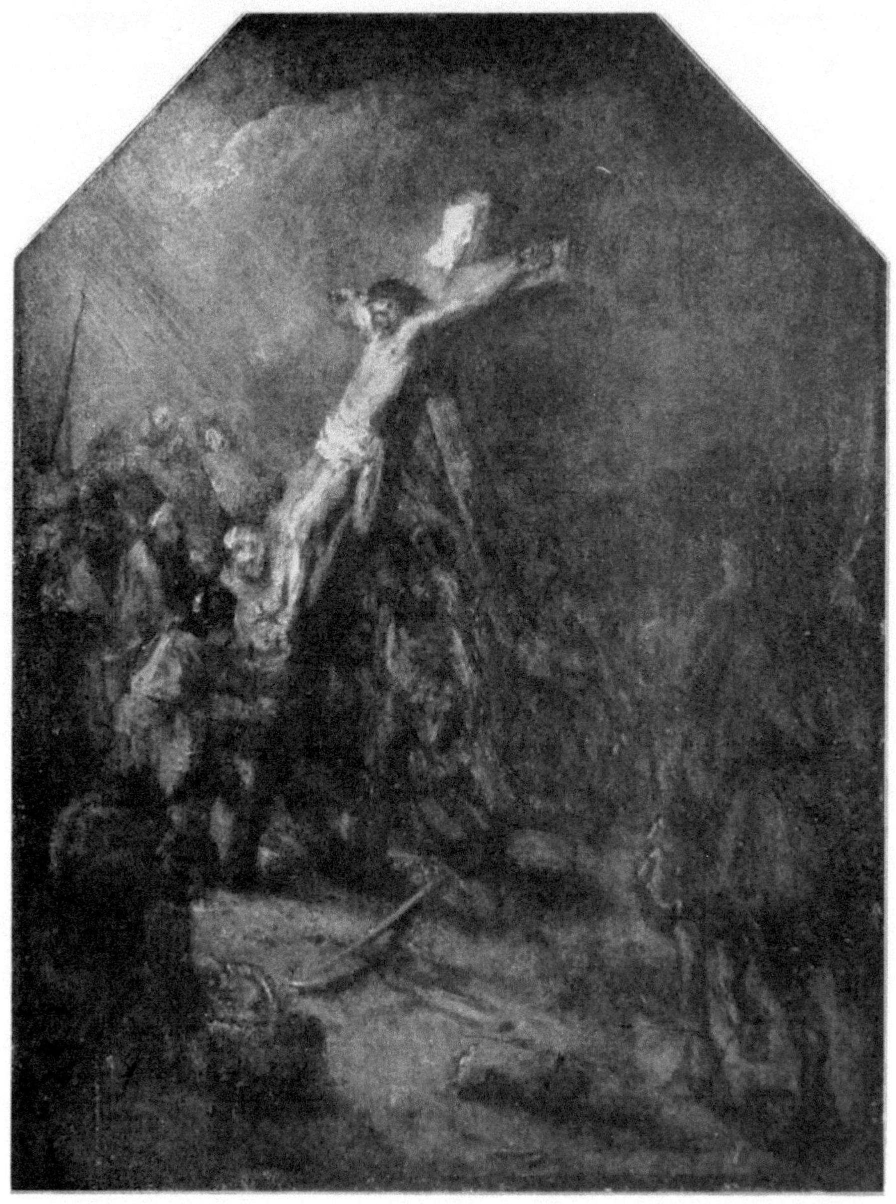

Kreuzaufrichtung. Studie

The raising of the cross. Study   Um 1640   L'érection de la croix. Étude

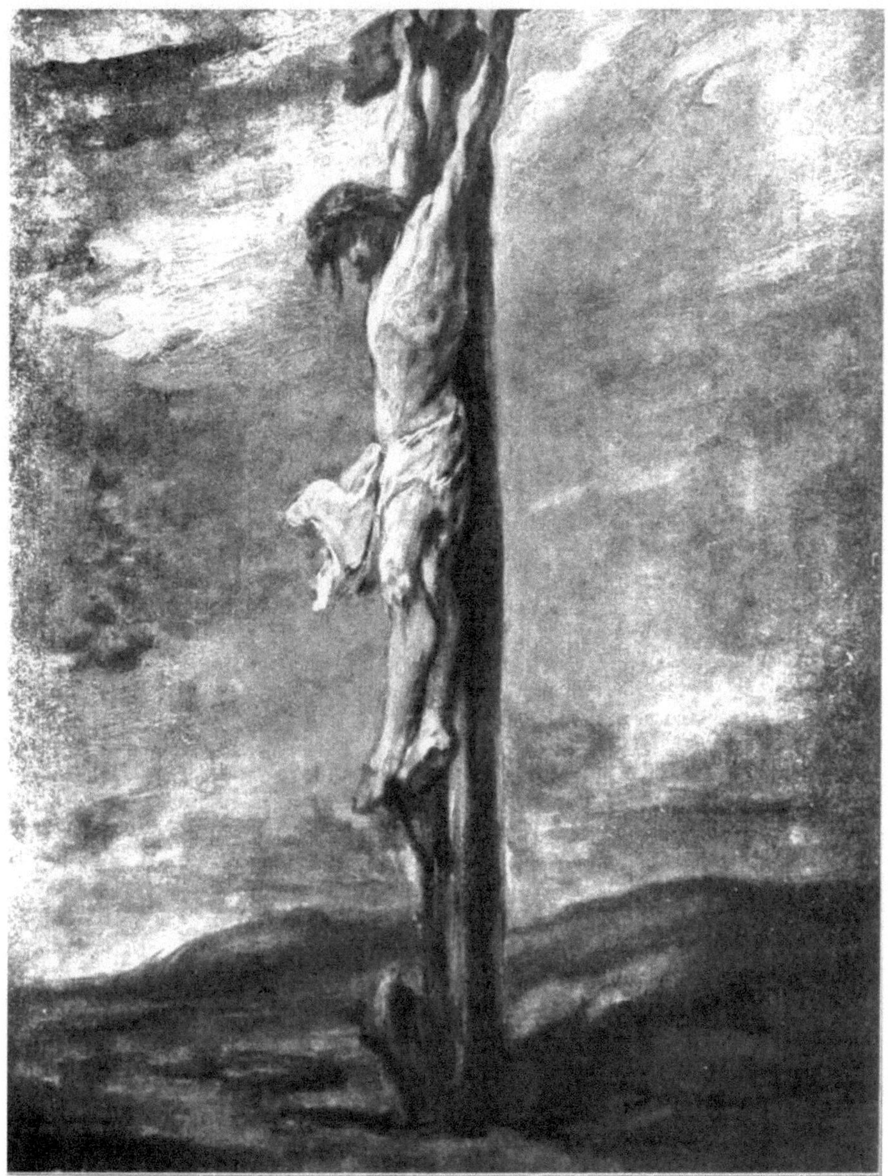

Christus am Kreuz

Christ on the cross   Um 1640   Le Christ en croix

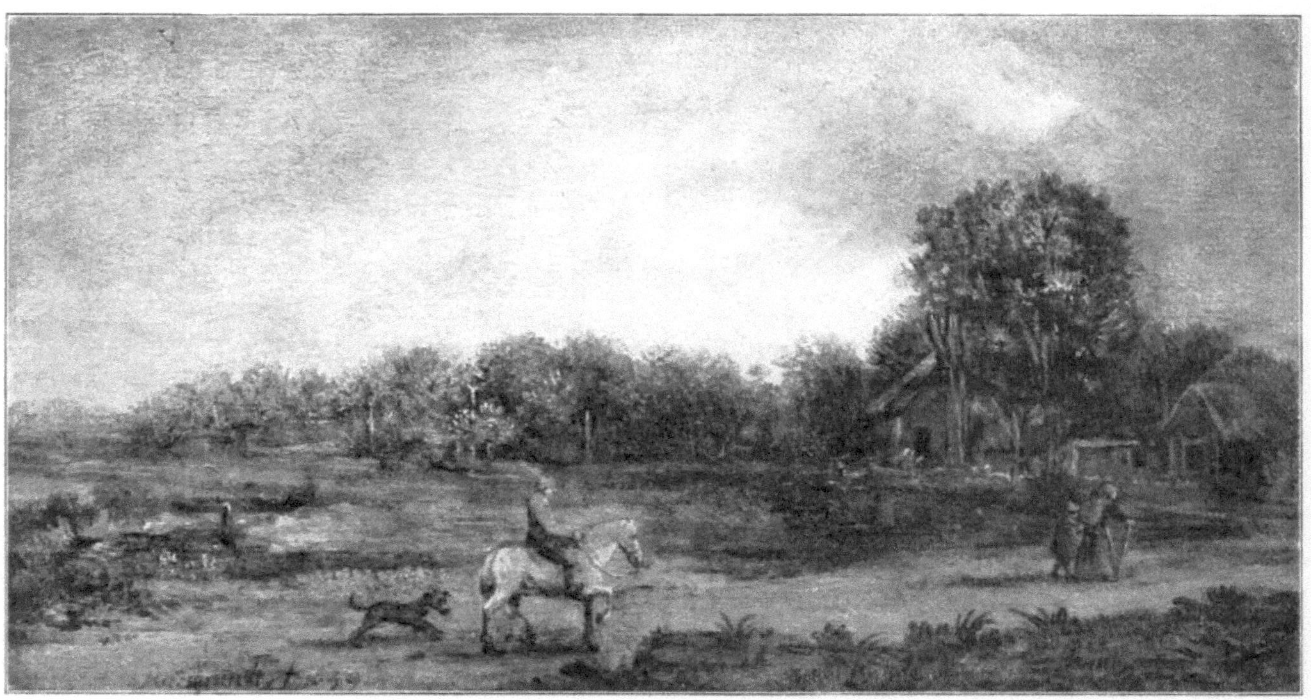

Christiania. Chr. Langaard (†)   Auf Holz, H. 19,5, B. 36,5

Hütten am Wasser

Cottages near a pond   1639   Cabanes au étang

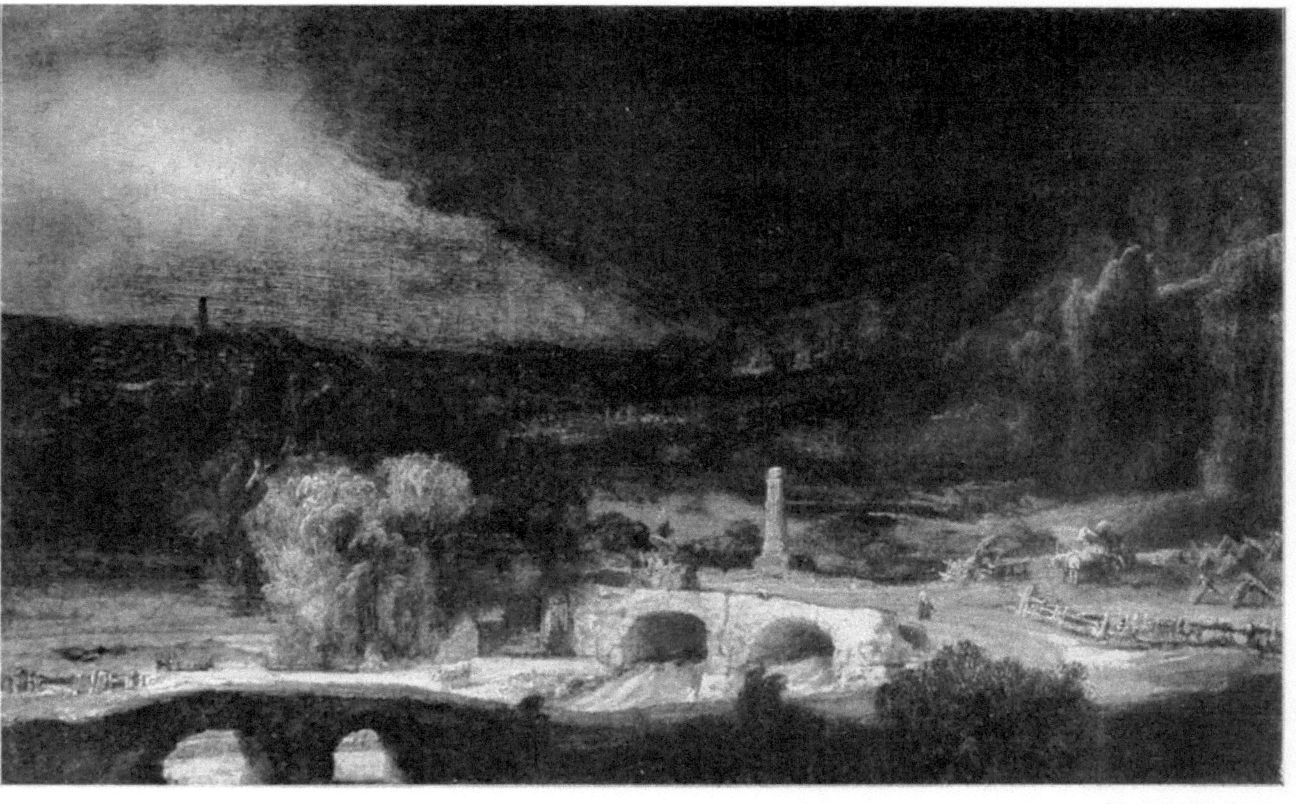

Eindhoven (Holland), A. Philips

Auf Leinwand, H. 38, B. 62

Landschaft mit den zwei Brücken

Landscape with two bridges — Um 1640 — Paysage avec deux ponts

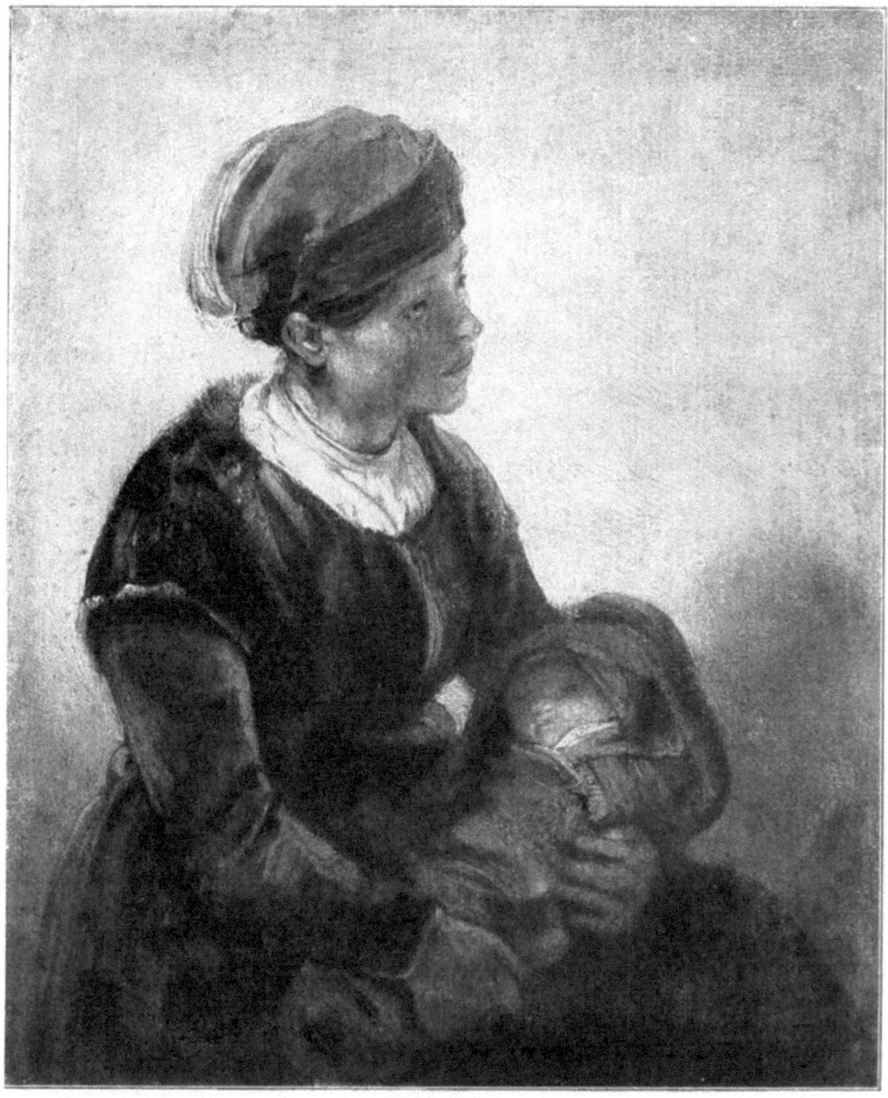

Auf Holz, H. 25,7, B. 20,7

Mutter mit Kind

Mother holding on infant   1640   Une mère avec son enfant

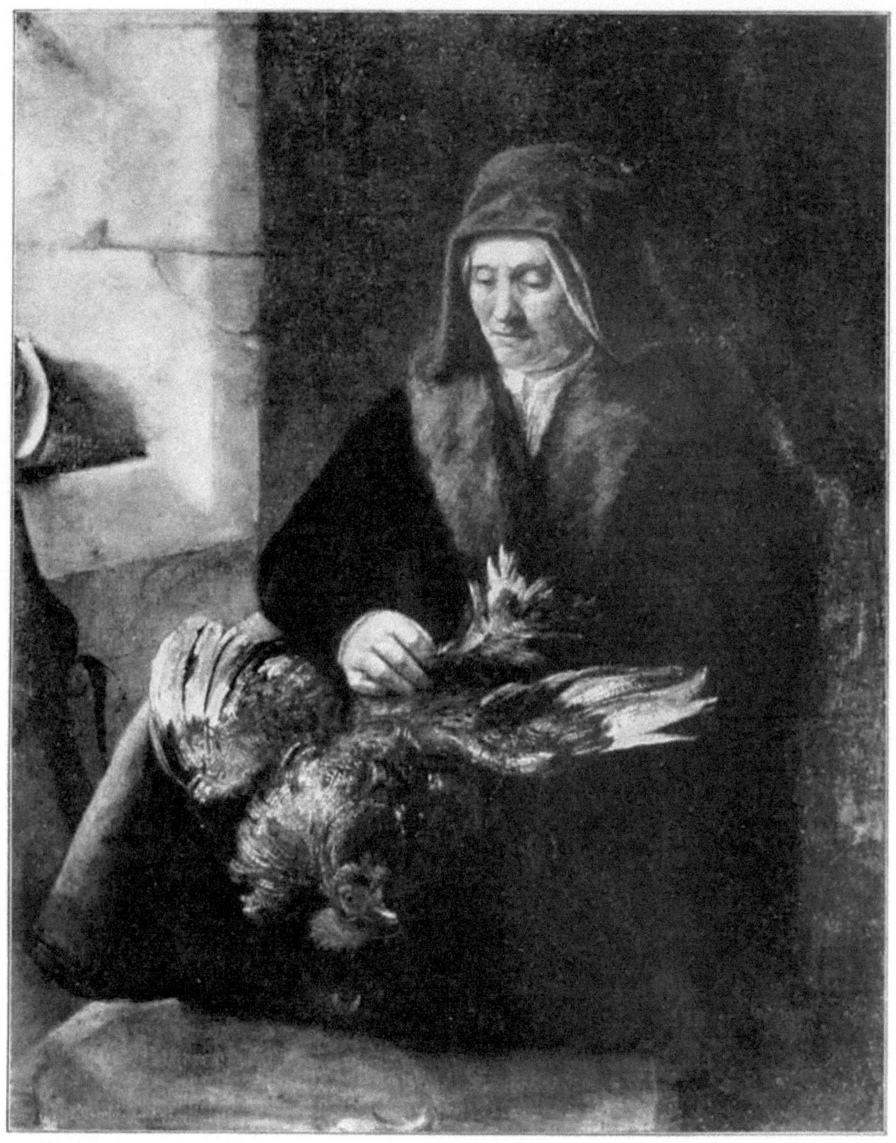

Alte Frau, einen Hahn rupfend

Old woman plucking a cock   Um 1640   Une vieille femme plumant un coq

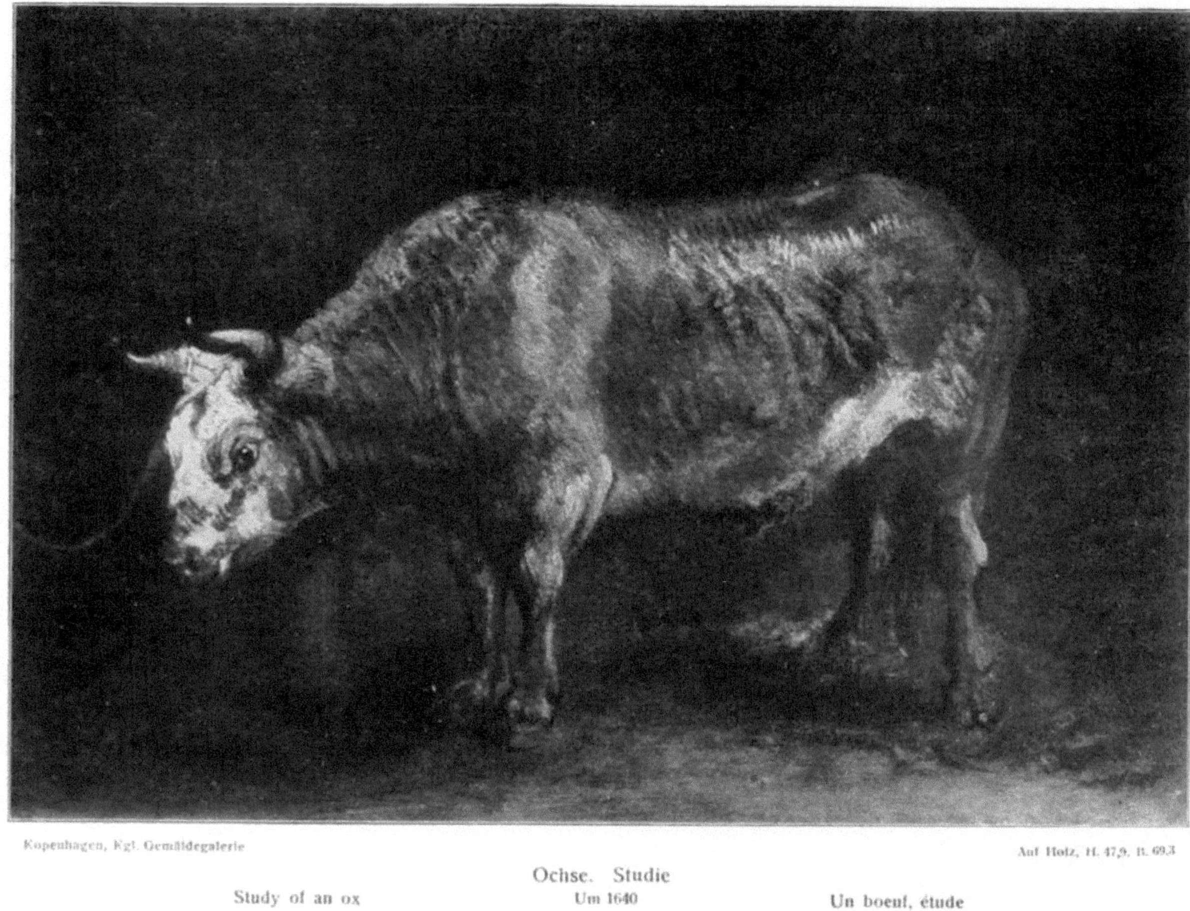

Kopenhagen, Kgl. Gemäldegalerie

Auf Holz, H. 47,9, B. 69,3

Ochse. Studie
Um 1640

Study of an ox

Un boeuf, étude

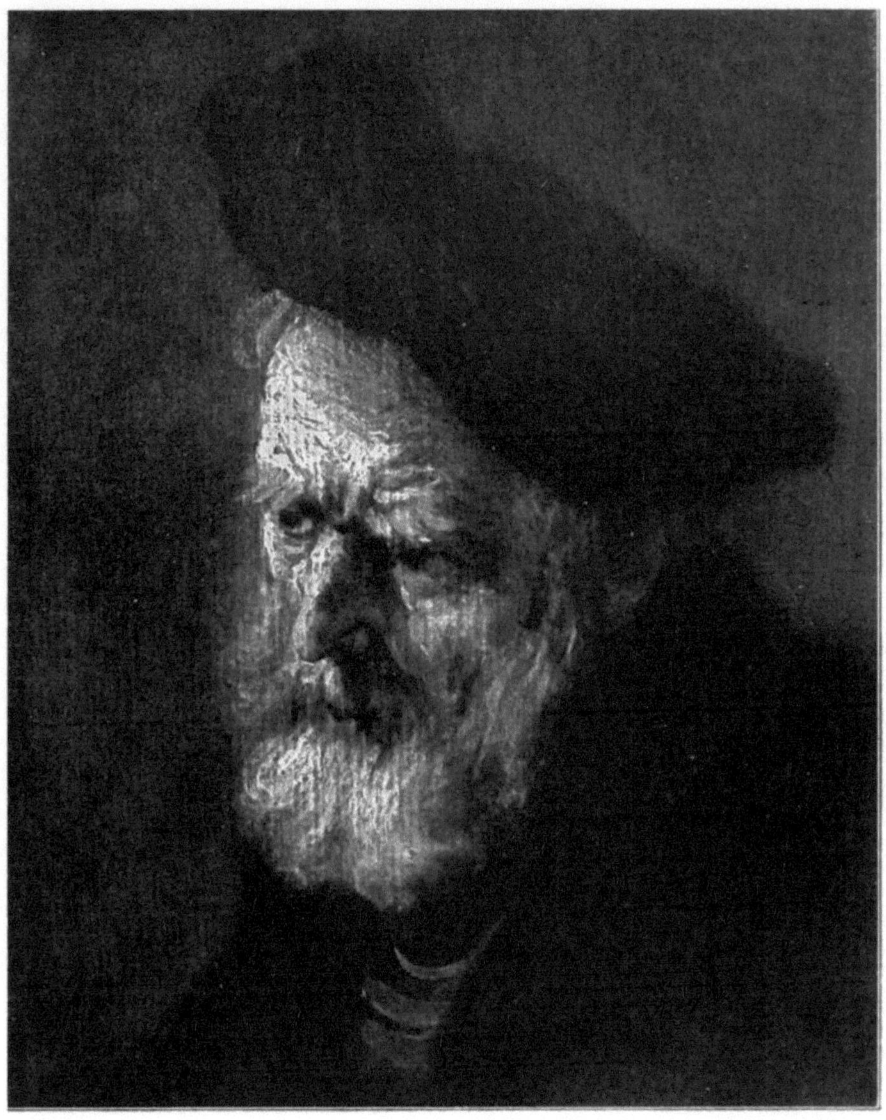

Alter Mann. Studie

Old man. Study   1643   Étude après un vieil homme

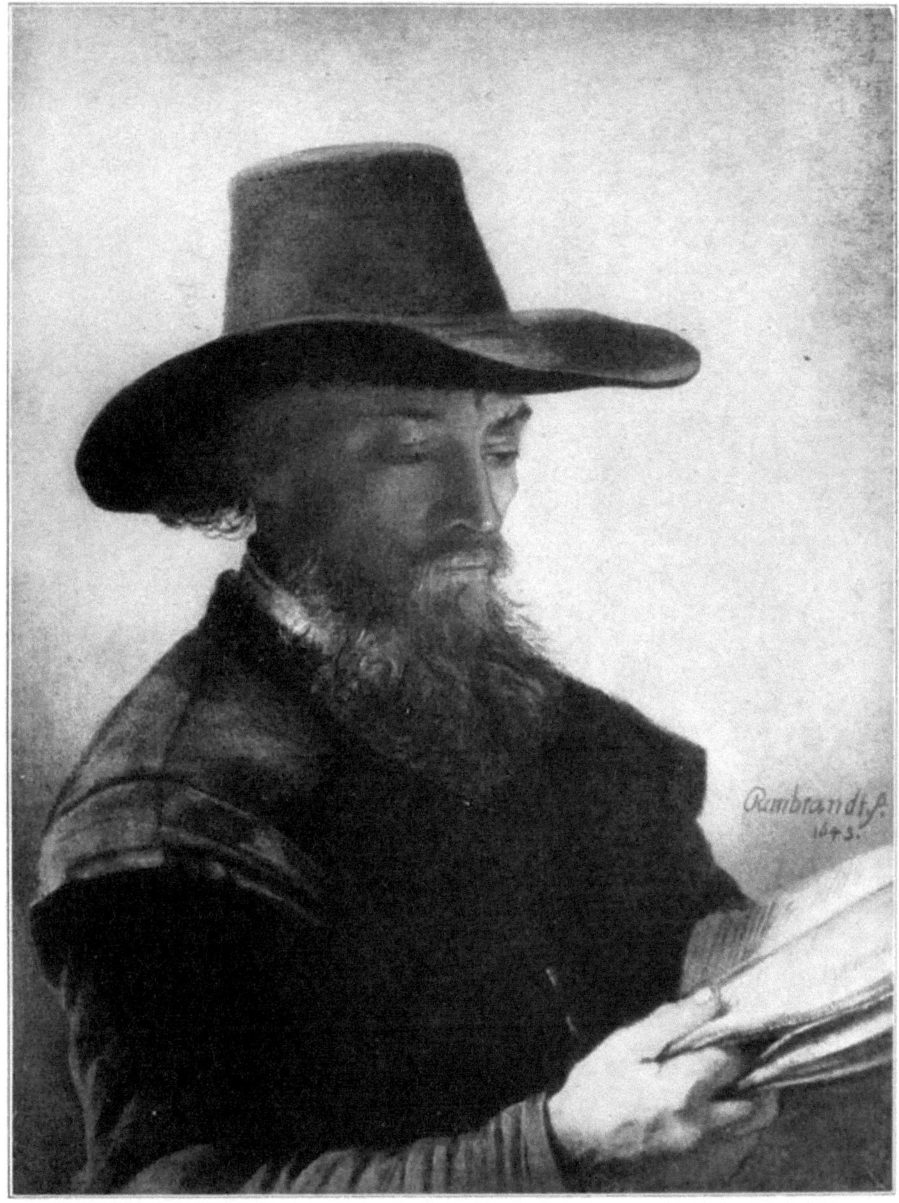

Marseille Comte de Demandolx-Dedons   Auf Leinwand, H. 66,7, B. 58,2

Lesender Mann

Man reading   1645   Un homme lisant

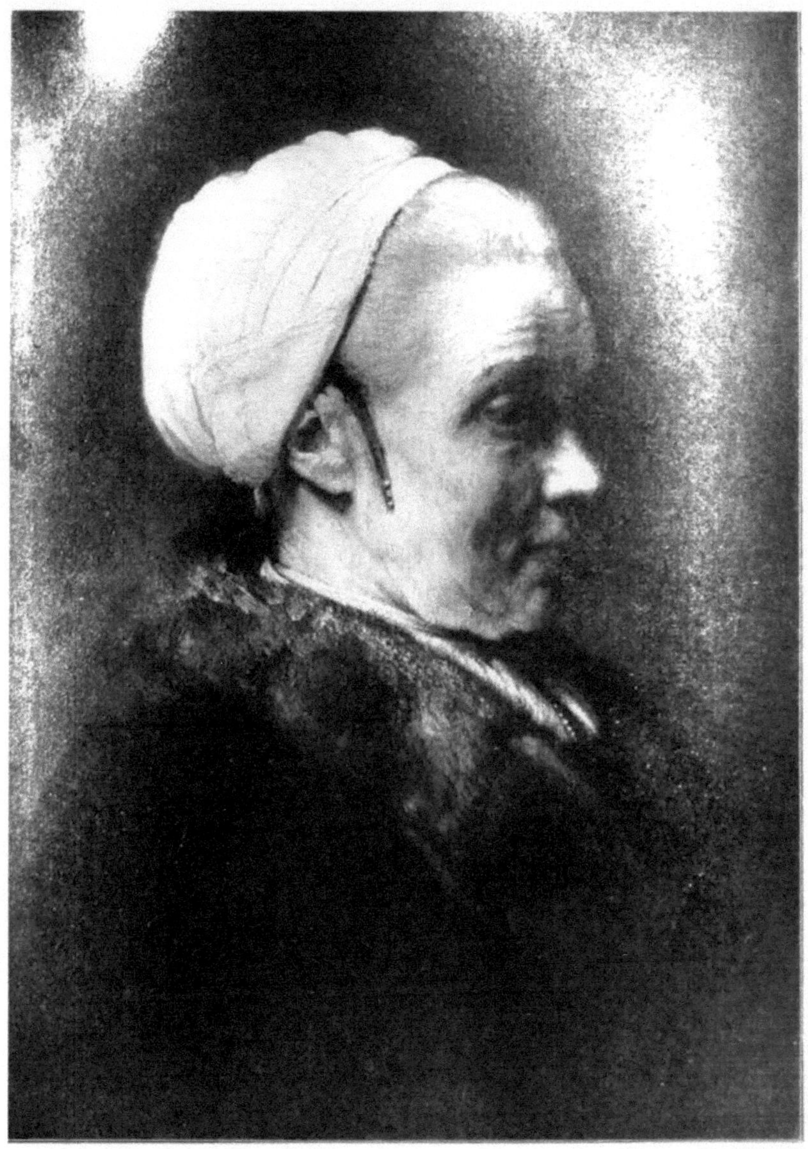

Bildnis einer älteren Frau

Portrait of an elderly woman   Um 1645   Portrait d'une femme âgée

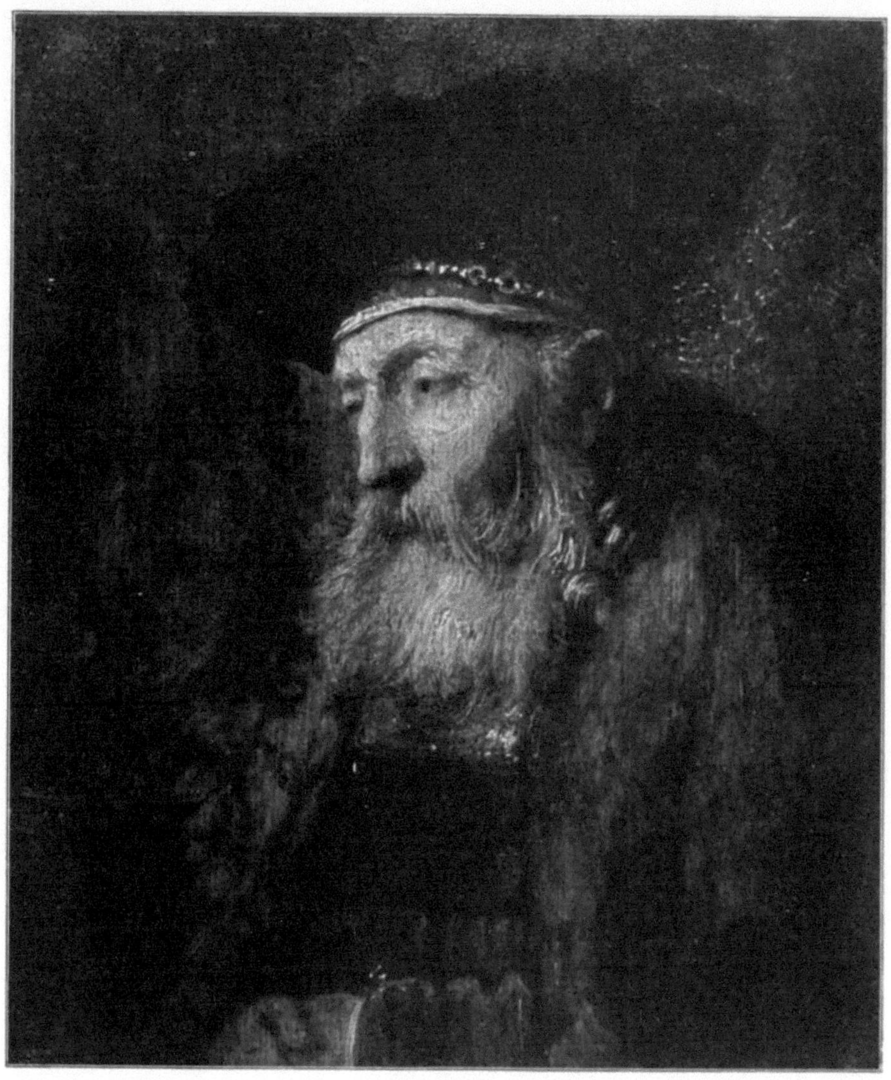

König David

King David   Um 1645   Le roi David

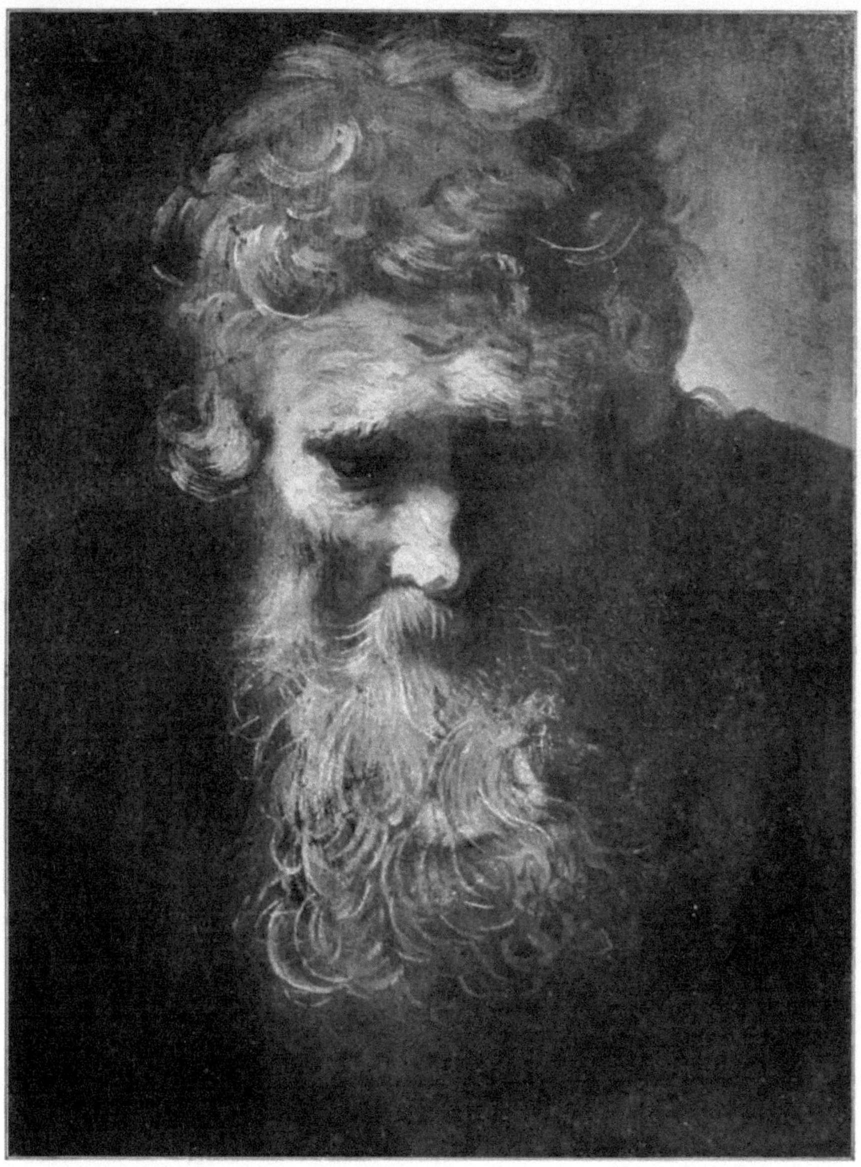

Philadelphia, Joseph E. Widener

Auf Holz, etwa H. 25, B. 23

Bärtiger Mann. Studie

Bearded man. Study   Um 1645   Un homme barbu. Étude

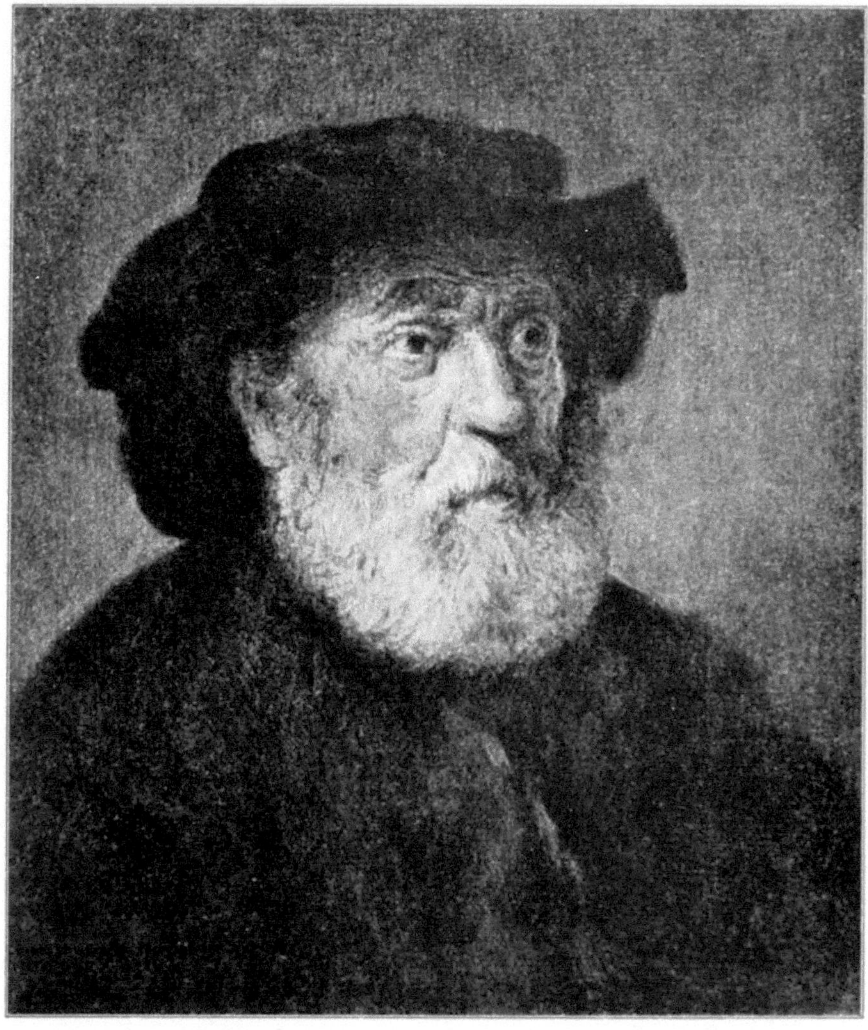

Paris, E. WarneckAuf Holz, H. 28, B. 20

Bärtiger Greis

Bearded old man   Um 1645   Un vieillard barbu

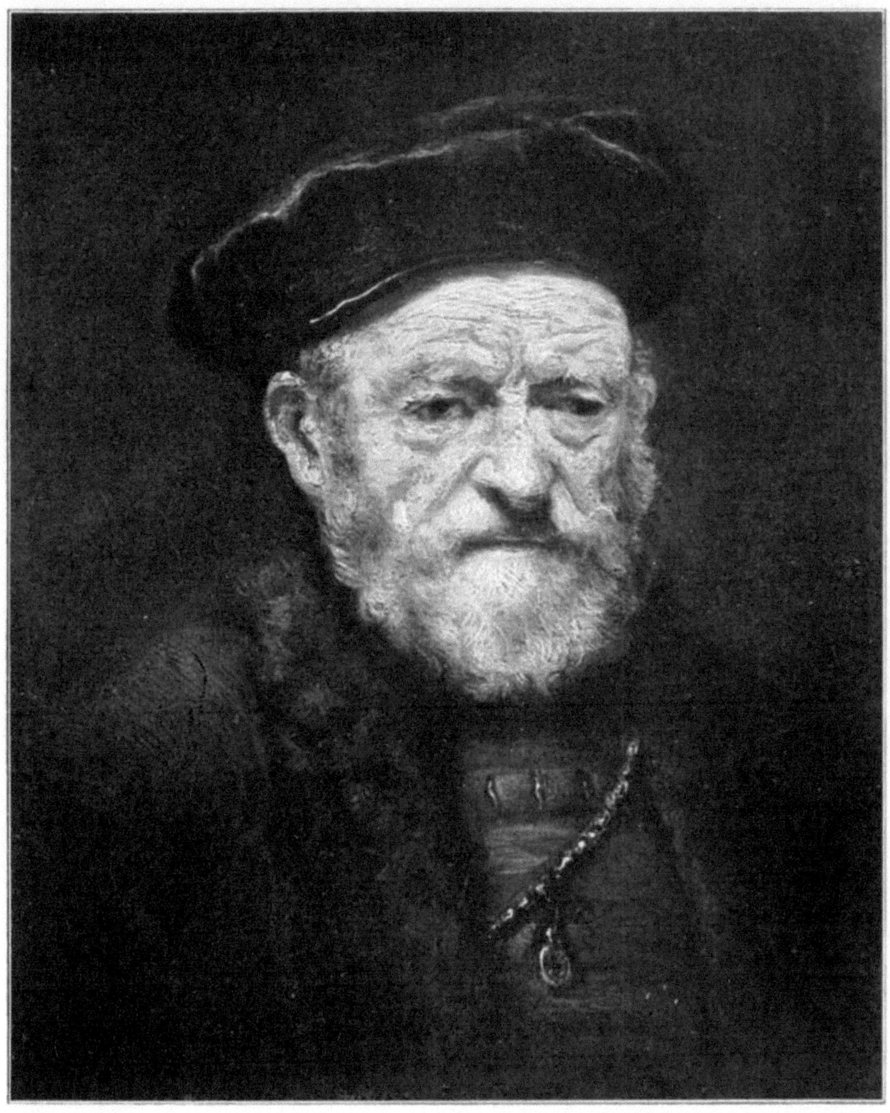

Bärtiger Alter mit Barett

Bearded old man with a cap   Um 1645   Un vieil homme barbu coiffé d'un bonnet

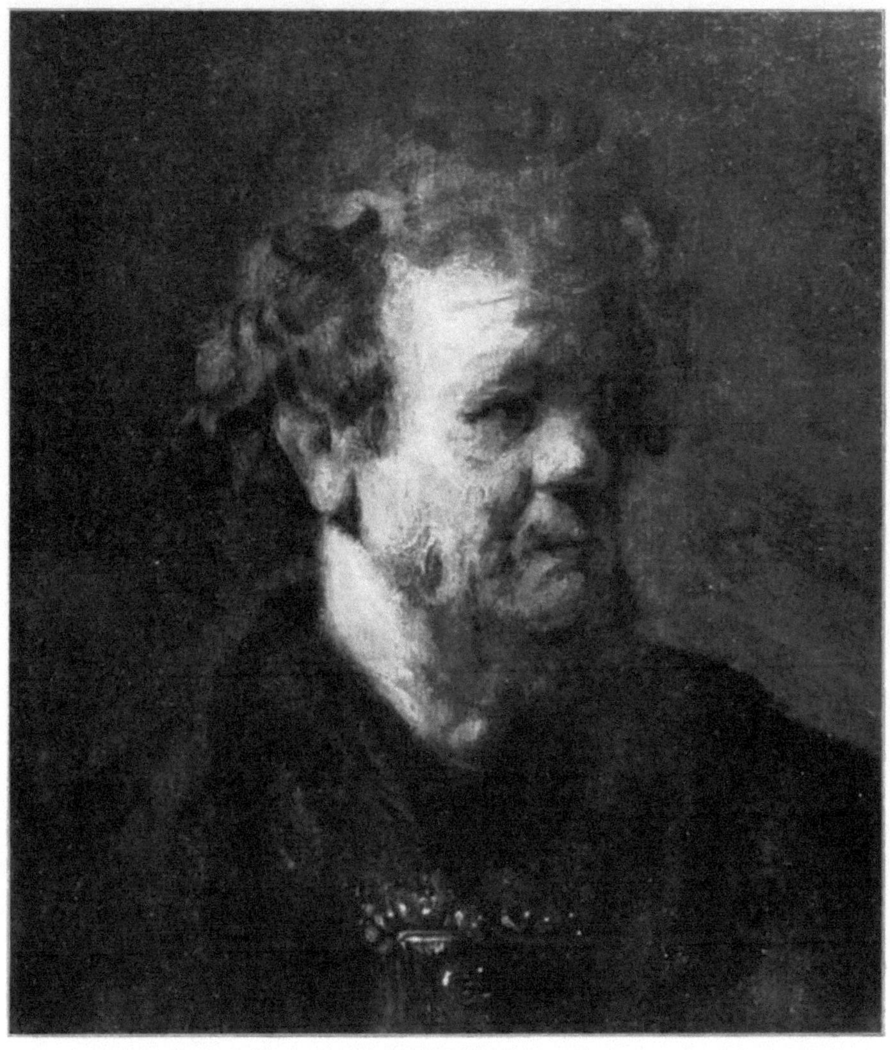

Bärtiger Mann. Studie

Bearded man. Study   Um 1645   Un homme barbu. Étude

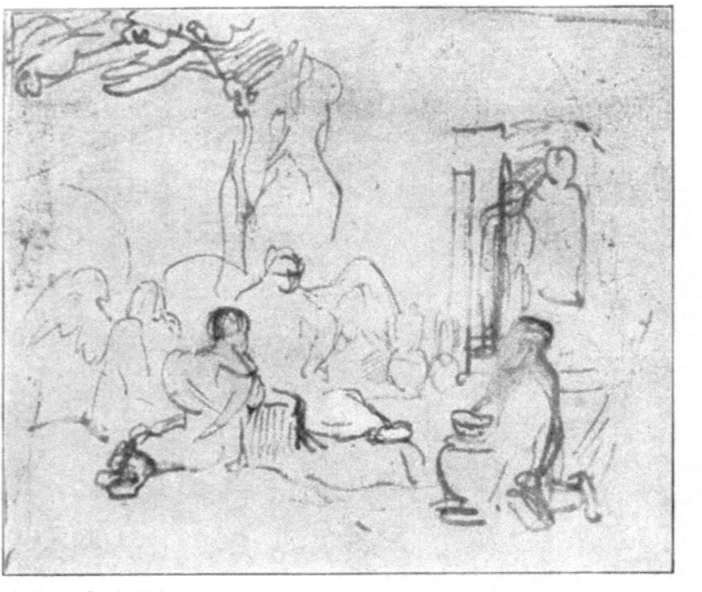

Berlin, Kupferstichkabinett

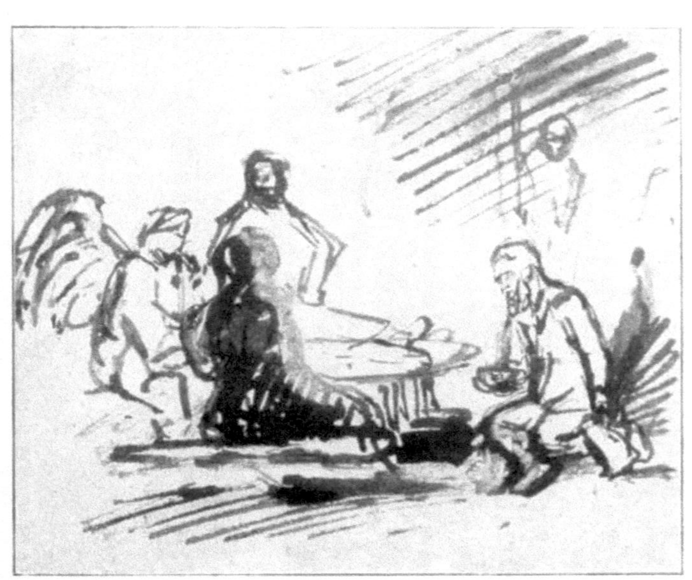

Berlin, Dr. A. von Frey

Zwei Studien zu dem nebenstehenden Bild

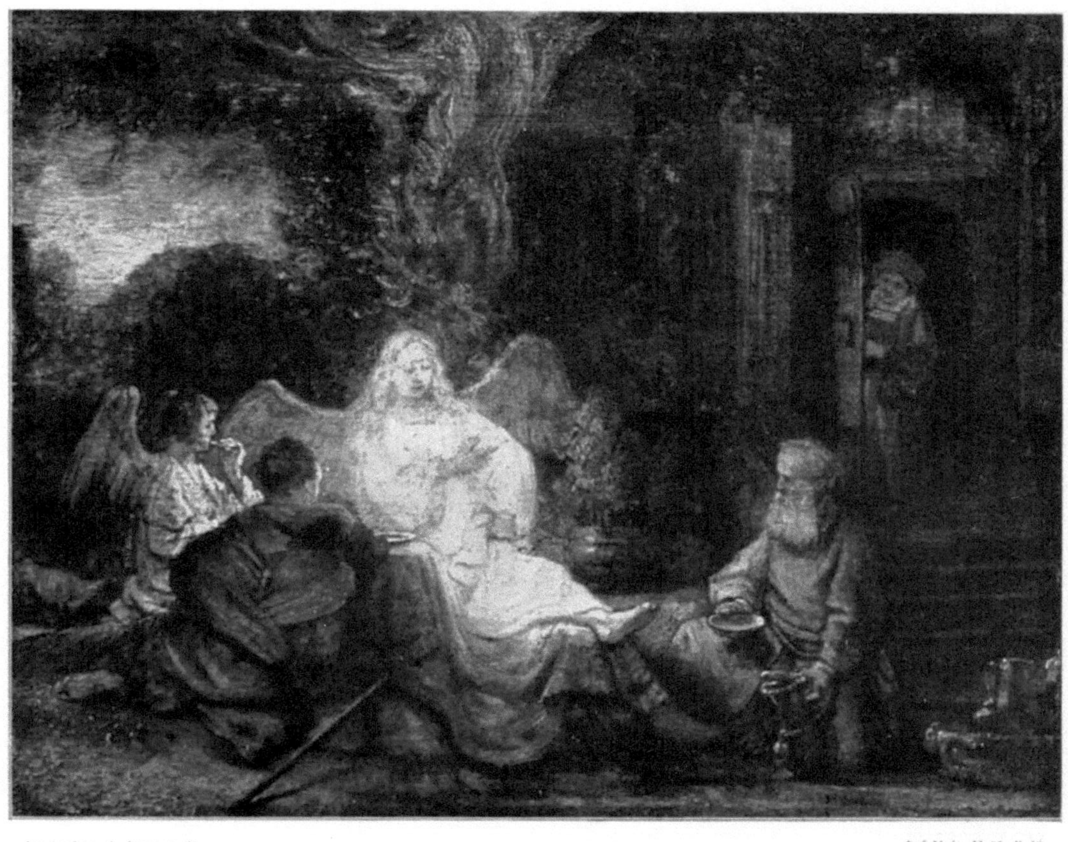

Amsterdam, A. Janssen (?)

Auf Holz, H. 21, B. 16

Abraham bewirtet die drei Engel

Abraham receiving the three angels   1646   Abraham recevant les trois anges

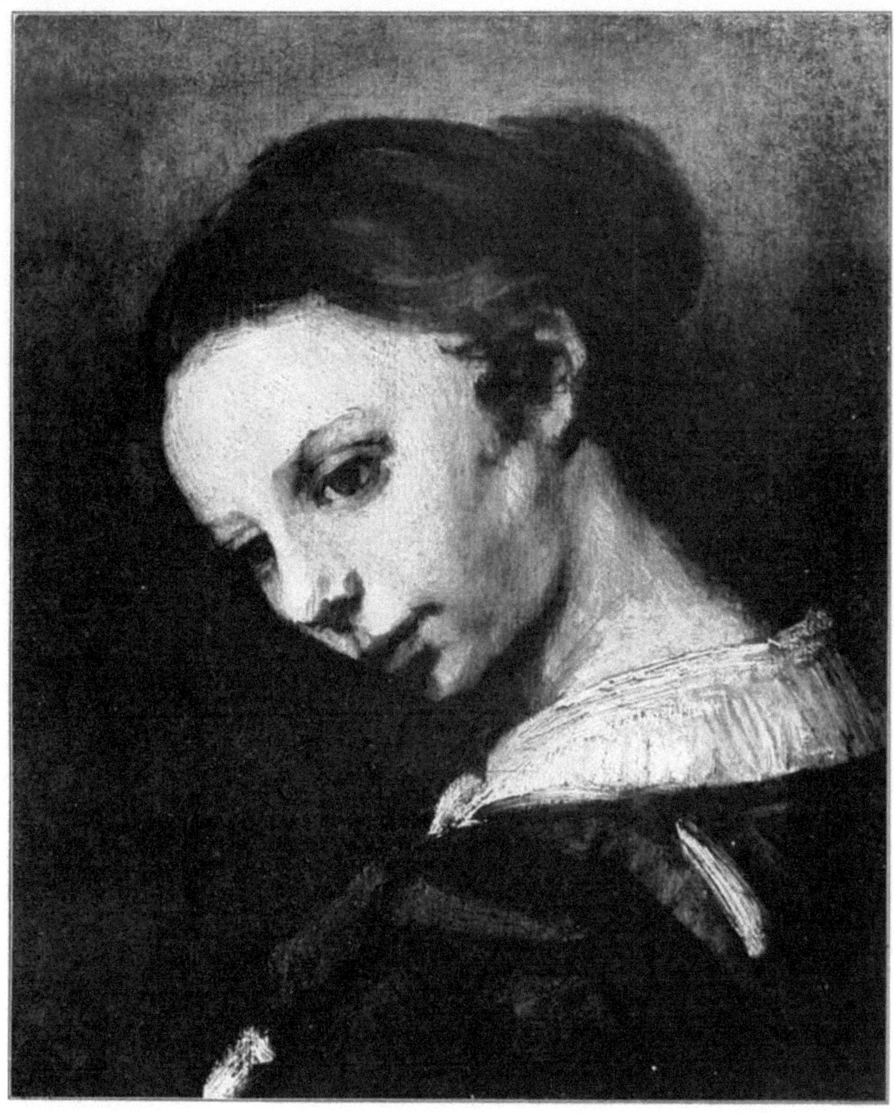

Hendrickje. Studie

Hendrickje. Study

Um 1646

Étude après Hendrickje

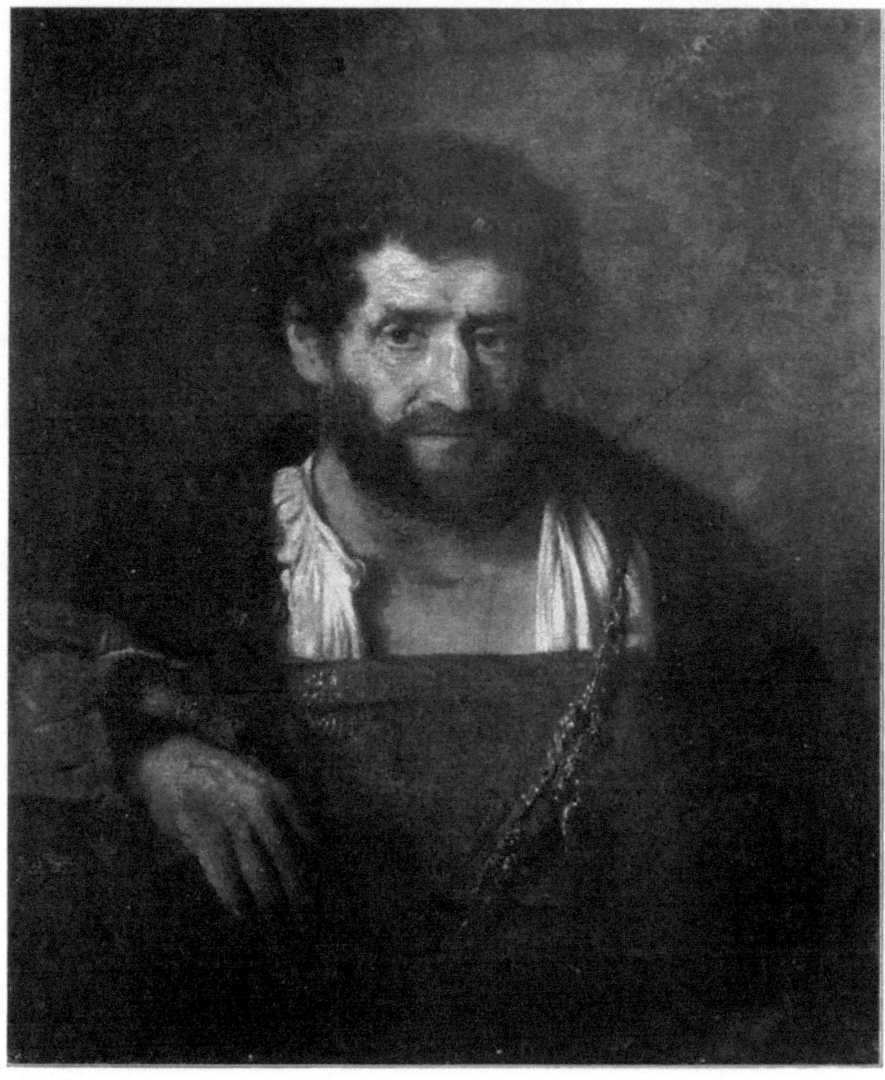

Bildnis eines Juden

Portrait of a jew   1648   Portrait d'un juif

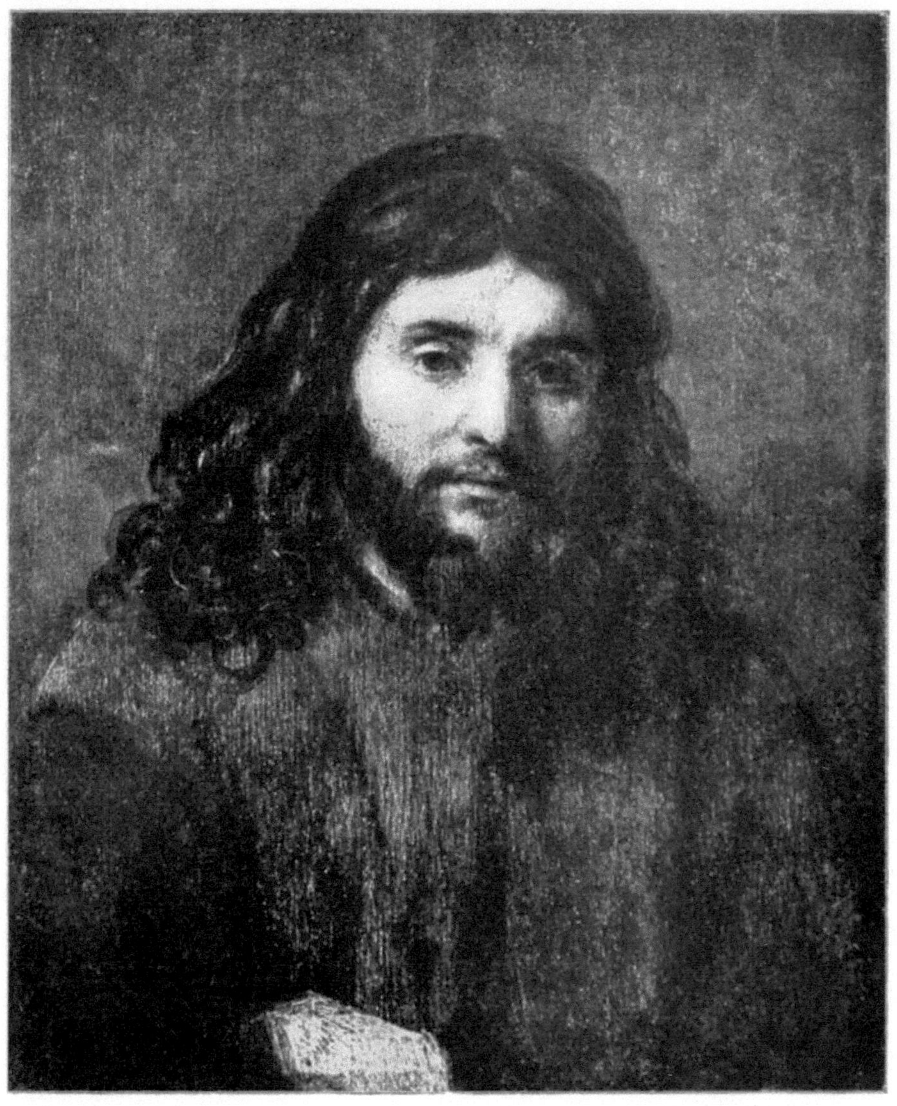

Christus

Christ   Um 1648   Le Christ

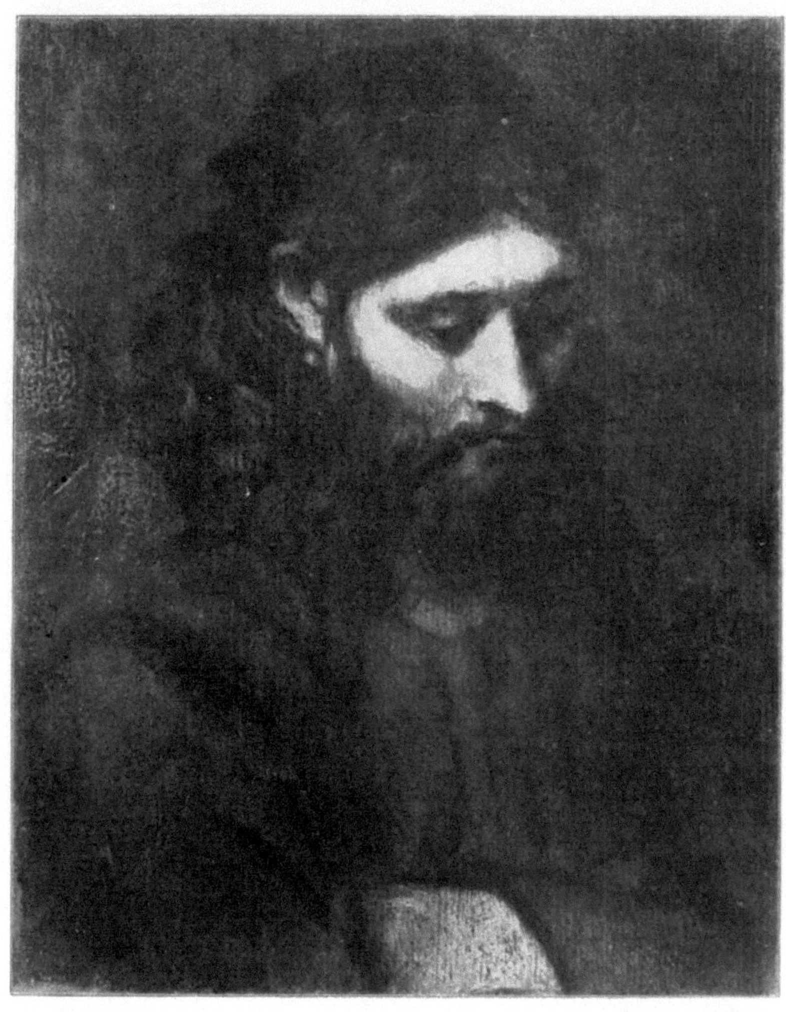

Prag, Dr. Weil   Auf Holz, etwa H. 27, B. 18

Christus

Christ   Um 1648   Le Christ

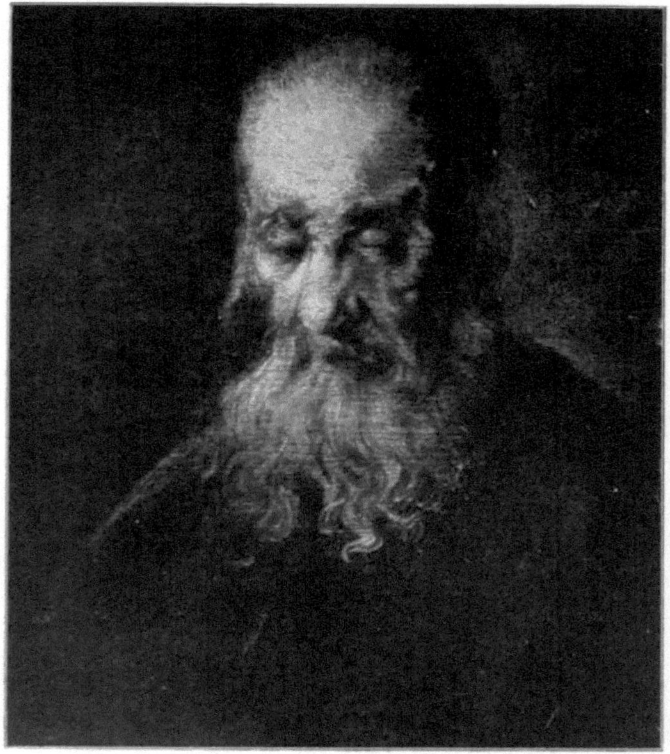

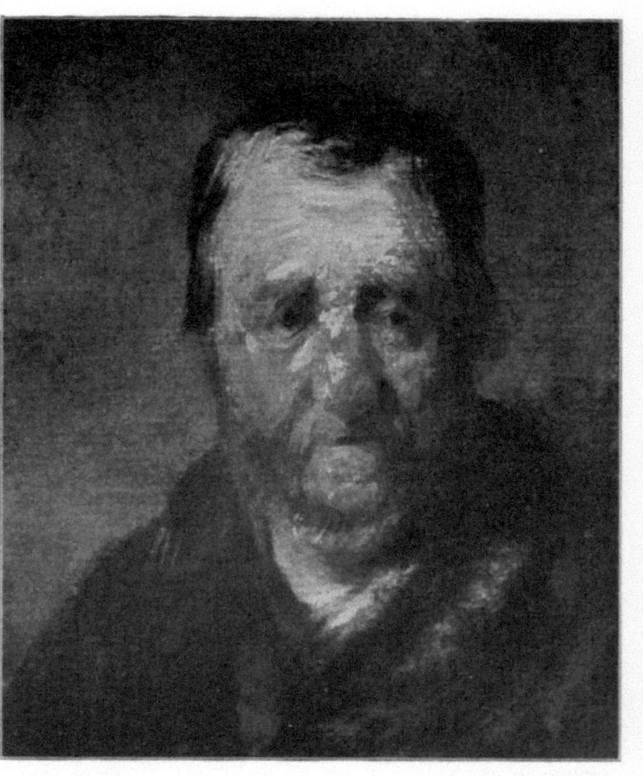

London, A. H. Buttery   Auf Holz, H. 20,3, B. 1,84

Studie eines Greises mit langem Bart

Bearded old man, study   Um 1650   Un vieil homme barbu, étude

Venlo, G. Peters   Auf Holz, H. 18,7, B. 16

Studie eines Greises mit dicker Nase

Old man with red nose   Um 1650   Un vieil homme, étude

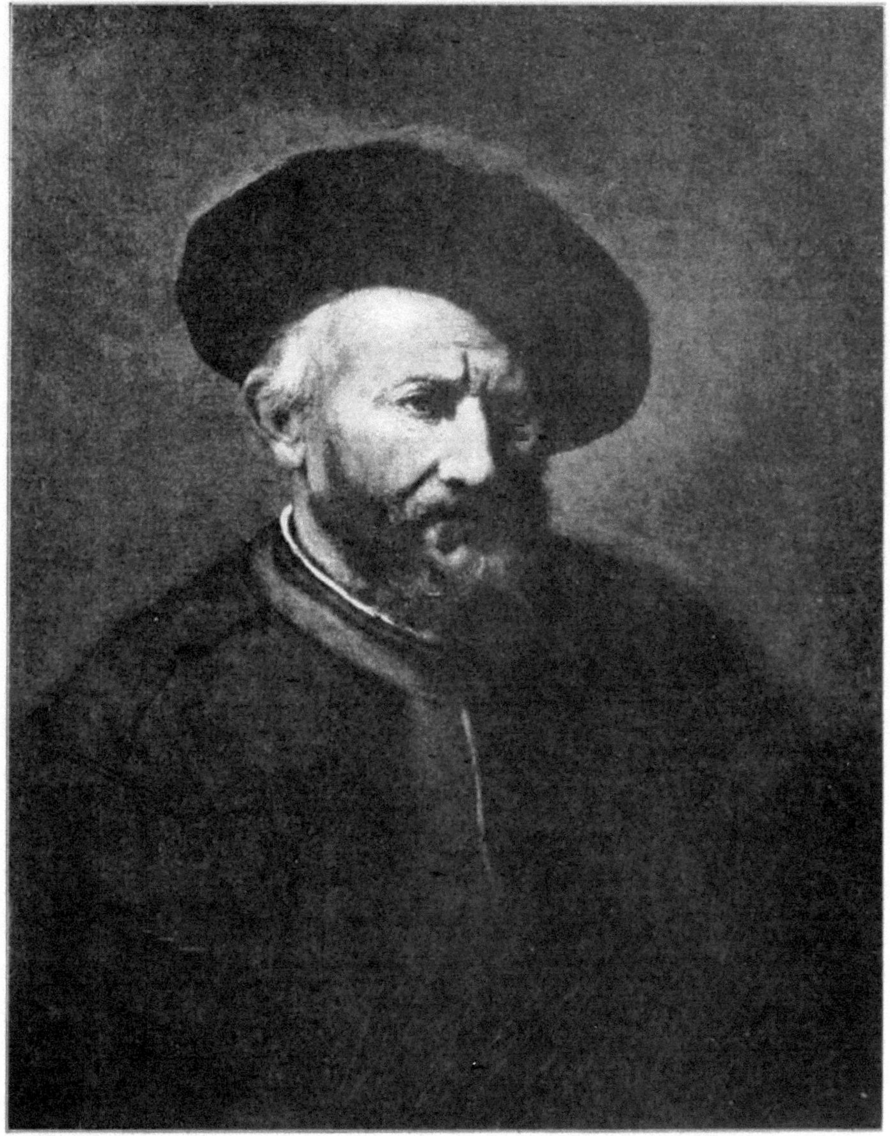

London. National Gallery

Auf Leinwand. H. 65,7, B. 52,5

Bildnis eines älteren Mannes

Portrait of an elderly man   Um 1650   Portrait d'un homme âgé

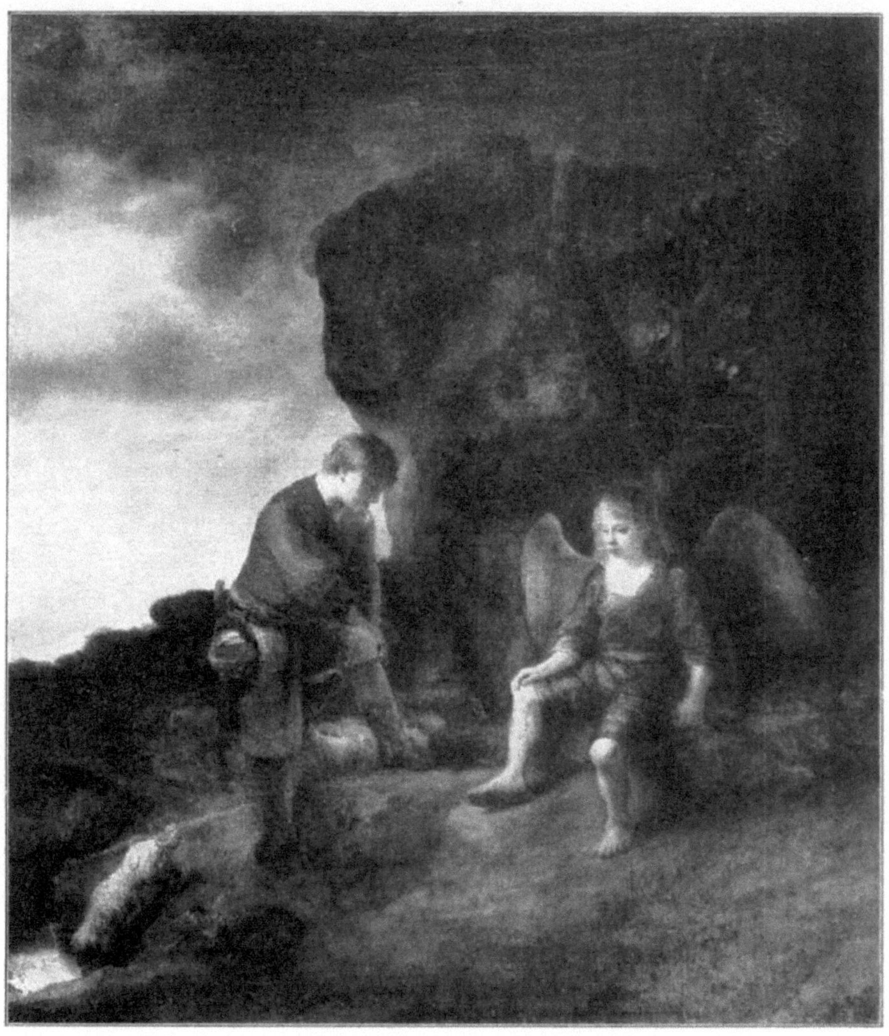

Tobias und der Engel auf der Wanderschaft

Tobit and the angel   Um 1650   Tobie et l'ange

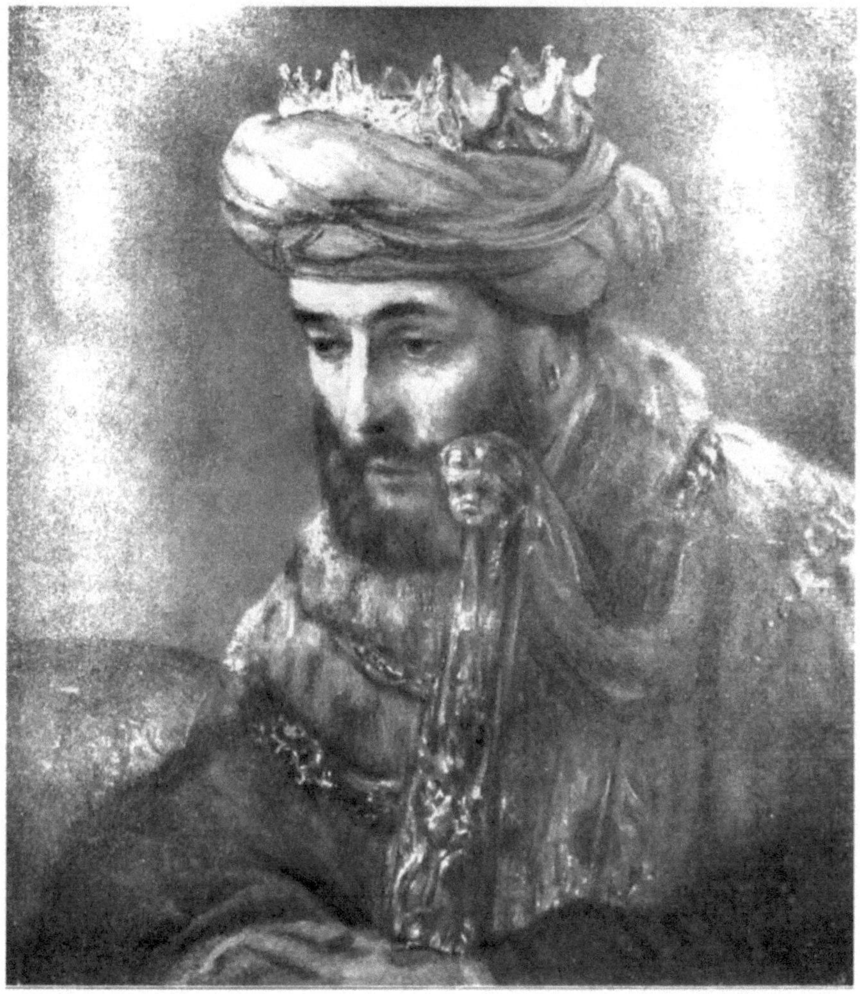

König David

King David   1651   Le roi David

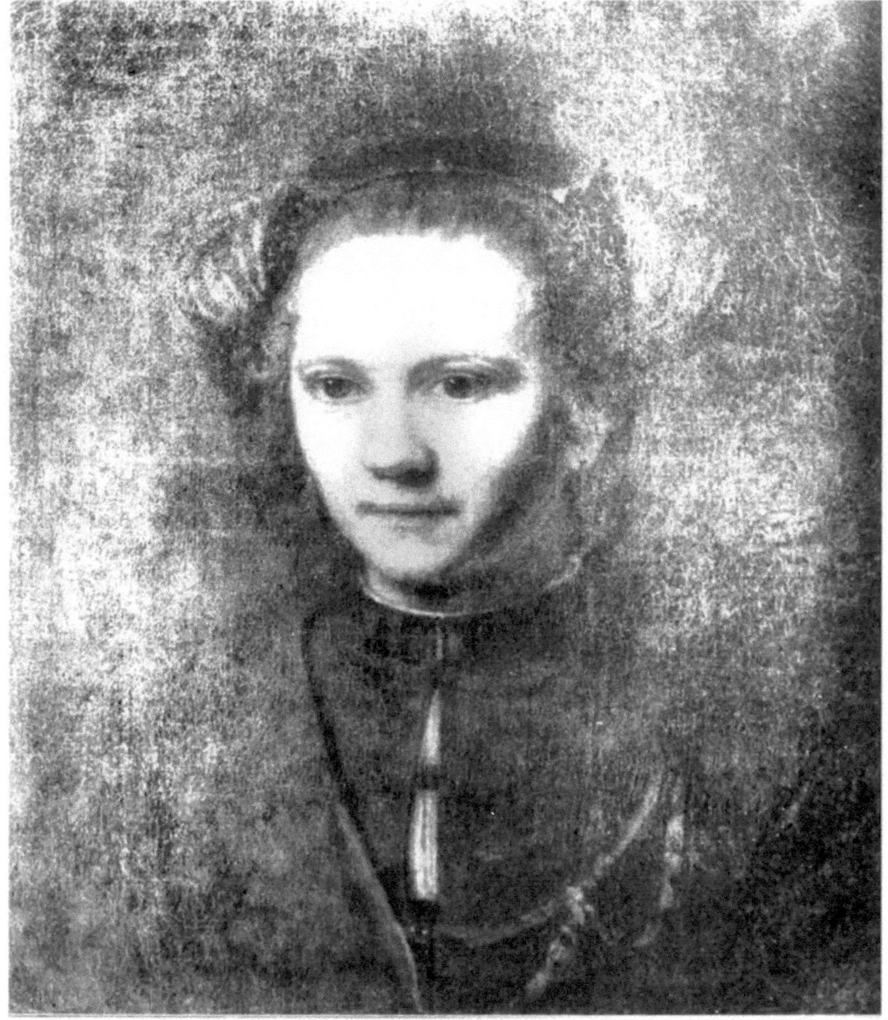

Mädchenbildnis (Hendrickje?)

Portrait of a girl   1651   Portrait d'une jeune fille

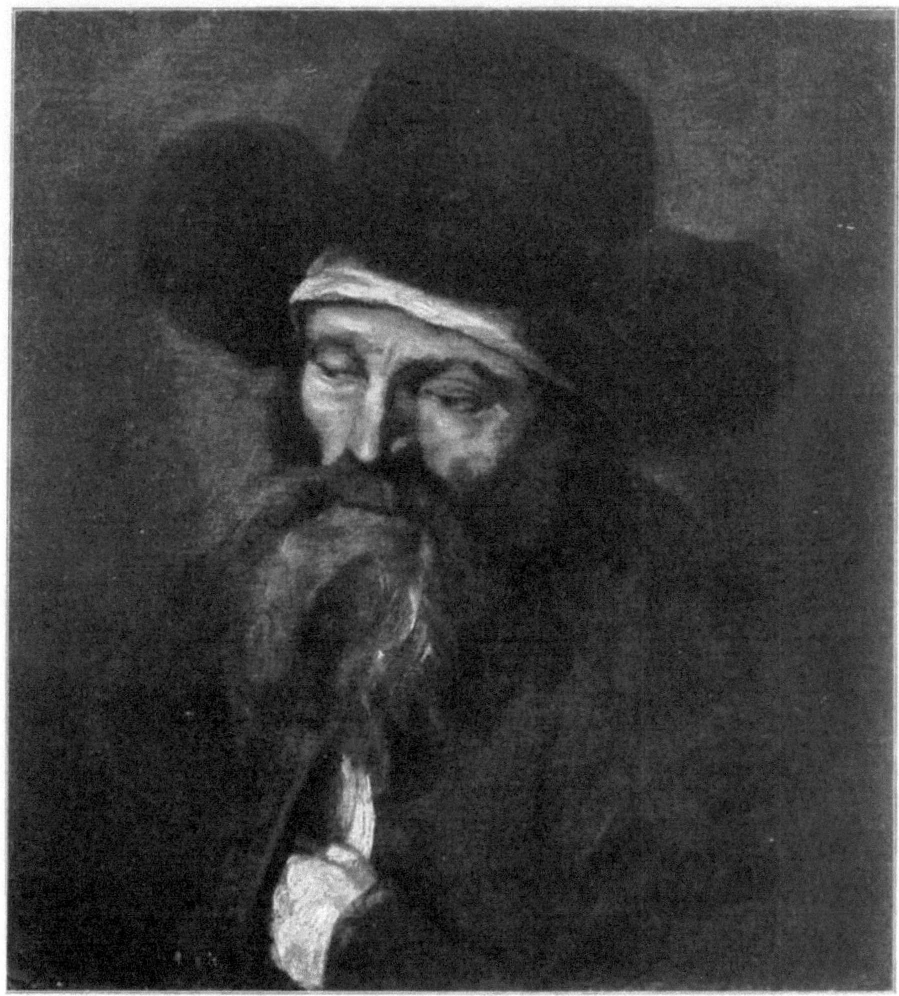

Bärtiger Mann mit Stirnbinde

Bearded old man   Um 1651   Un vieil homme barbu

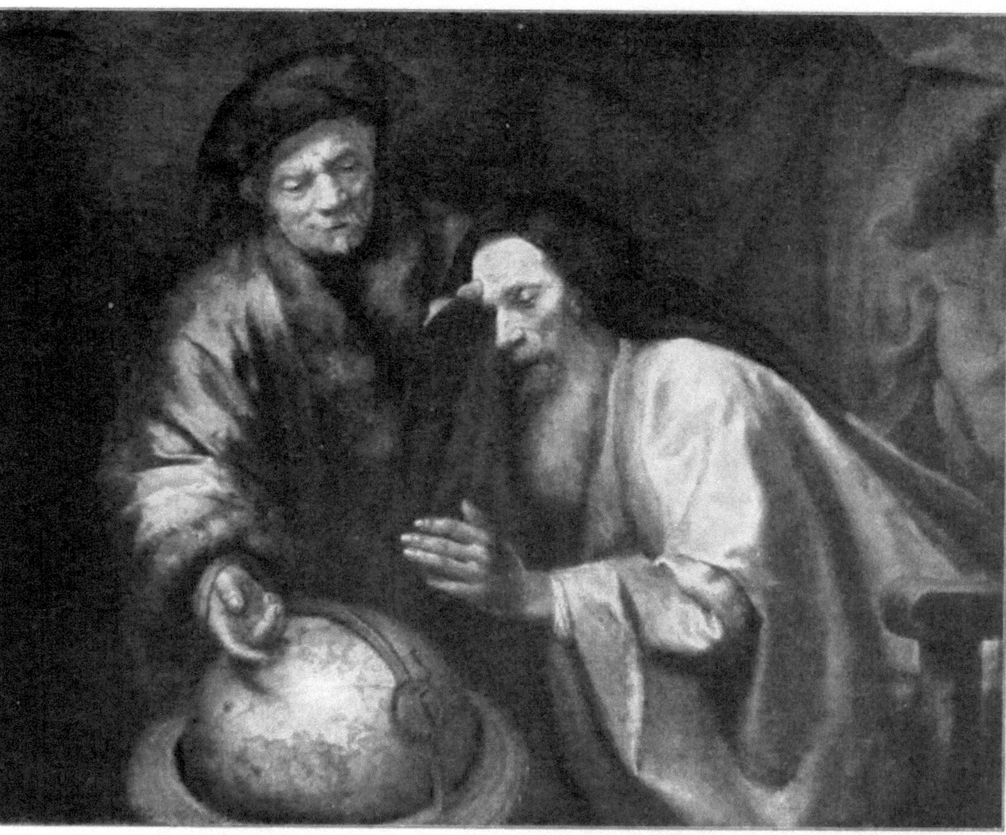

Amsterdam, J. Goudstikker

Auf Leinwand, H. 108,7, B. 135,6

Democrit und Heraclit
Um 1650—52

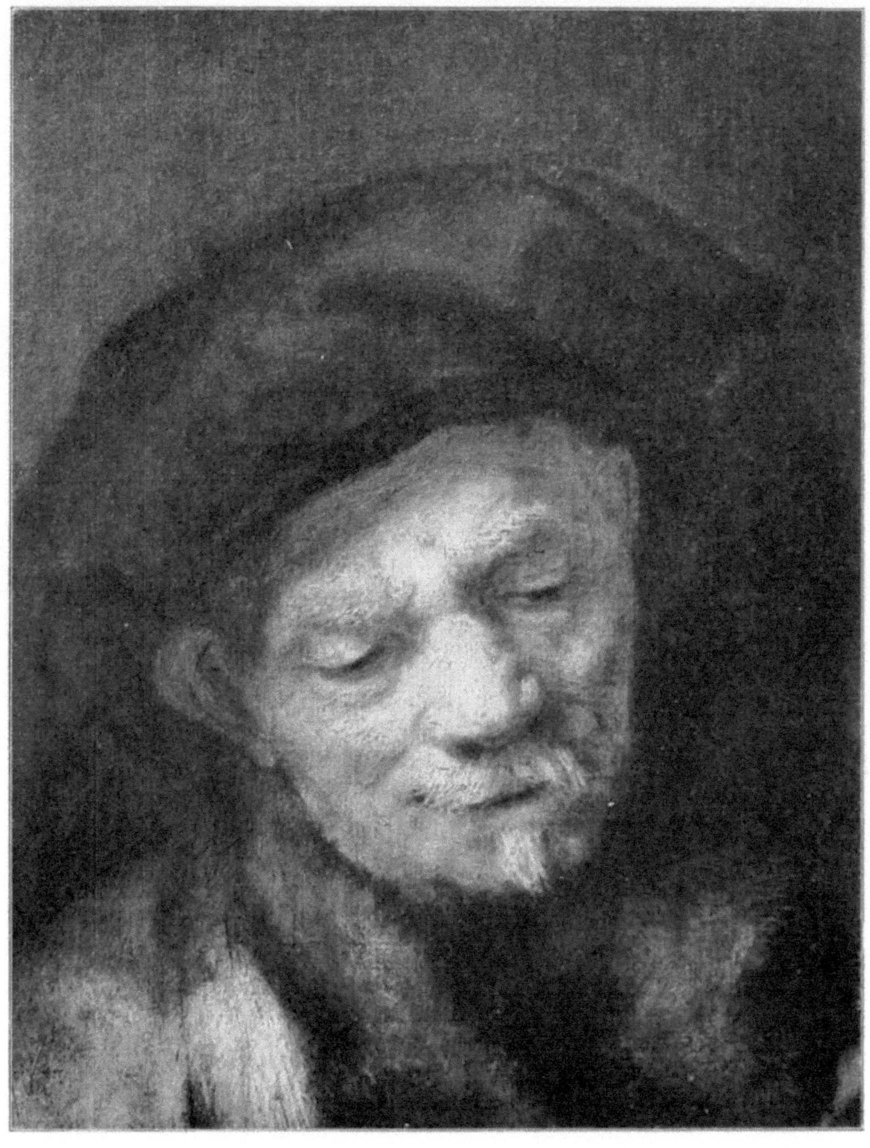

Ausschnitt aus dem vorangehenden Bild

Detail from the preceding picture   Détail de la peinture précédente

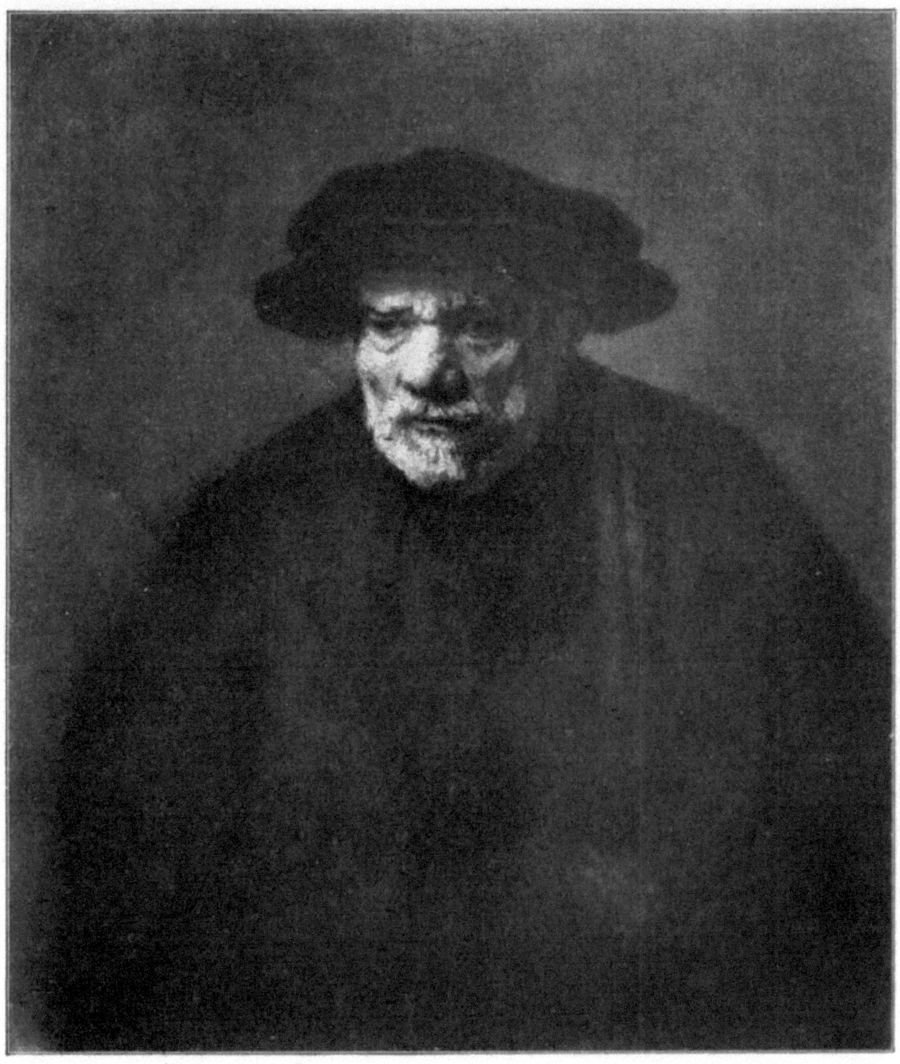

Sogen. Bruder Rembrandts

The so-called brother of Rembrandt   Um 1652   L'homme nommé le frère de Rembrandt

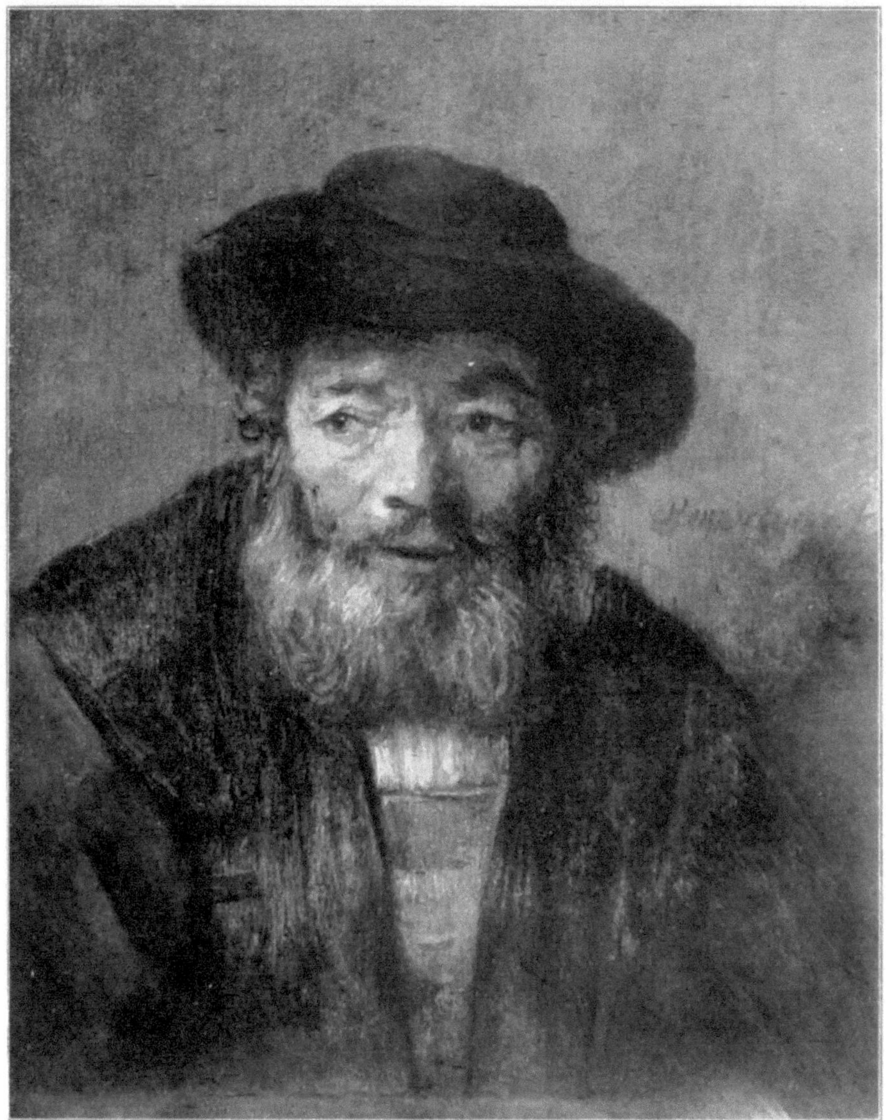

Bärtiger Jude. Studie

Bearded jew. Study   1654   Un juif barbu. Étude

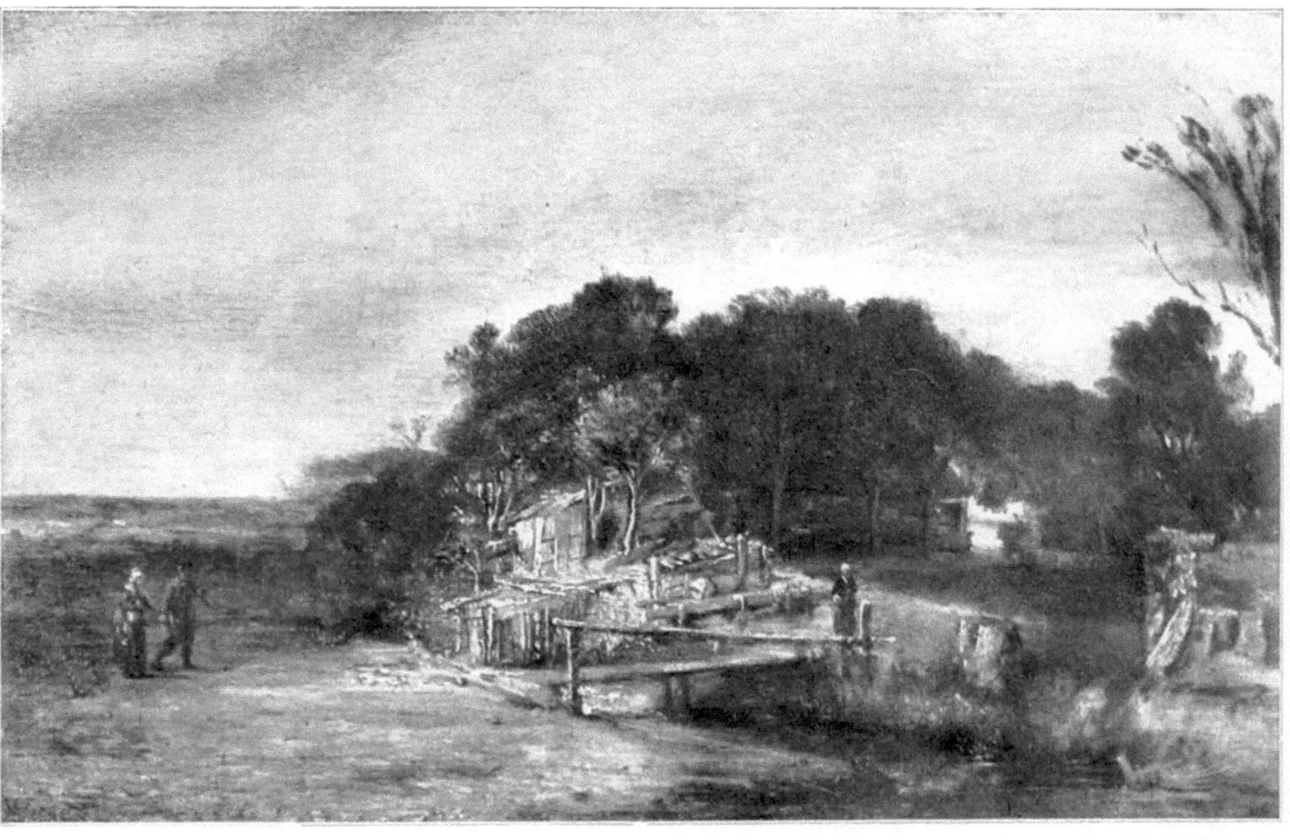

Landschaft mit Bauernhütten

Landscape with cottages · 1654 · Paysage aux maisons de paysan

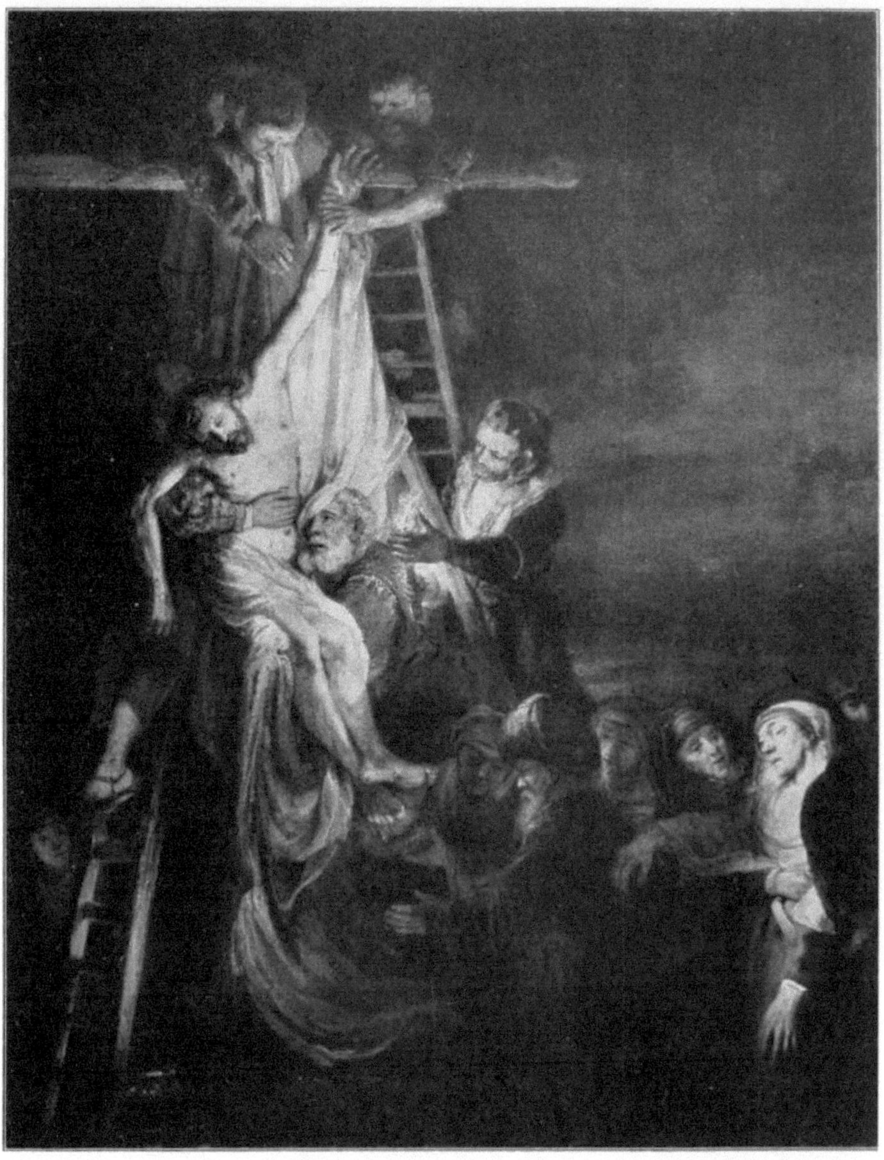

Auf Leinwand, H. 142, B. 106

Kreuzabnahme

The descent from the cross   1553—55   La descente de croix

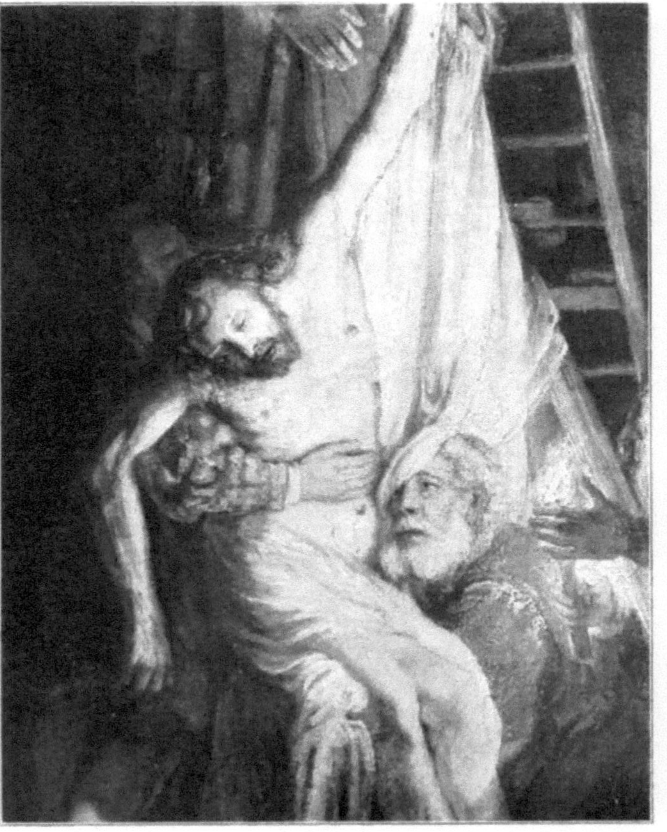

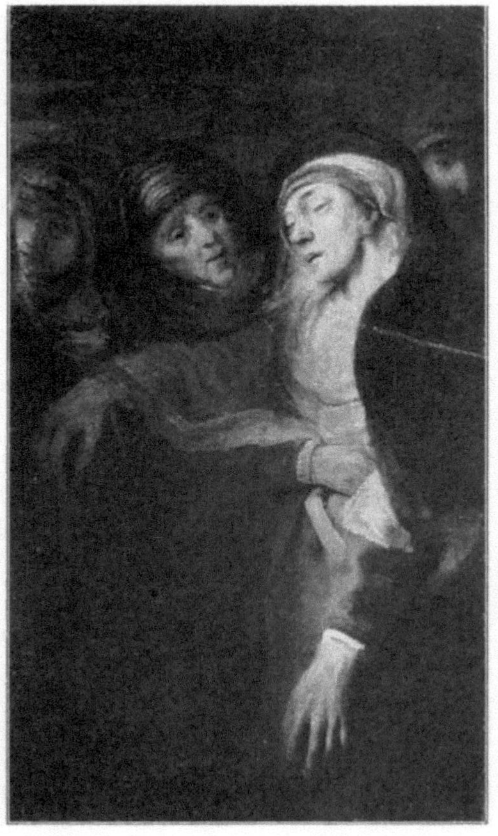

Ausschnitte aus dem vorigen Bild

Details from the preceding picture

Détails de la peinture précédente

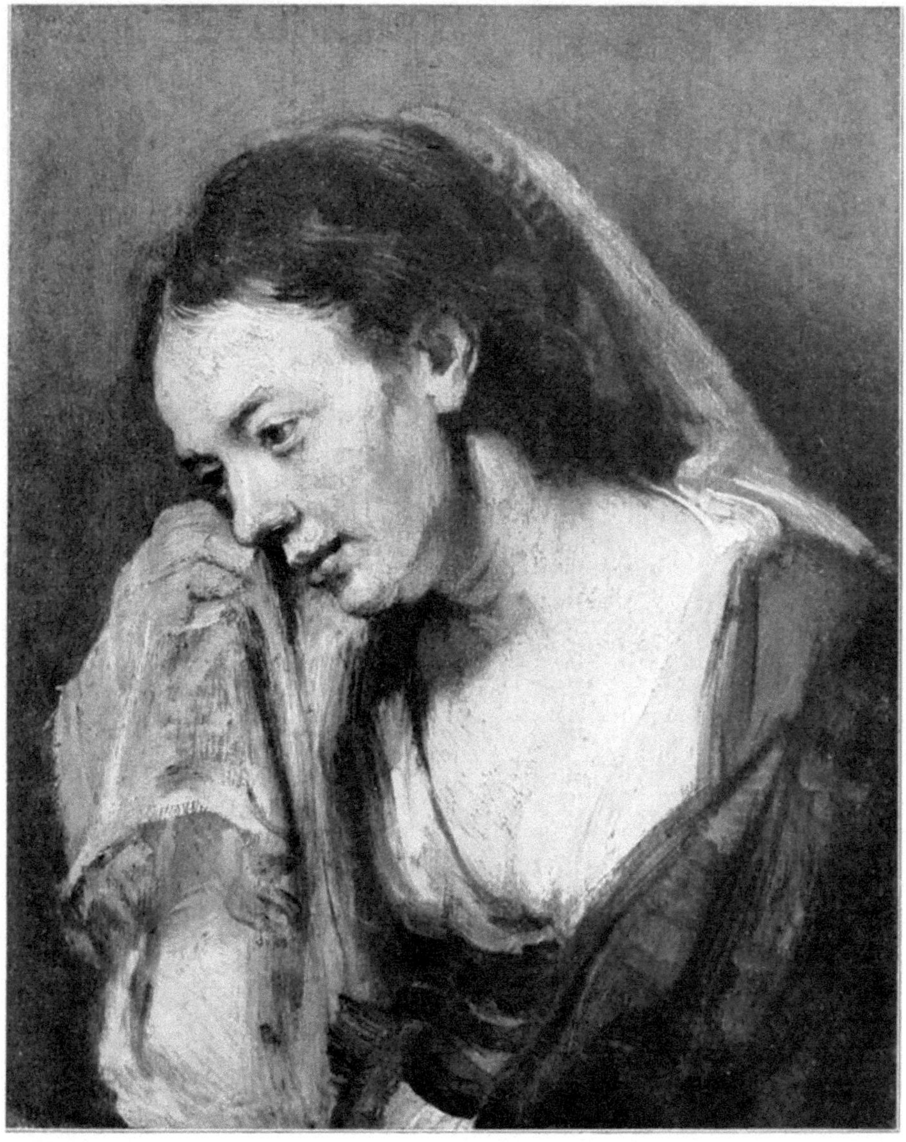

Weinende Frau, Studie (nach Hendrickje) zur Ehebrecherin vor Christus
Study for the woman taken in adultery   Um 1655   Étude pour la femme adultère

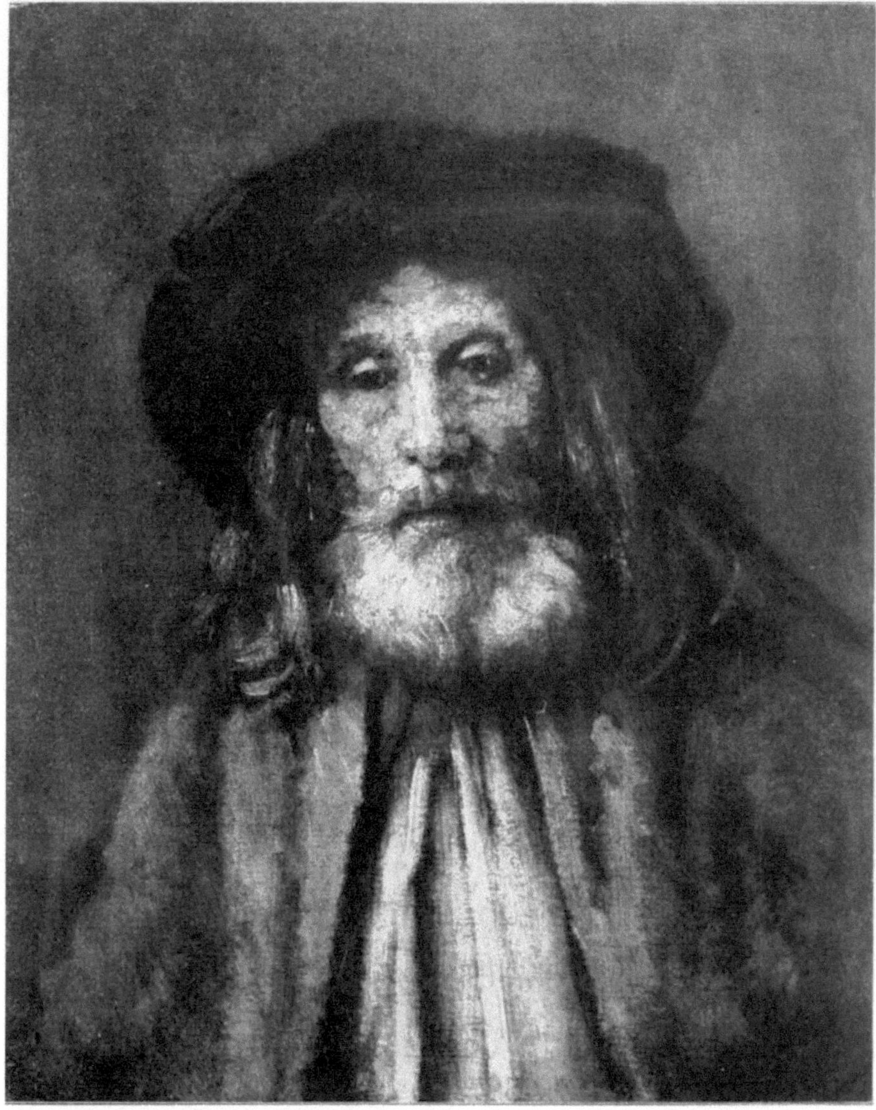

Alter Mann mit Barett

Old man with a cap   Um 1655   Un vieillard coiffé d'un bonnet

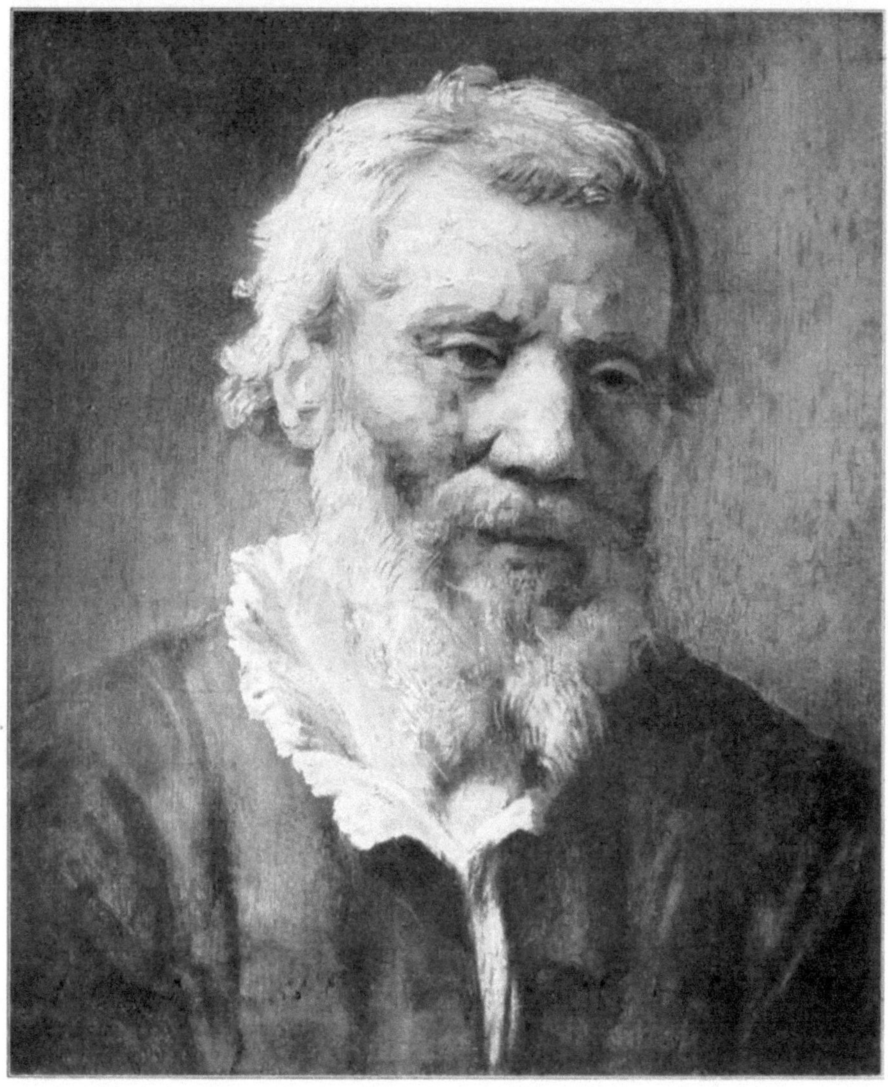

Amsterdam, J. Goudstikker

Auf Holz. H. 23,5. B. 23

Alter Mann. Studienkopf

Old man. Study   Um 1655   Un vieil homme. Étude

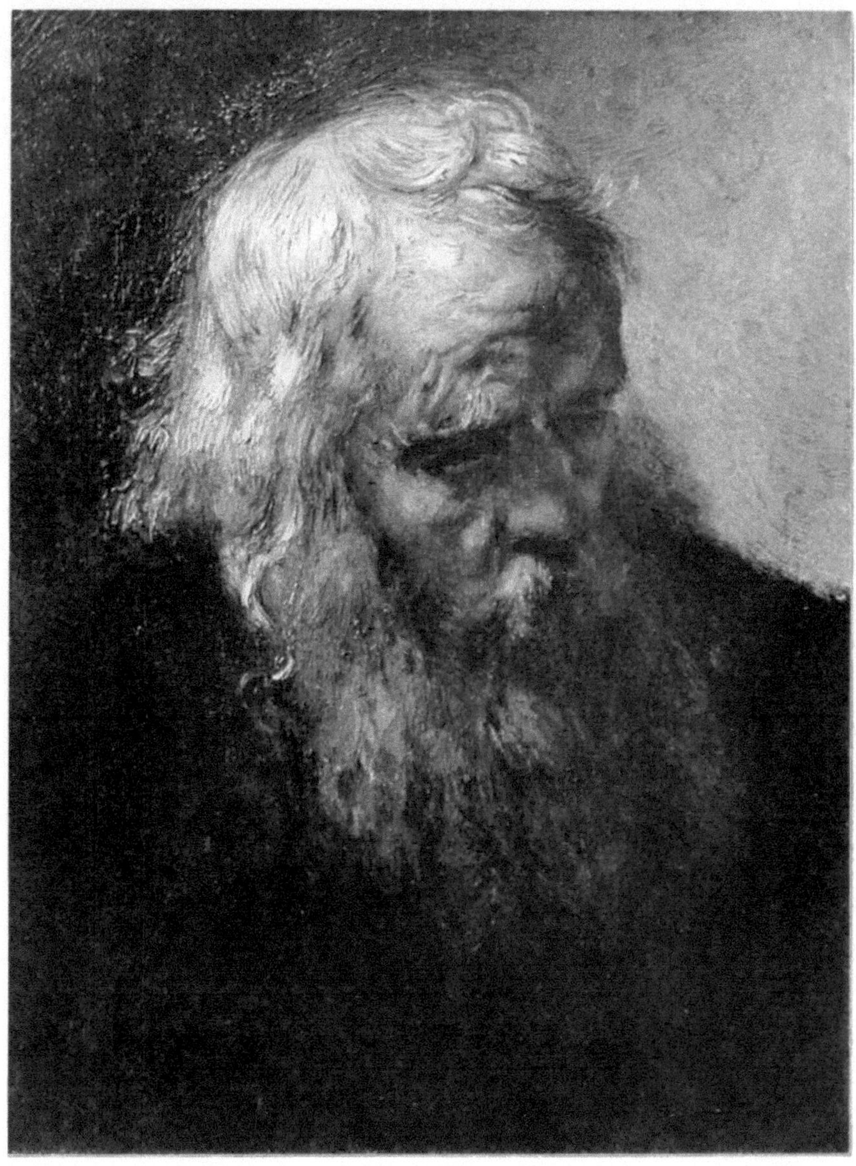

Bärtiger Greis. Studie

Bearded old man. Study   Um 1655   Un vieillard barbu. Étude

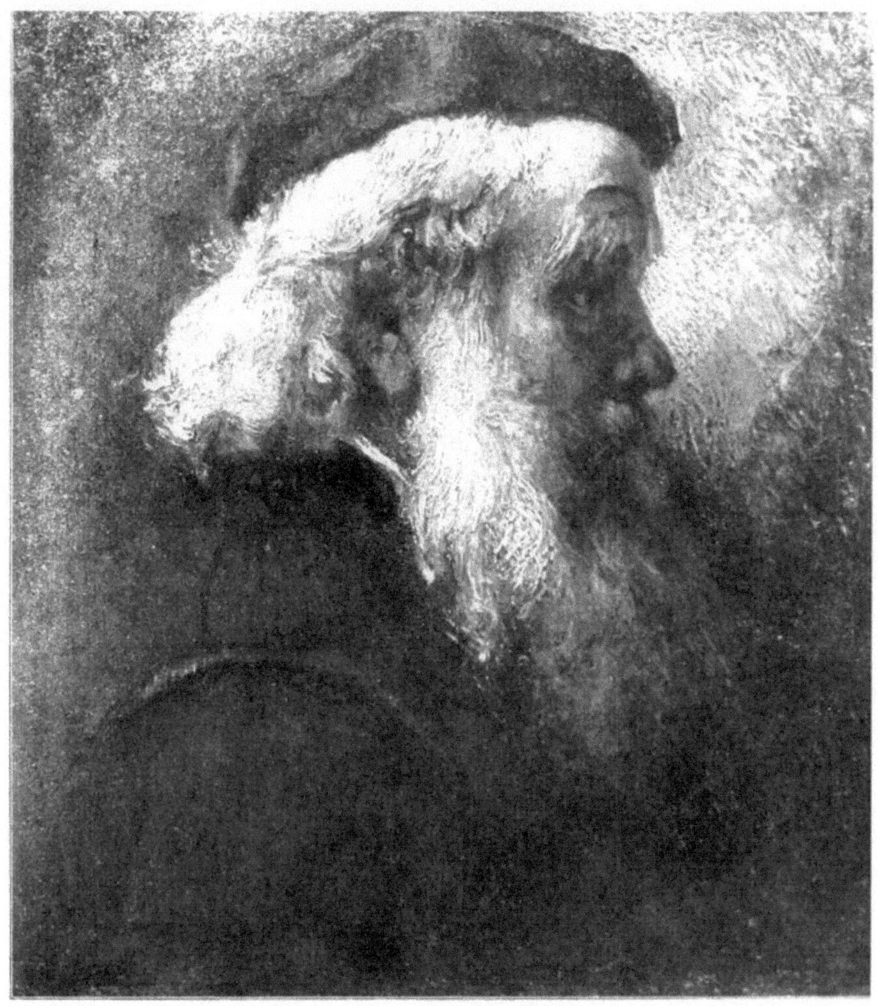

Bärtiger Greis. Studie

Bearded old man. Study   Um 1655   Un vieillard barbu. Étude

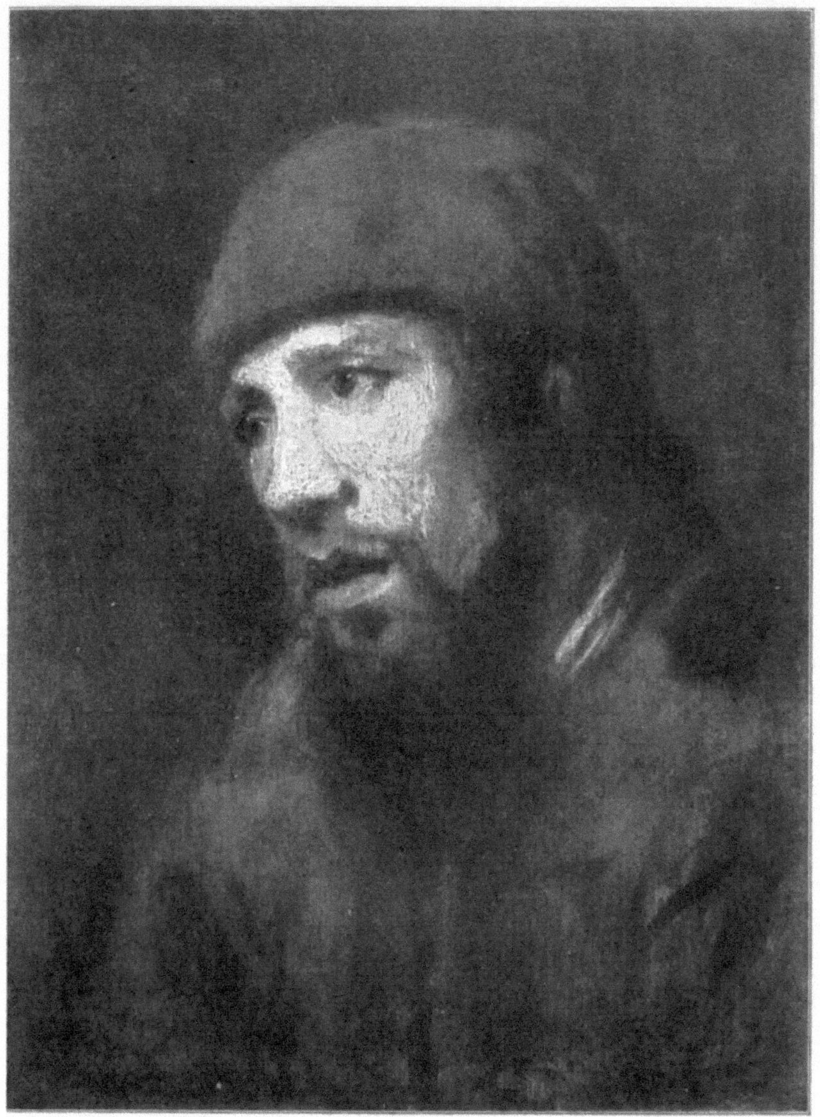

Jude mit Kappe. Studie

Jew with a cap. Study   Um 1655   Un juif avec un bonnet. Étude

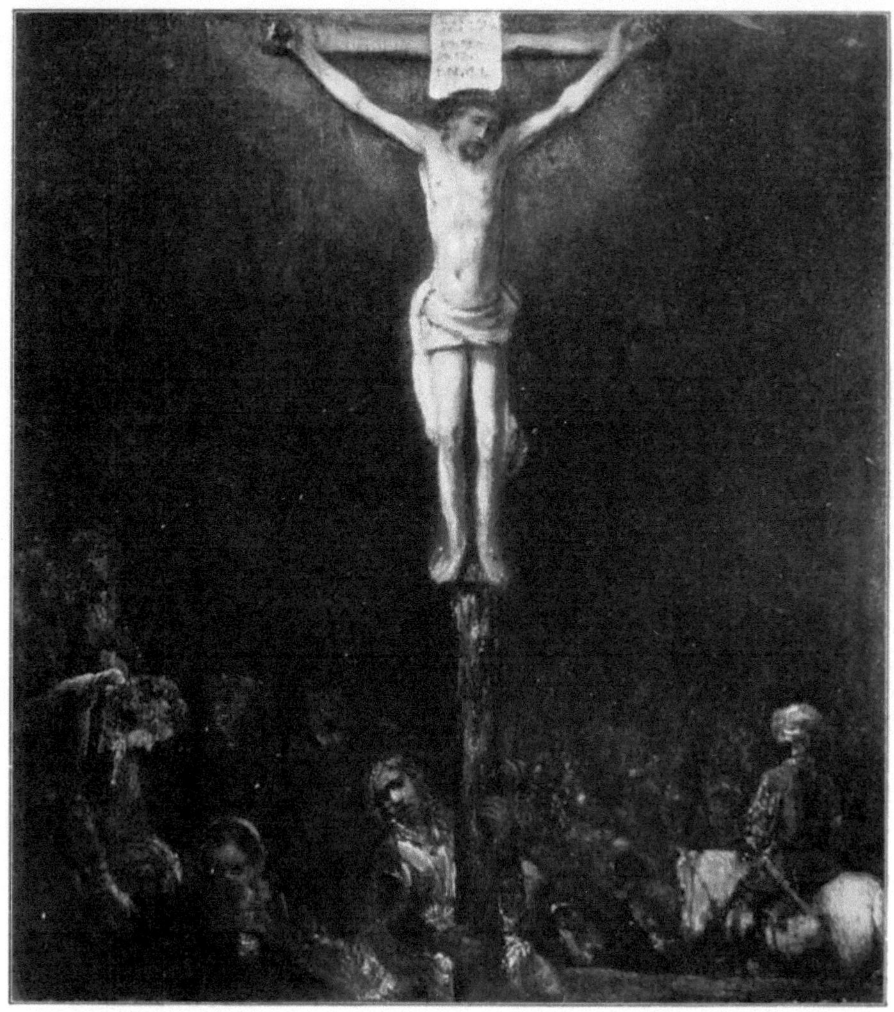

Christus am Kreuz

Christ on the cross   1656   Le Christ en croix

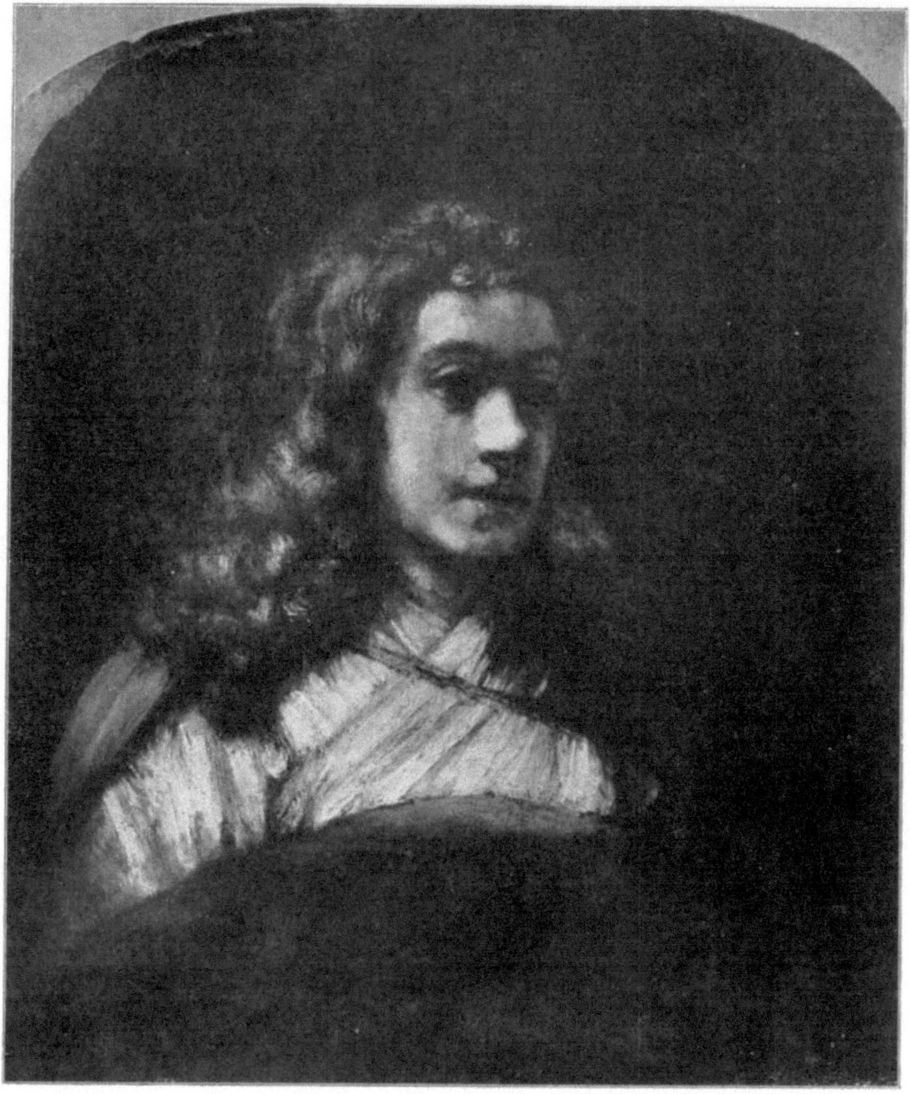

Rembrandts Sohn Titus als Mars oder Alexander

Rembrandt's son Titus as Mars
or Alexander

Um 1655/56

Titus, fils de Rembrandt, en Mars
ou Alexandre

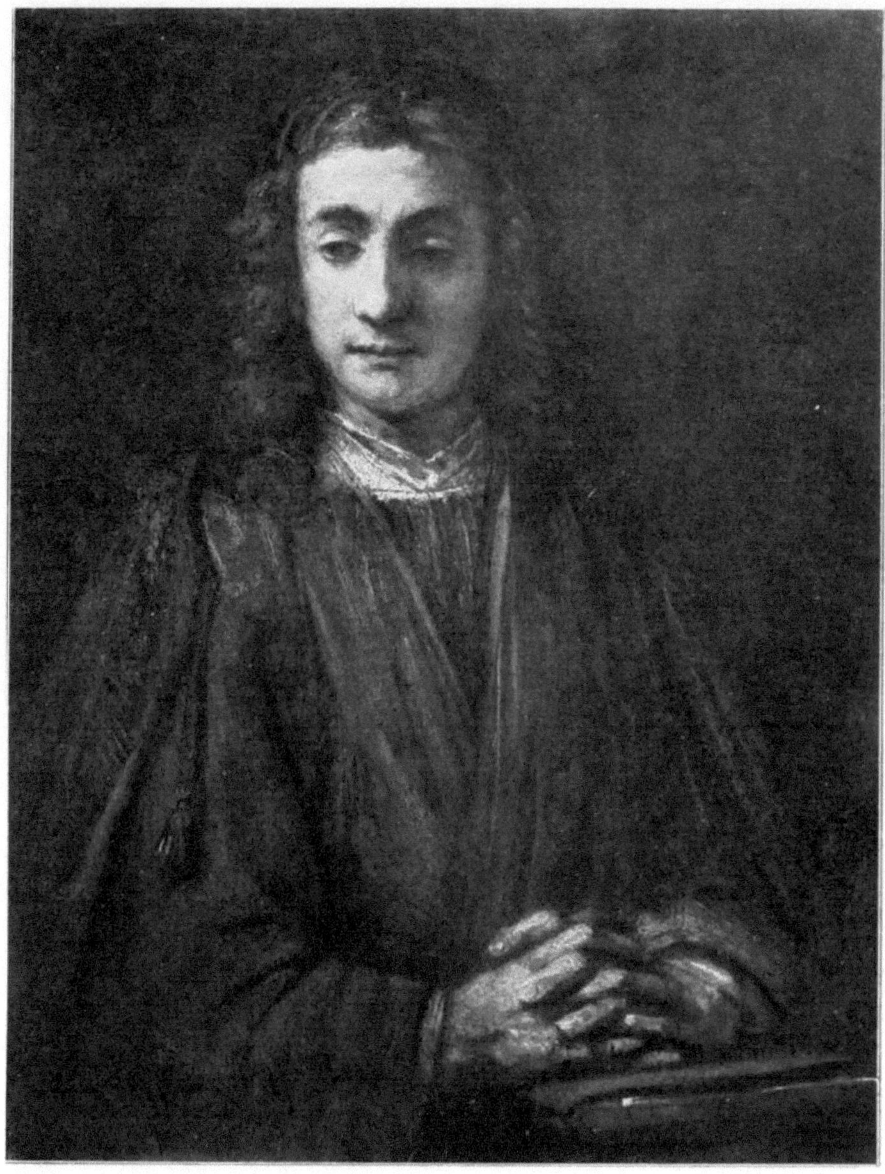

Mannheim, Dr. K. Lanz

Auf Leinwand, H. 84,8, B. 67

Rembrandts Sohn Titus

Titus, the son of Rembrandt   Um 1656   Titus, le fils de Rembrandt

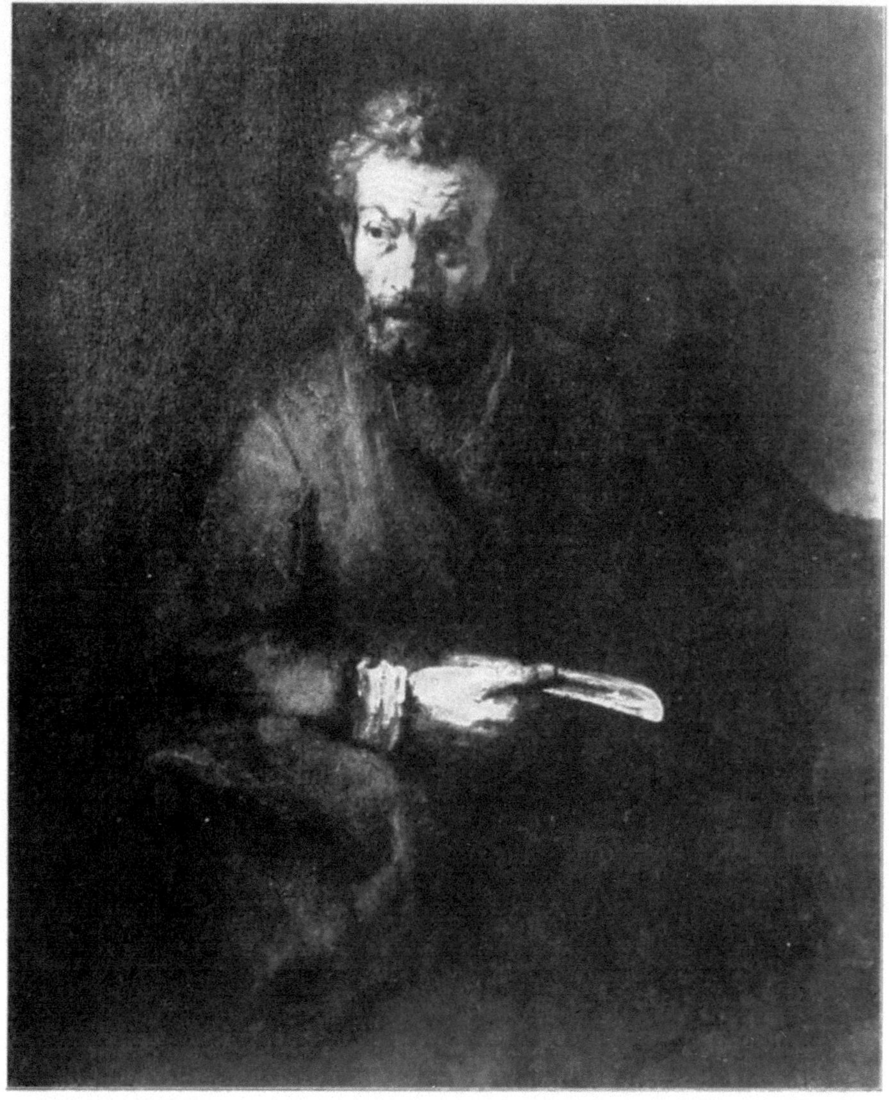

Der heilige Bartholomäus

St. Bartholomeus   1657   Saint Barthélemy

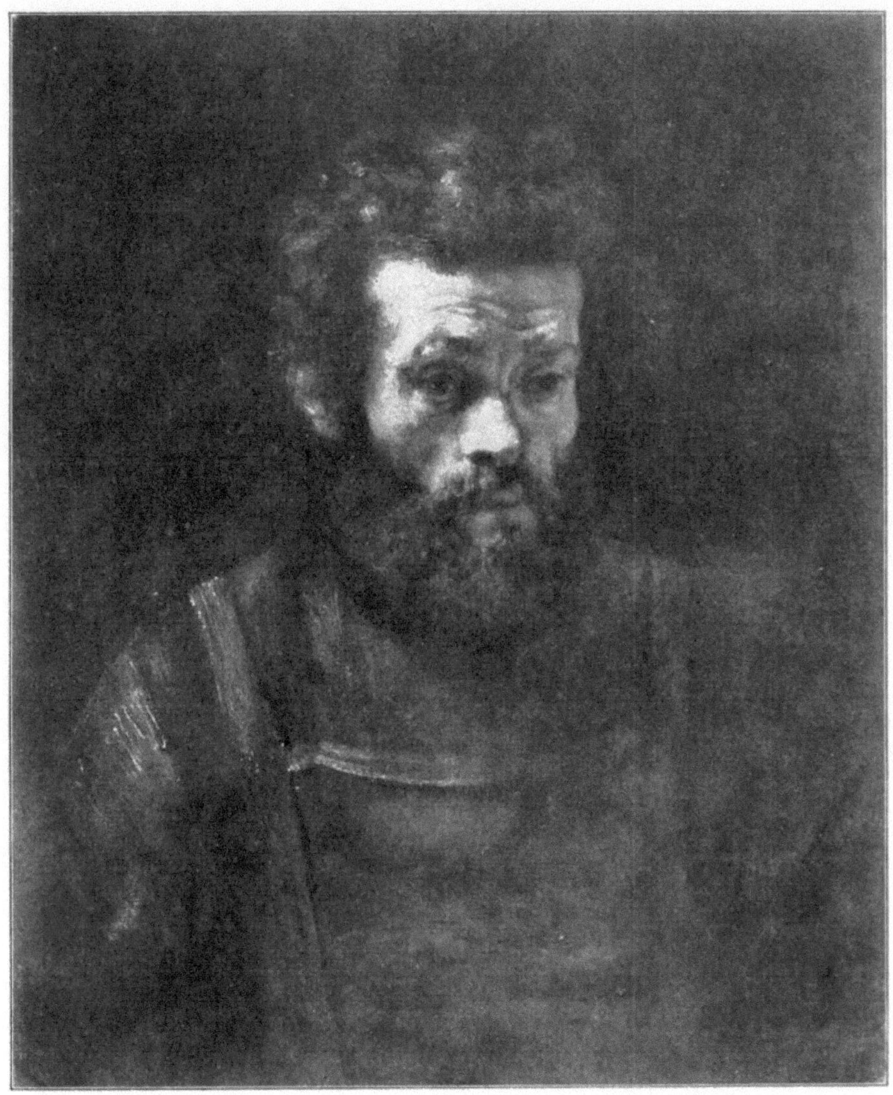

Bildnis eines bärtigen Mannes

Portrait of on bearded man   Um 1657   Portrait d'un homme barbu

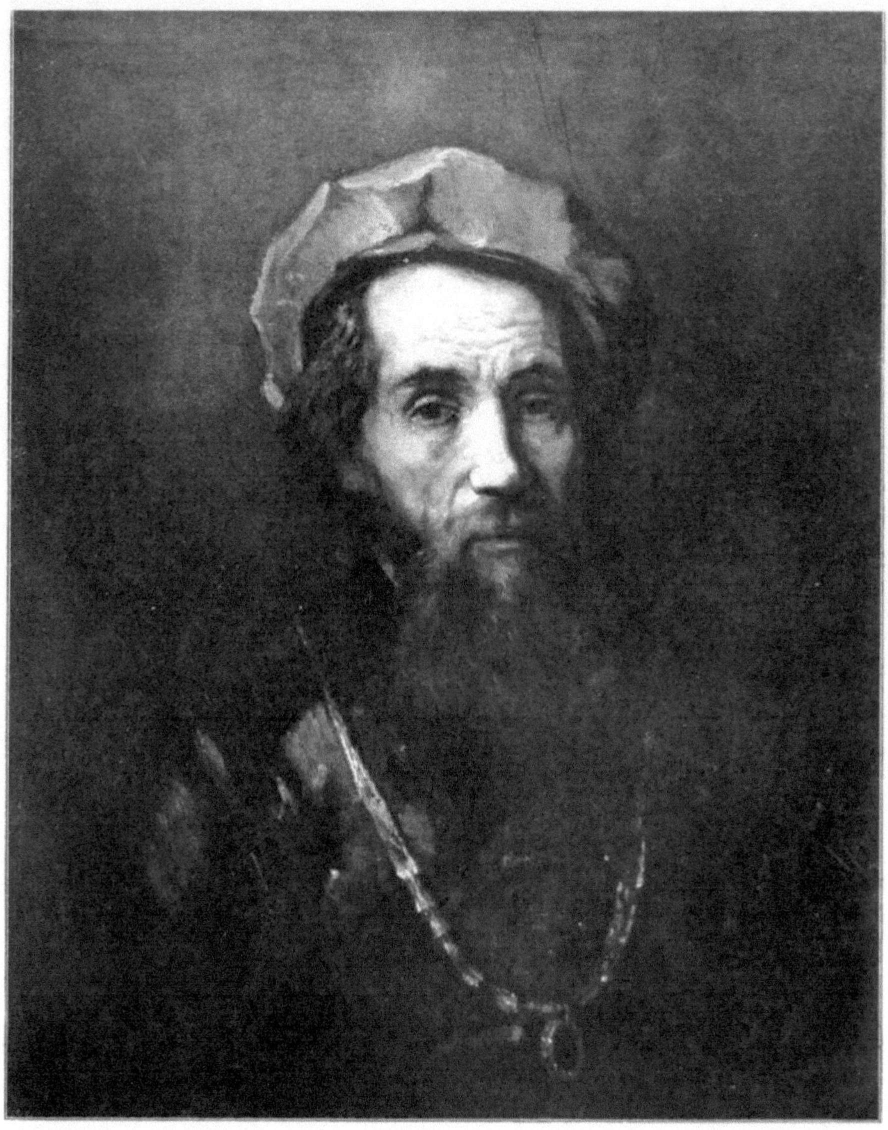

Ein Rabbiner

A rabbin   Um 1657– 60   Un rabbin

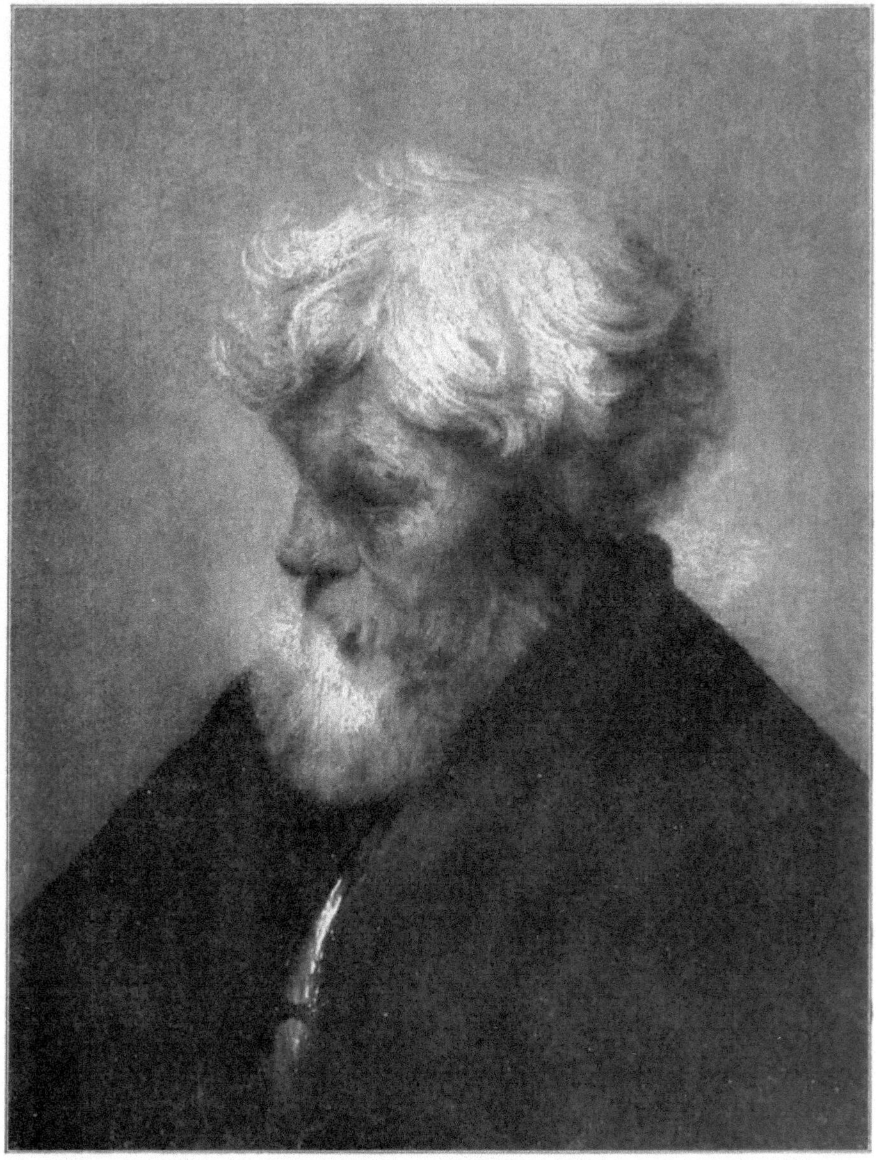

Bärtiger Alter. Studie

Bearded old man   Um 1658   Étude après un vieil homme barbu

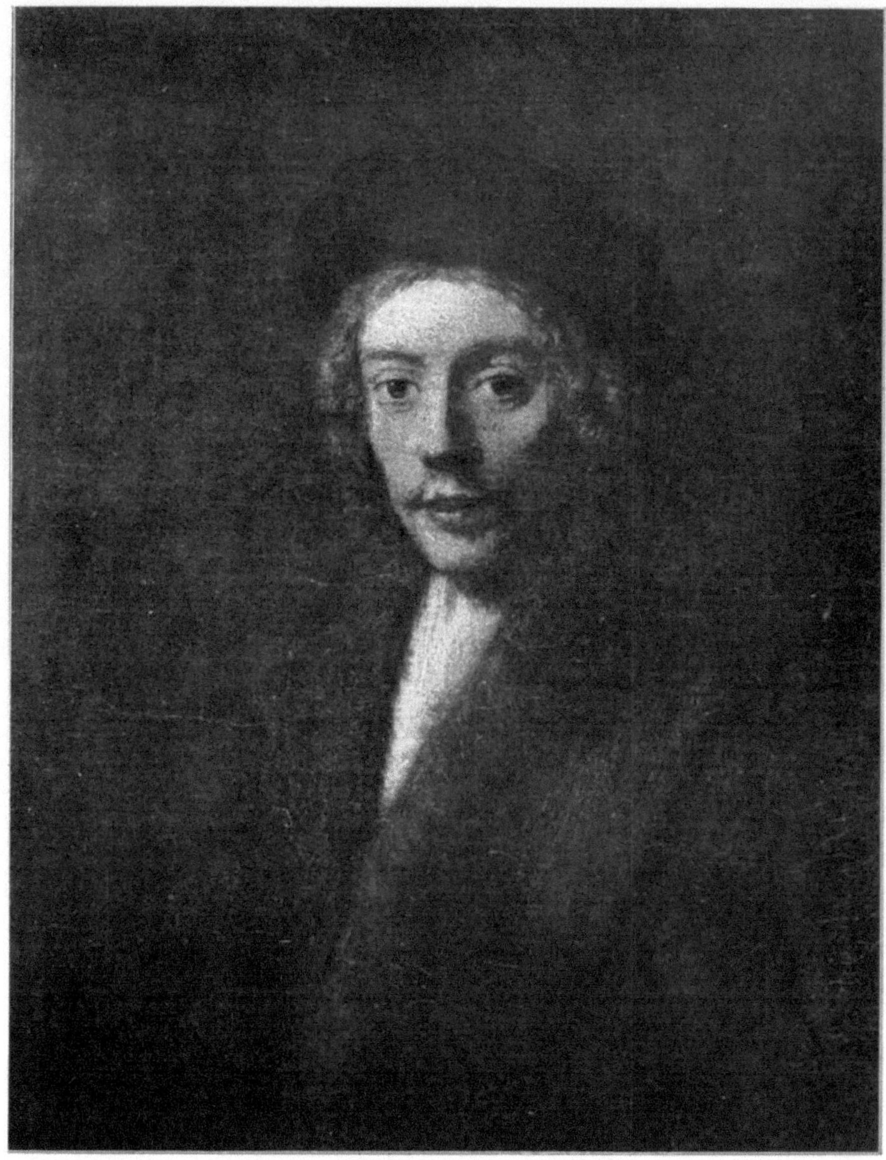

Auf Leinwand, H. 73,1, B. 60

Rembrandts Sohn Titus

Titus, the son of Rembrandt   Um 1658   Titus, le fils de Rembrandt

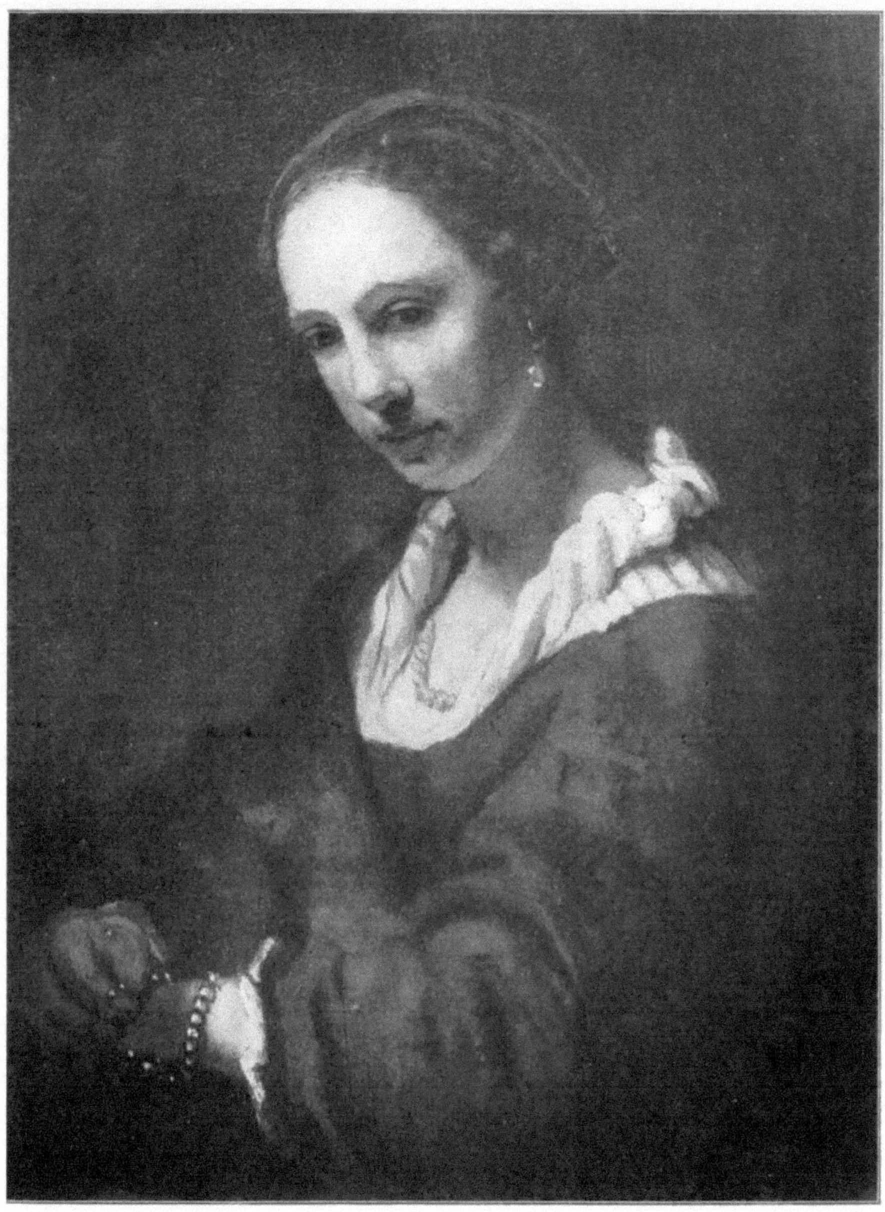

Hendrickje
Um 1658

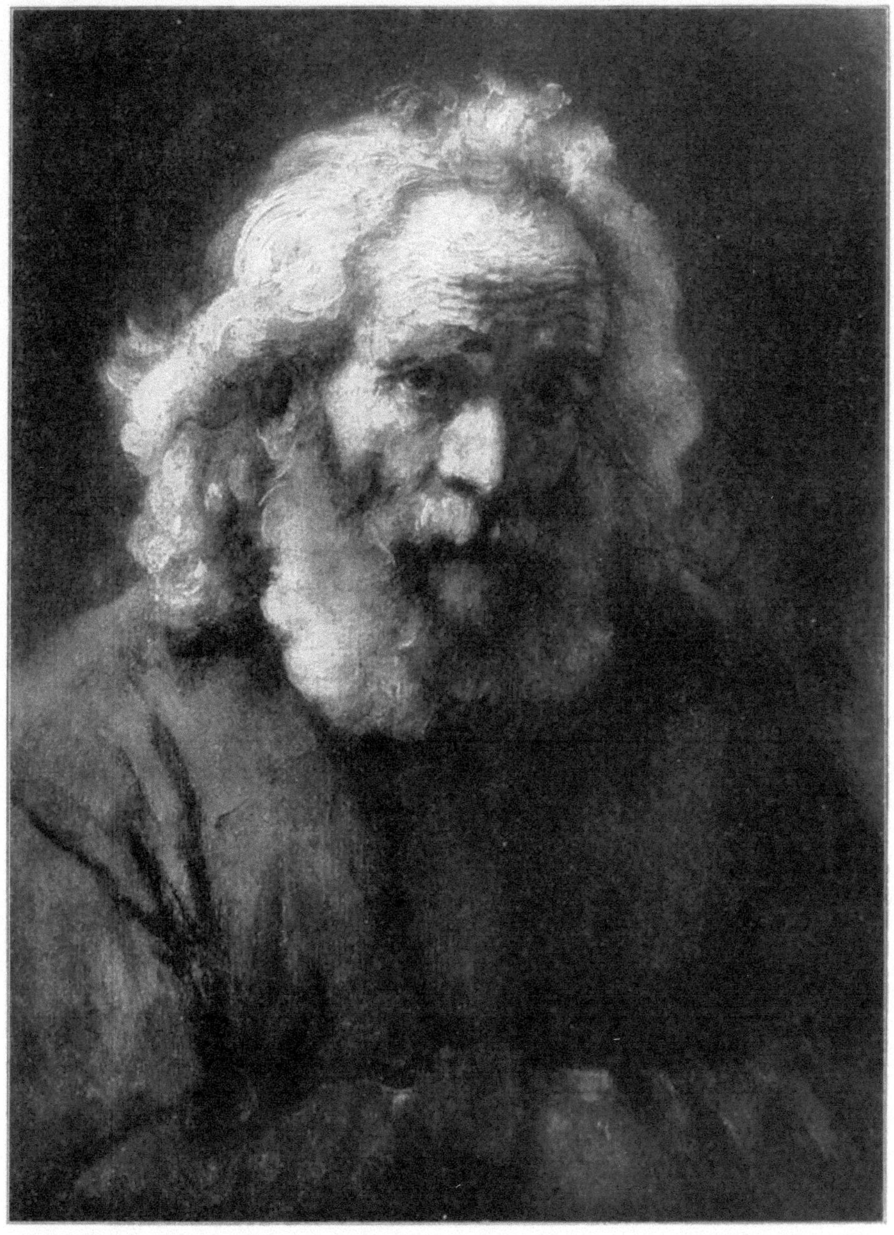

Bärtiger Greis. Studie

Bearded old man. Study   1659   Un vieillard barbu. Étude

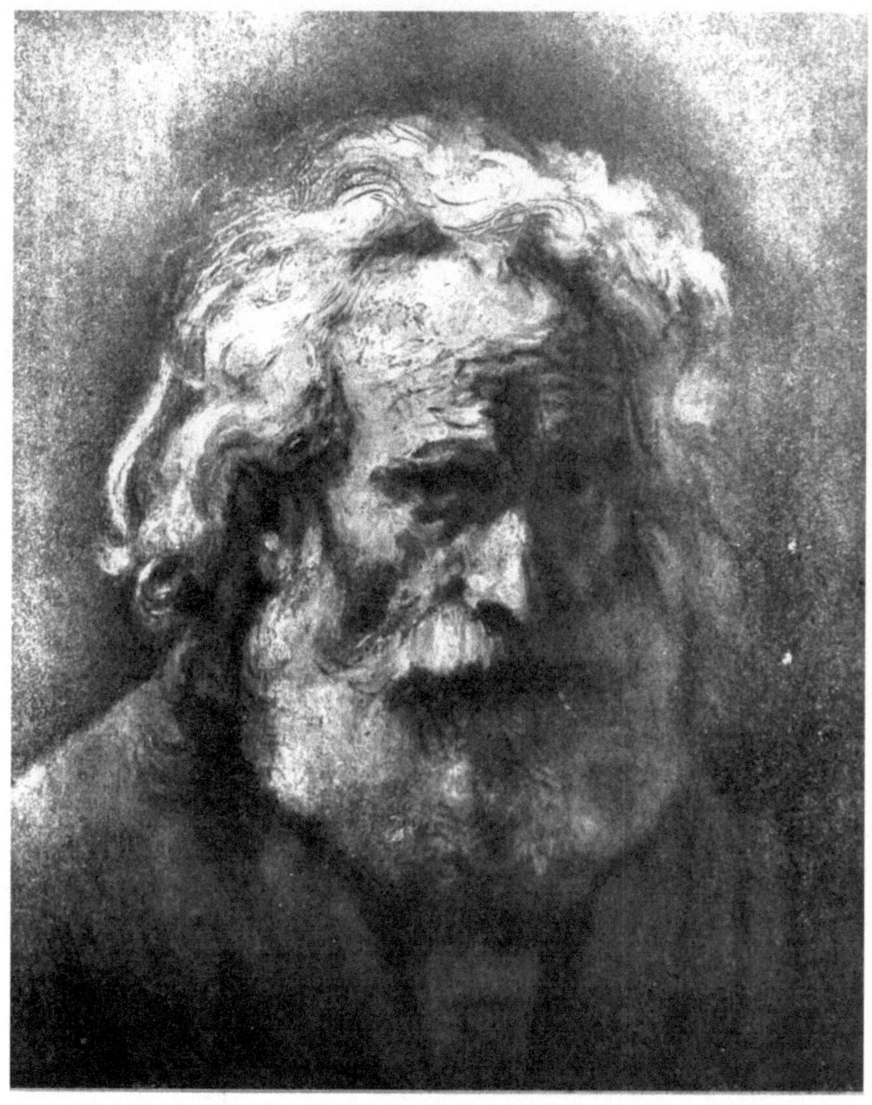

Bärtiger Greis. Studie

Bearded old man. Study   Um 1659   Étude aprés un vieillard barbu

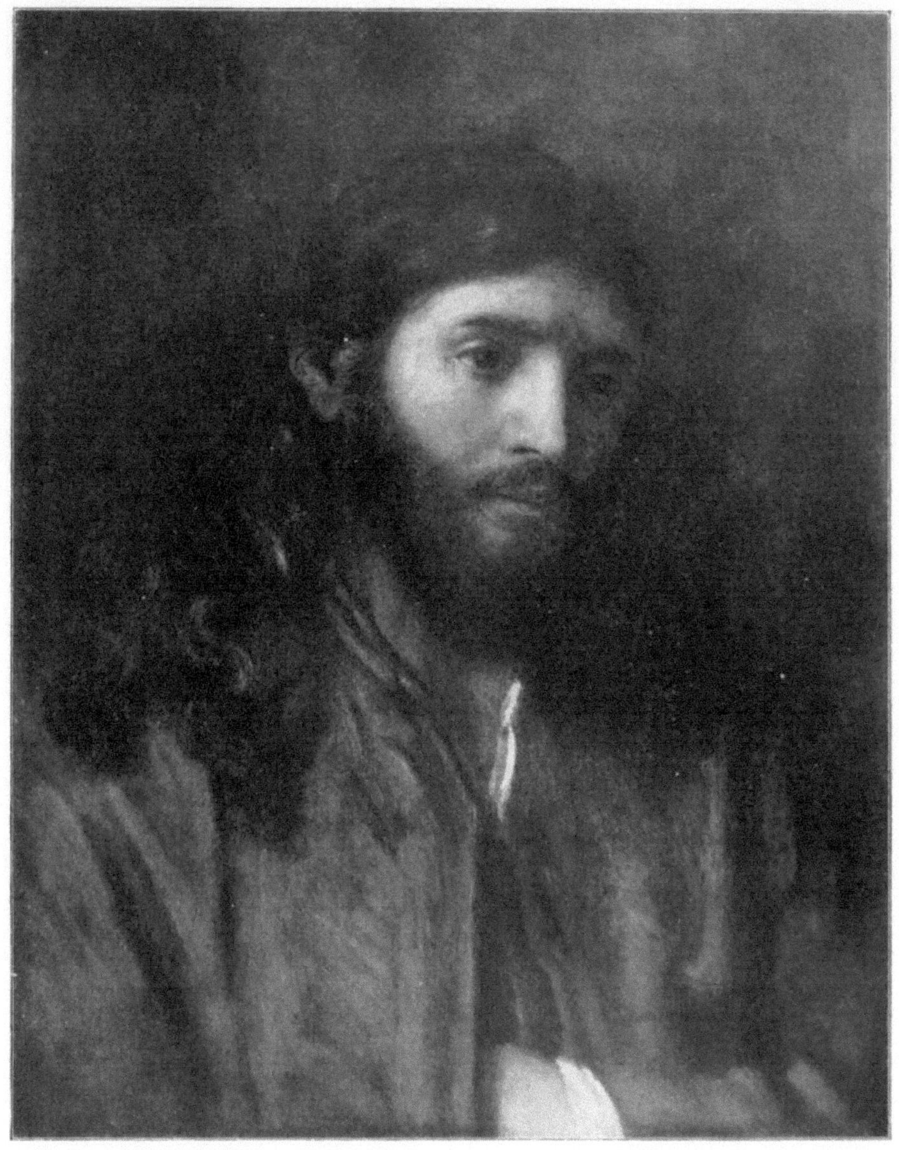

Auf Holz. H. 62, B. 49

Christus

Christ   Um 1659   Le Christ

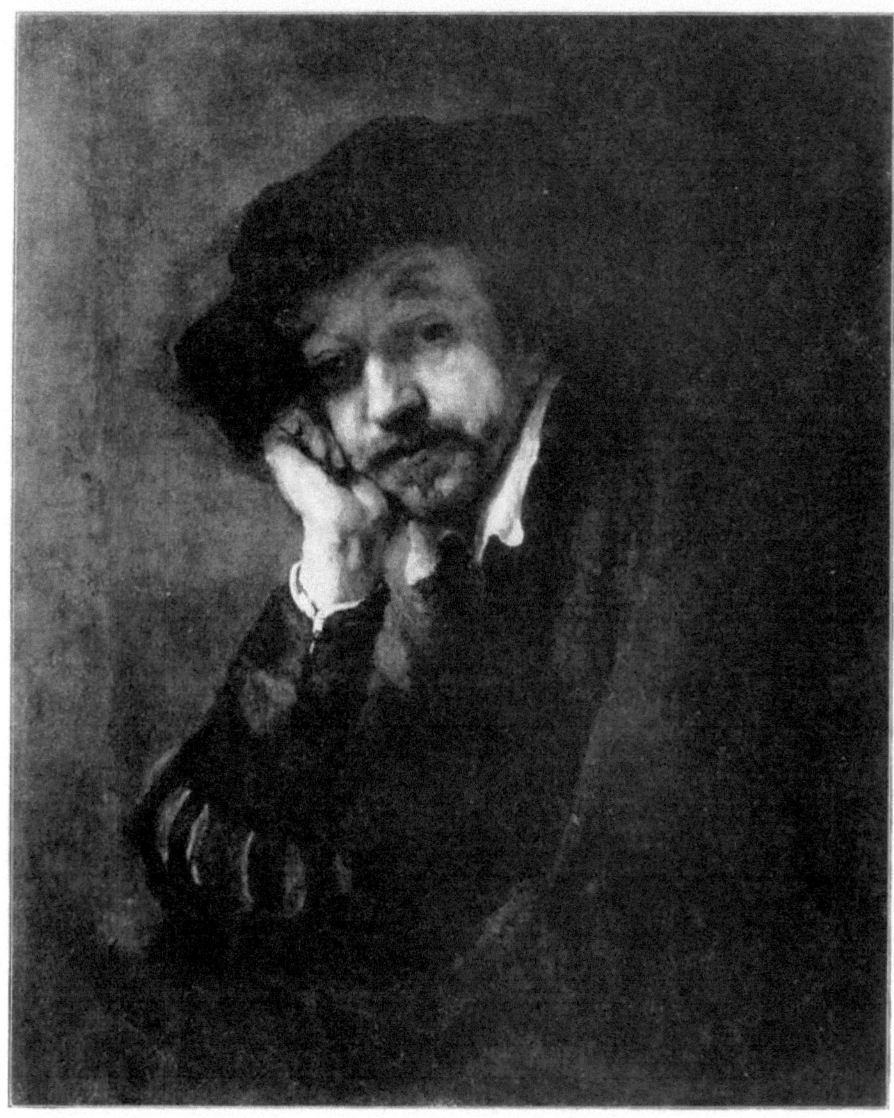

Selbstbildnis

Portrait of Rembrandt   1660   Portrait de l'artiste

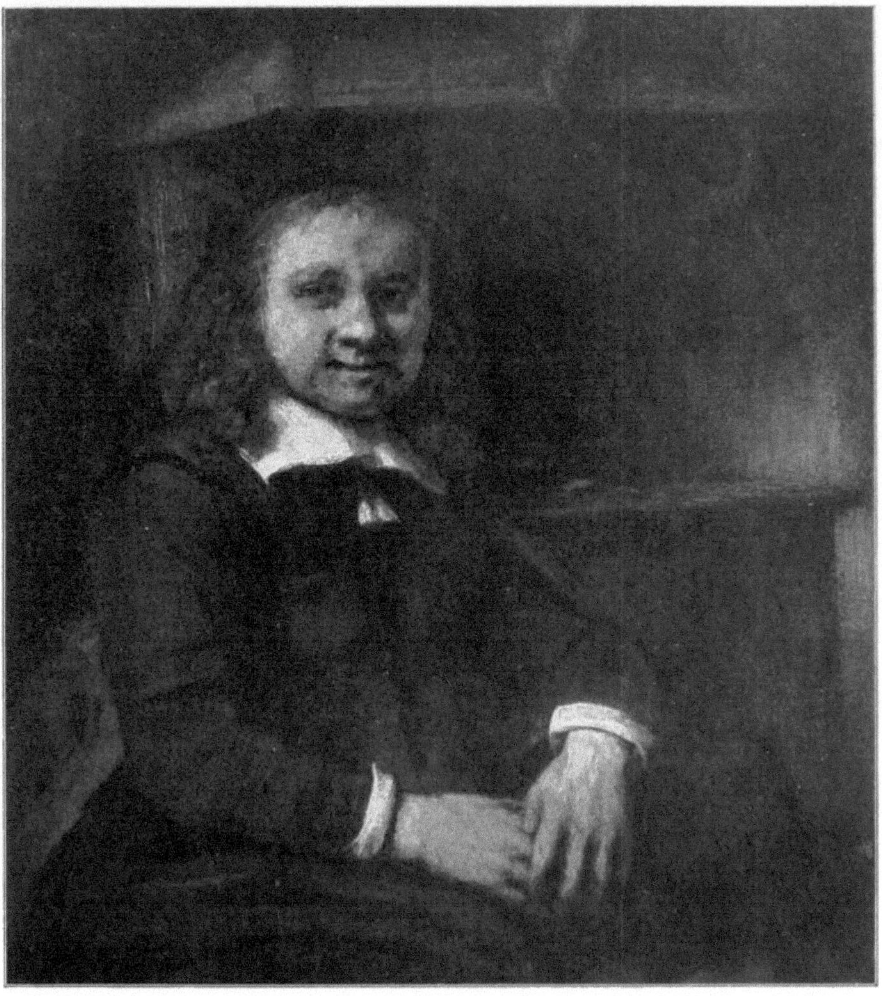

Männliches Bildnis

Portrait of a man   Um 1660   Portrait d'un homme

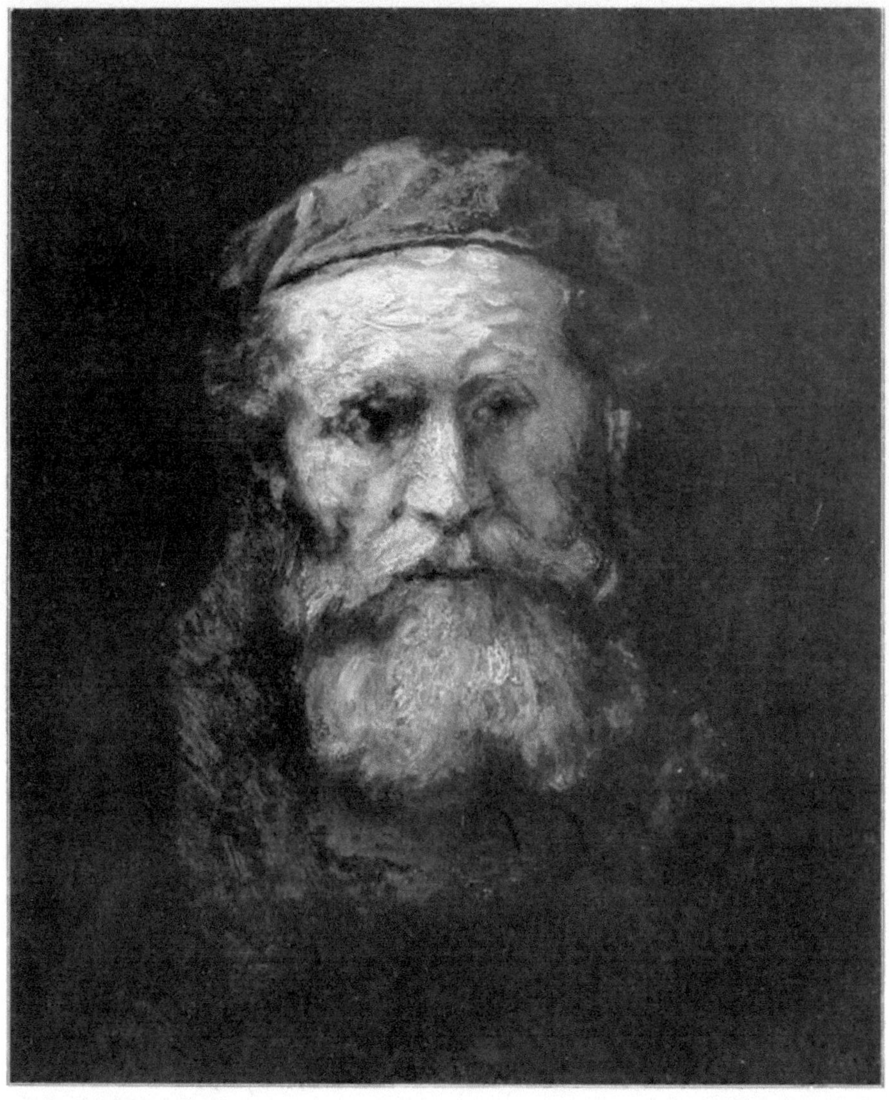

Alter mit rotem Käppchen. Studie

Old man with red cap. Study   Um 1661   Un vieil homme avec un bonnet rouge. Étude

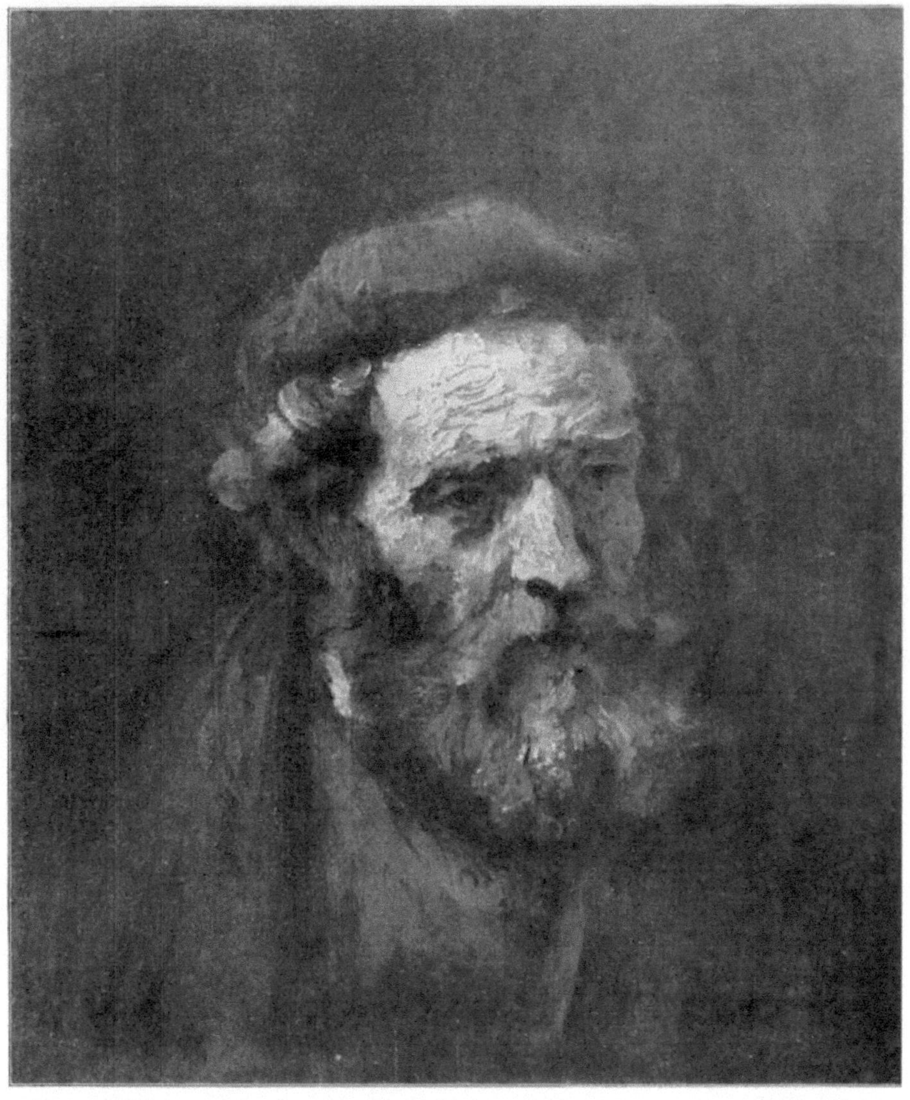

Auf Holz, H. 24,5. B. 20

Alter mit dunkler Mütze. Studie
Um 1661

Old man with dark cap. Study   Un vieillard coiffé d'un bonnet sombre. Étude

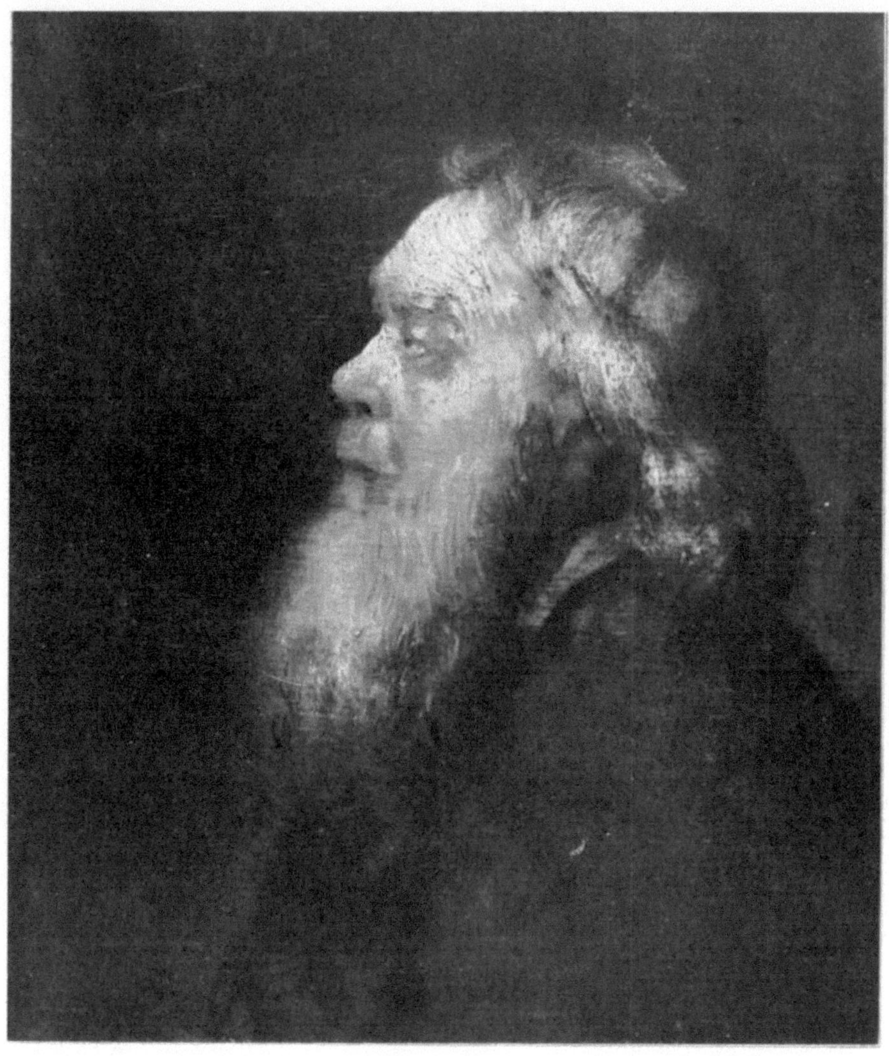

Bärtiger Alter. Studie

Bearded old man. Study   Um 1561—63   Un vieil homme barbu. Étude

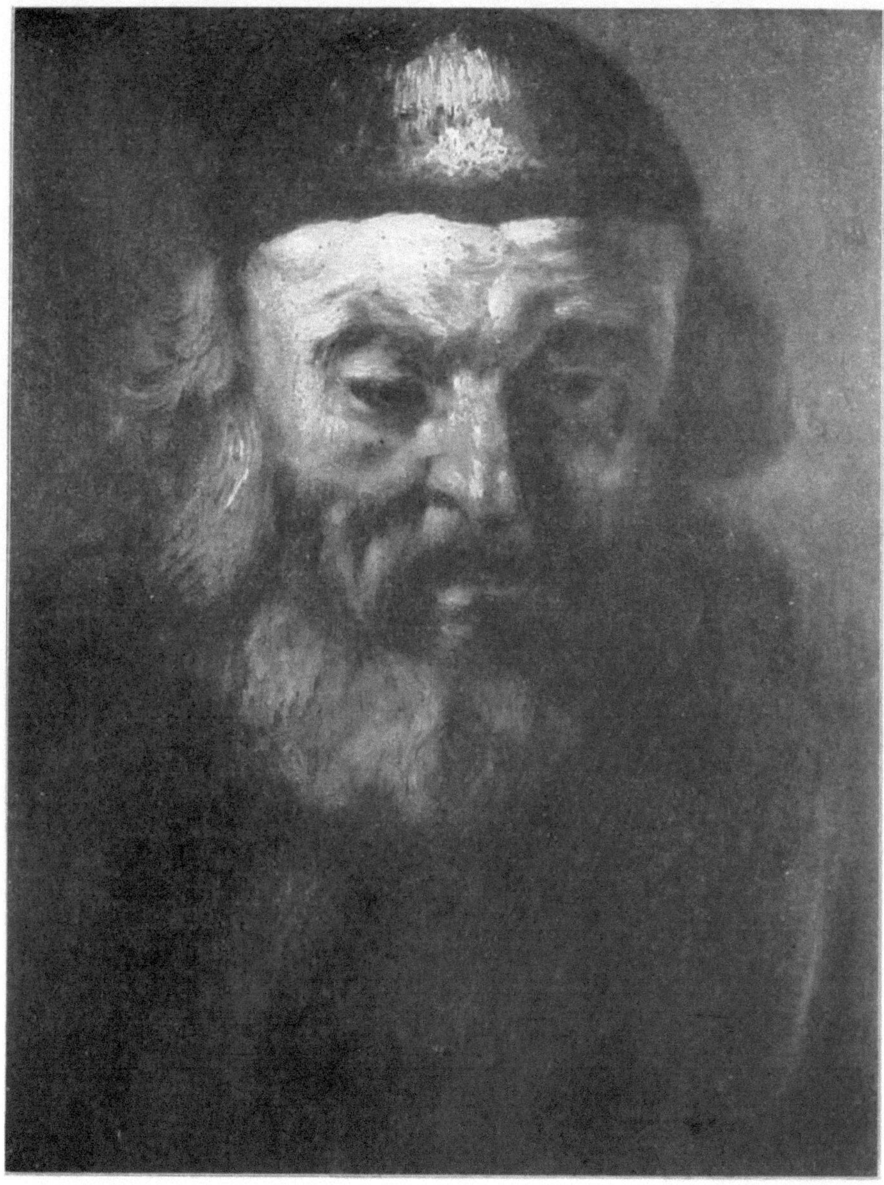

Bärtiger Alter mit Käppchen. Studie

Bearded old man. Study   Um 1661—63   Un vieillard barbu. Étude

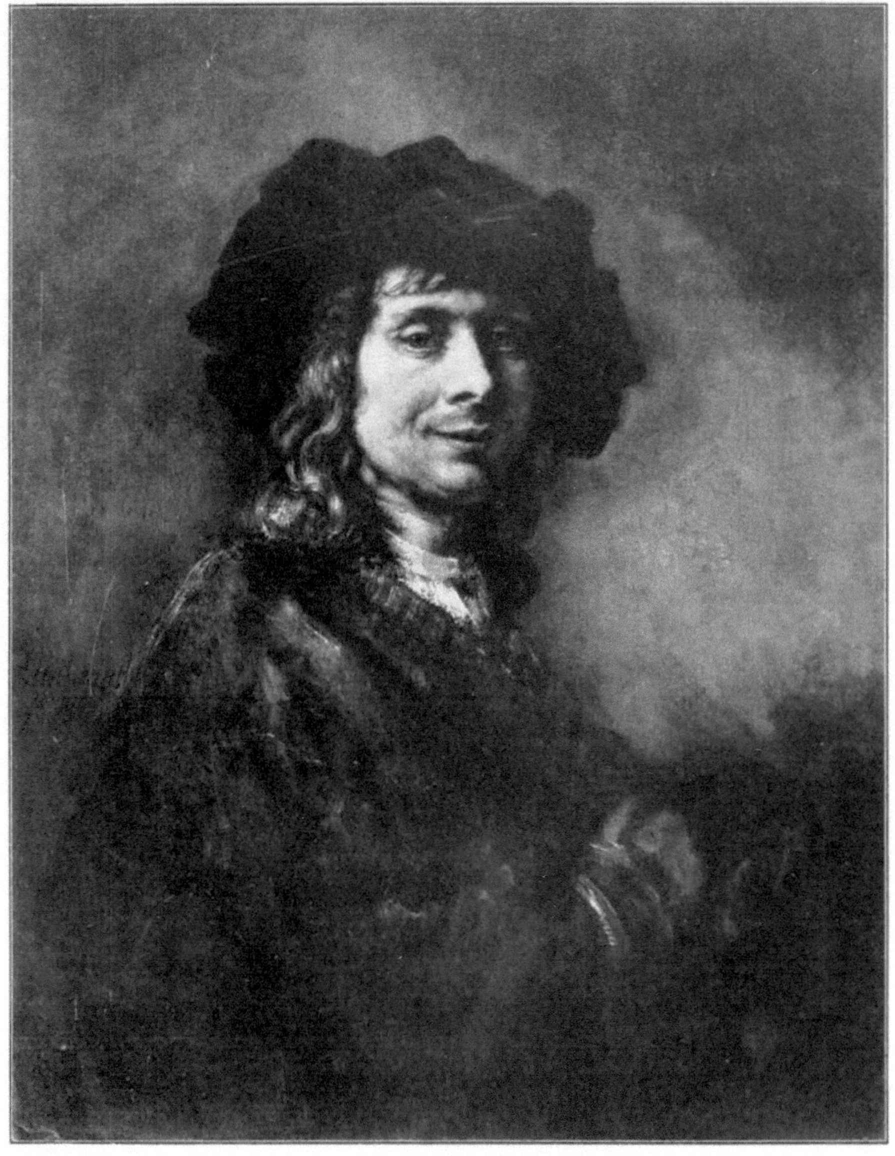

Bildnis eines jungen Mannes (Titus?)

Portrait of a young man   1662   Portrait d'un jeune homme

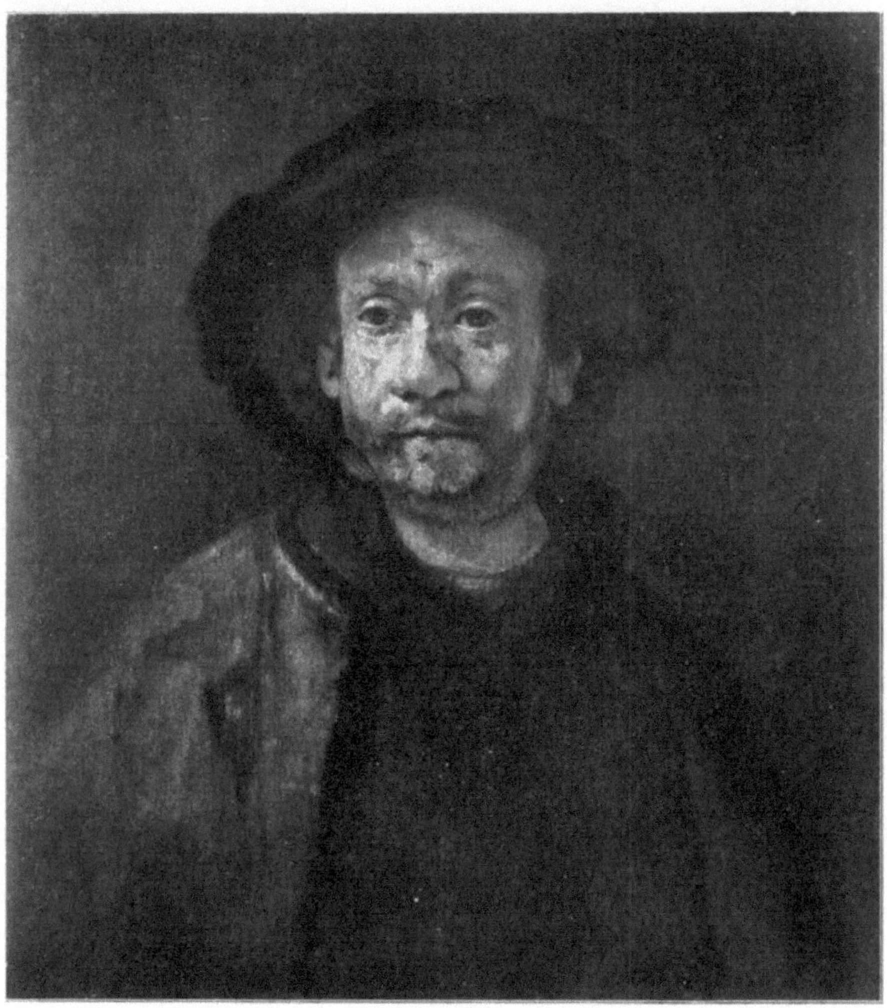

Selbstbildnis

Portrait of the artist   Um 1663   Portrait de l'artiste

103

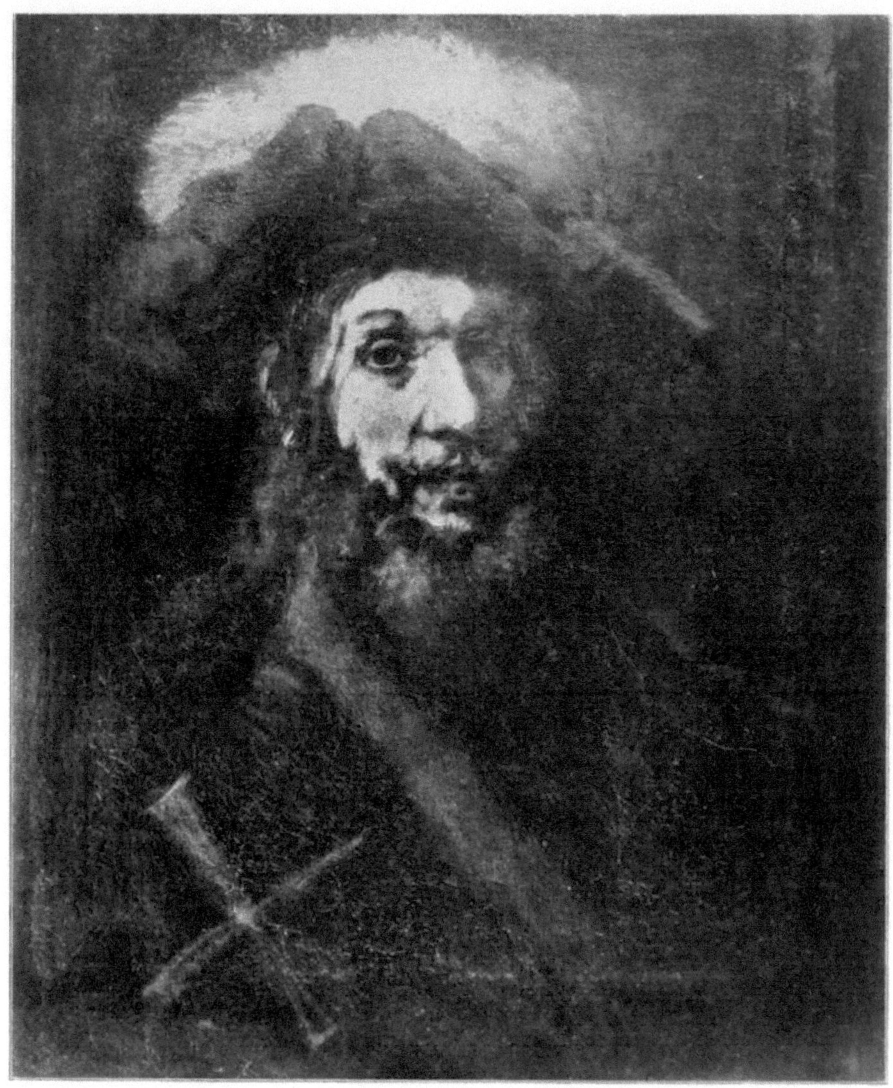

Kreuzritter

A cavalier bearing a cross on his mantle   Um 1665   Un chevalier portant une croix sur son manteau

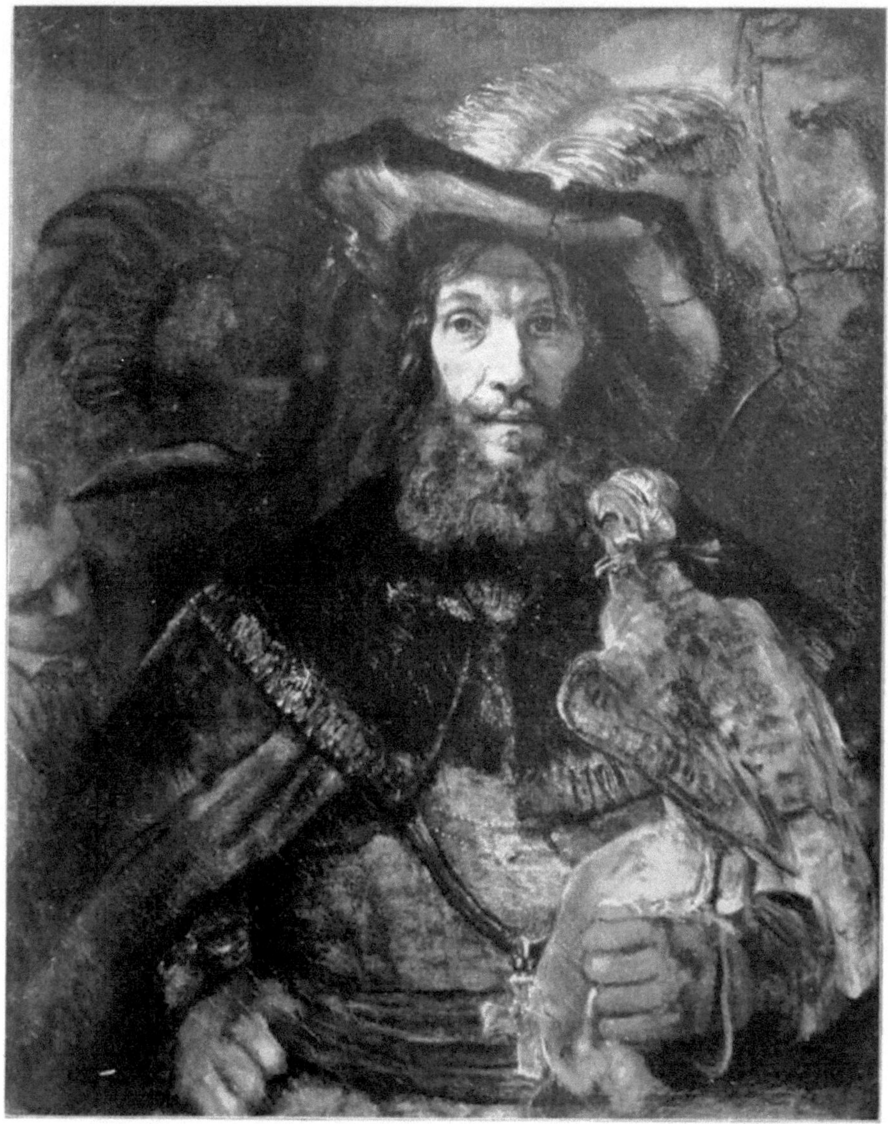

Der Falkenjäger

The falconer   Um 1665   Le fauconnier

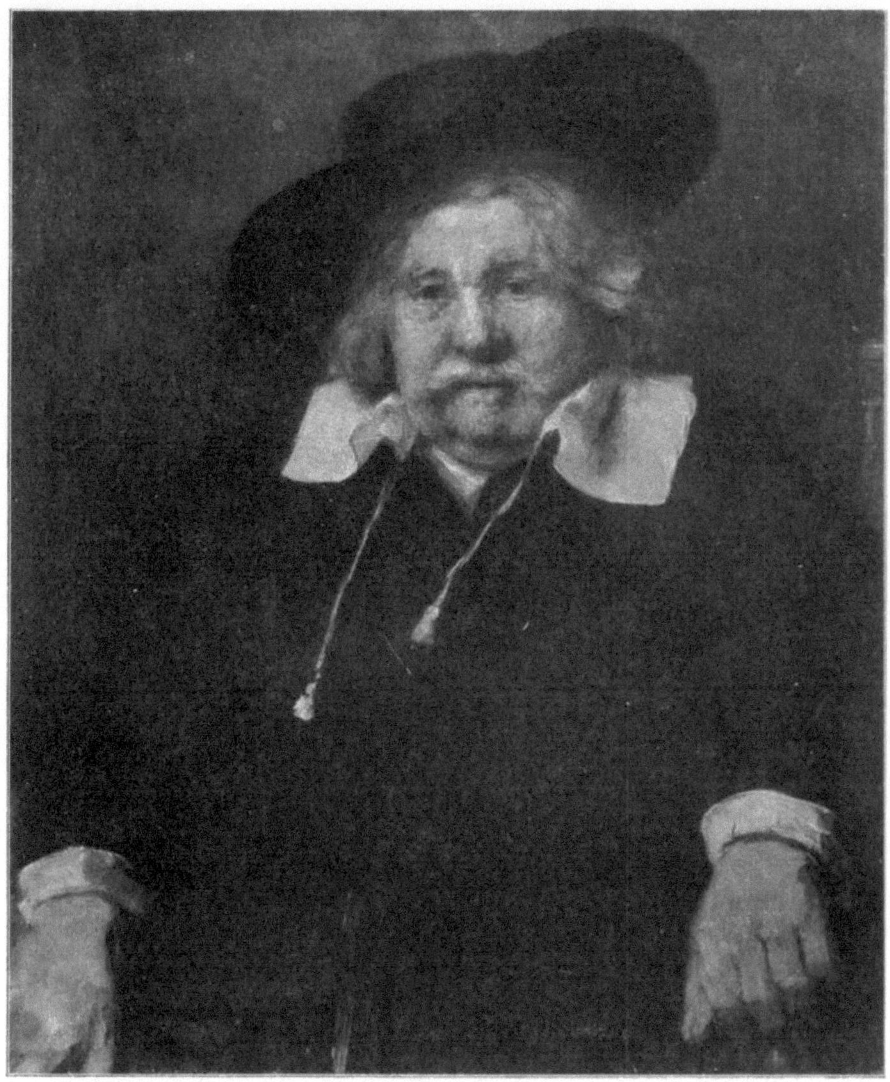

Bildnis eines älteren Herrn

Portrait of an elderly gentleman   1667   Portrait d'un vieil homme

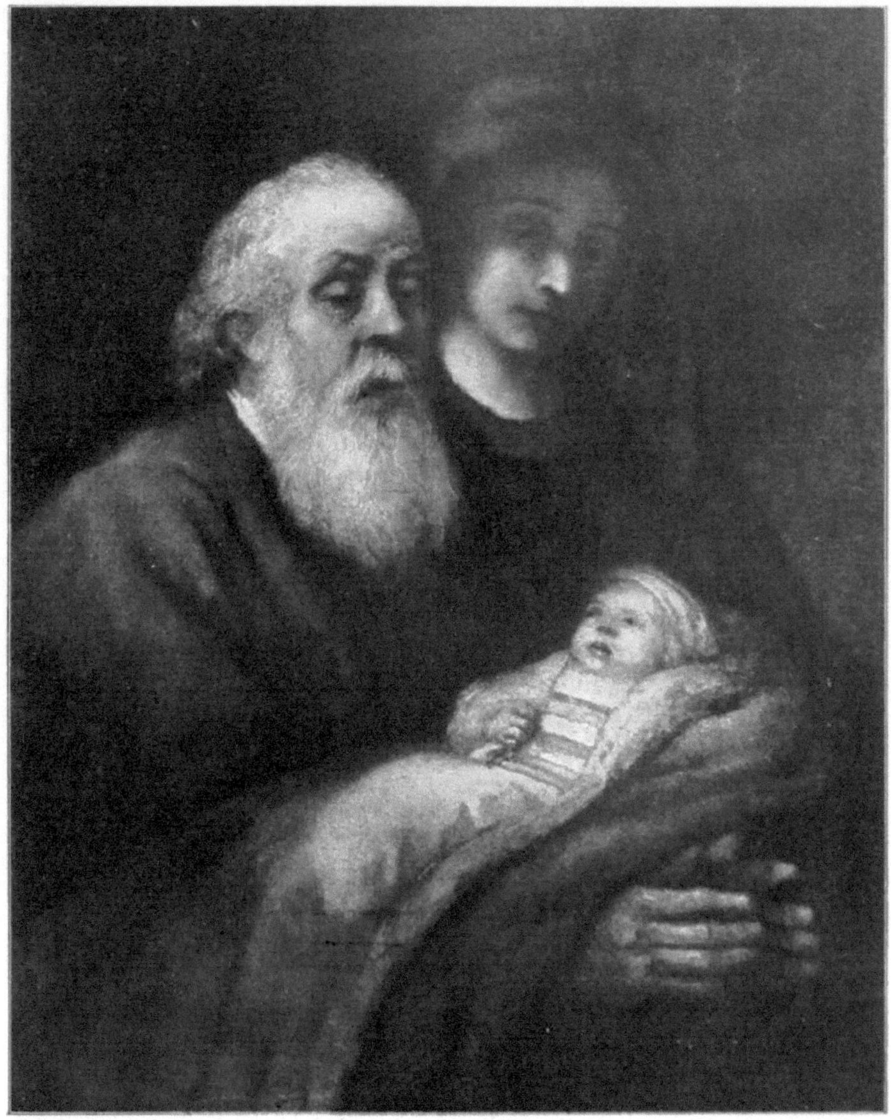

Simeon mit dem Christuskind

Simeon holding the Christ child   Um 1669   Siméon portant l'enfant Jésus-Christ

ANHANG

I.

VON REMBRANDT ÜBERGANGENE SCHÜLERARBEITEN UND VERSCHOLLENE ORIGINALGEMÄLDE

WORKS OF SCHOLARS OF REMBRANDT
REVISED BY THE ARTIST AND LOST
PICTURES

ŒUVRES DE L'ÉCOLE DE REMBRANDT
RÉVISÉES PAR L'ARTISTE ET TABLEAUX
PERDUS

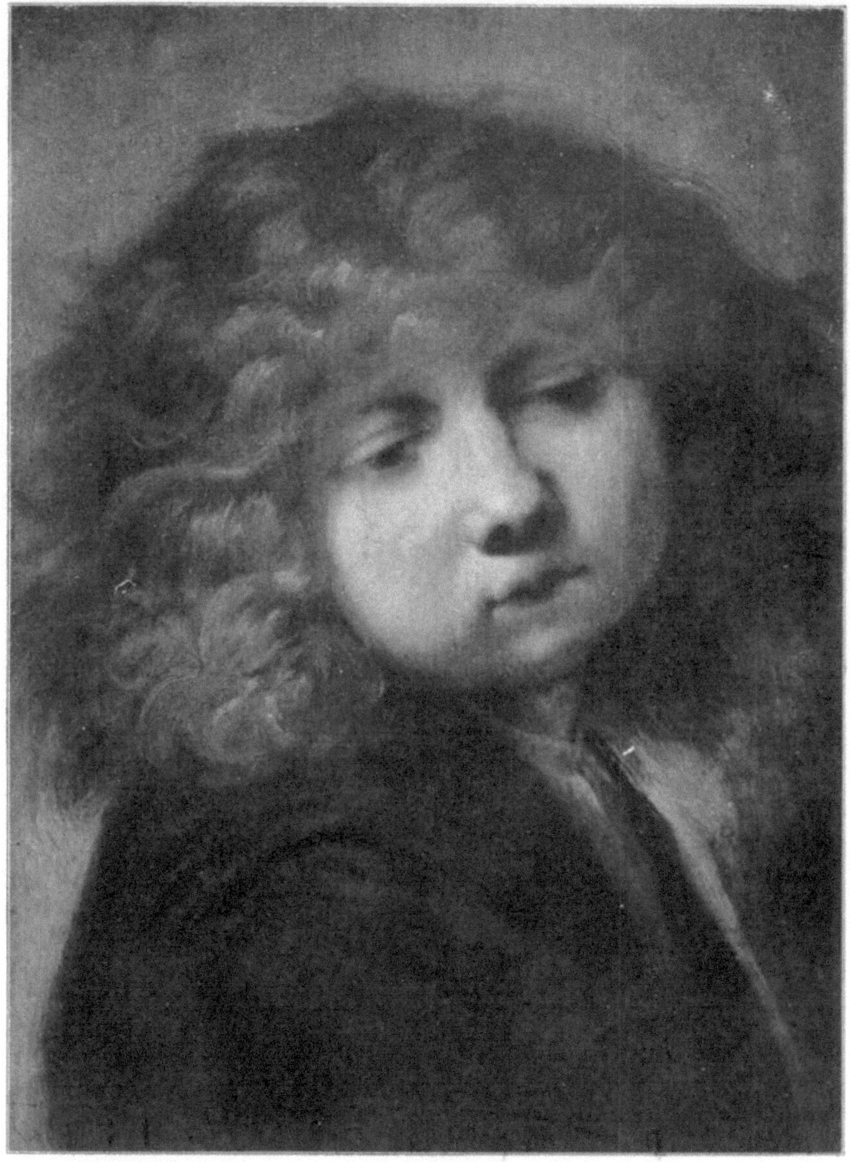

Jan Lievens und Rembrandt: Knabenbildnis

Portrait of a boy   Um 1630   Portrait d'un garçon

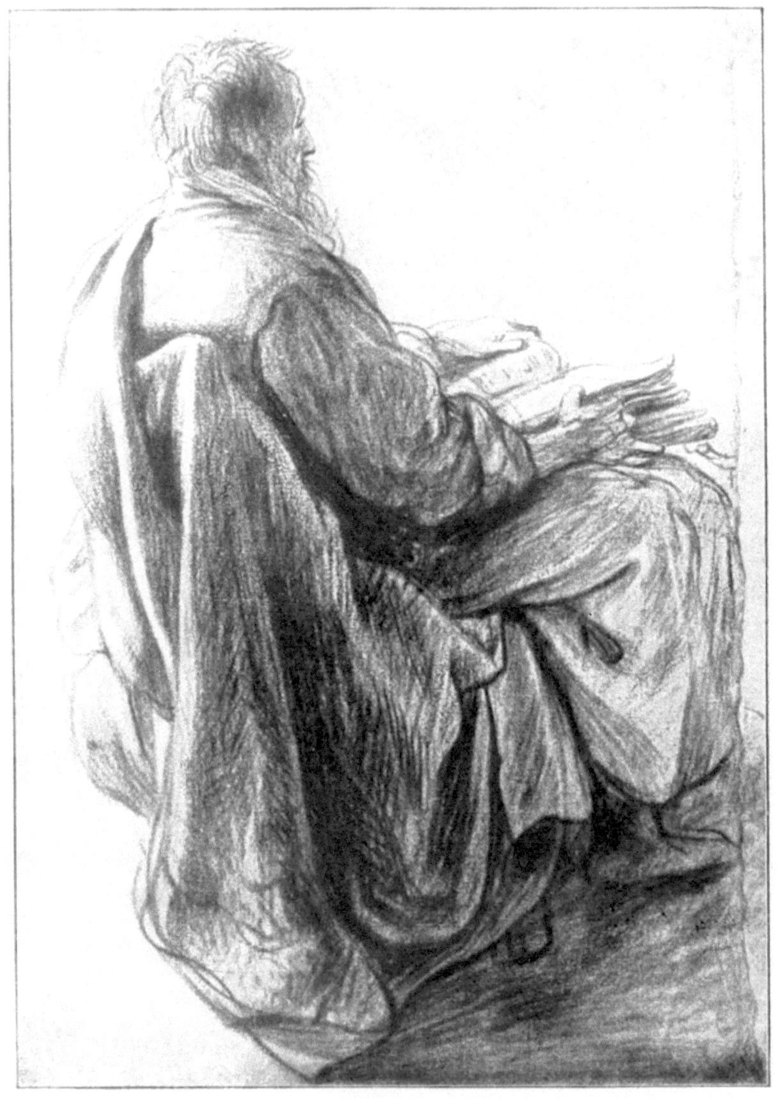

Studie zu nebenstehendem Bild
Um 1628

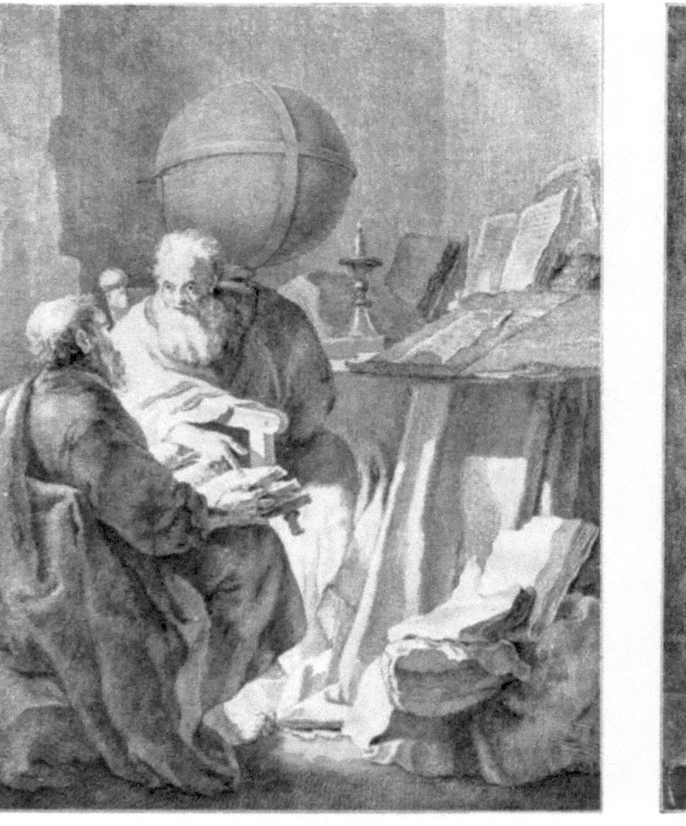

Elisa, seinen Tod weissagend (?)

Elisa foretelling his death (?)   Élisa prédisant sa mort (?)

Stich von Petro Monaco

Das verschollene Original vielleicht ein Frühwerk Rembrandts

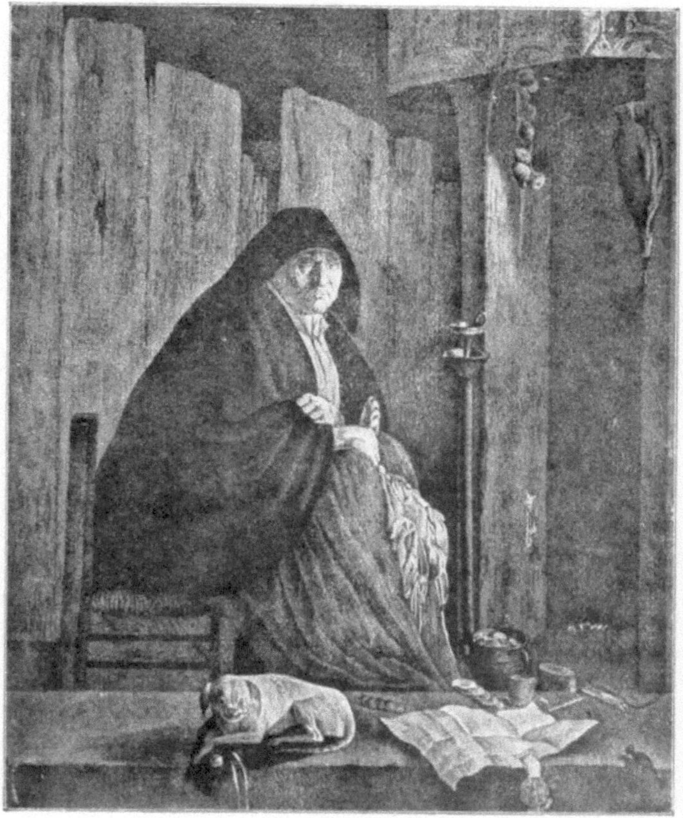

Die Geizige

The niggard woman   La femme avare

Radierung von A. Cordon Fils

Das verschollene Original vielleicht ein Frühwerk Rembrandts

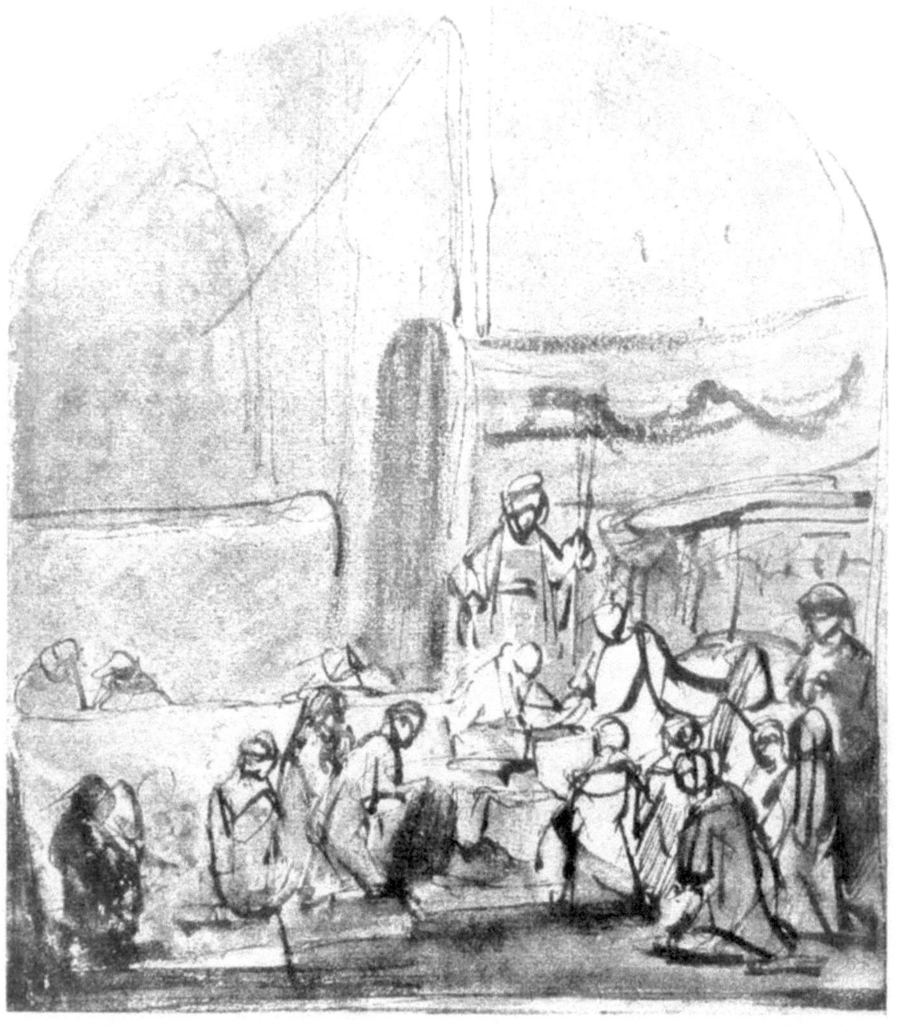

Studie zu der Beschneidung Christi, 1646

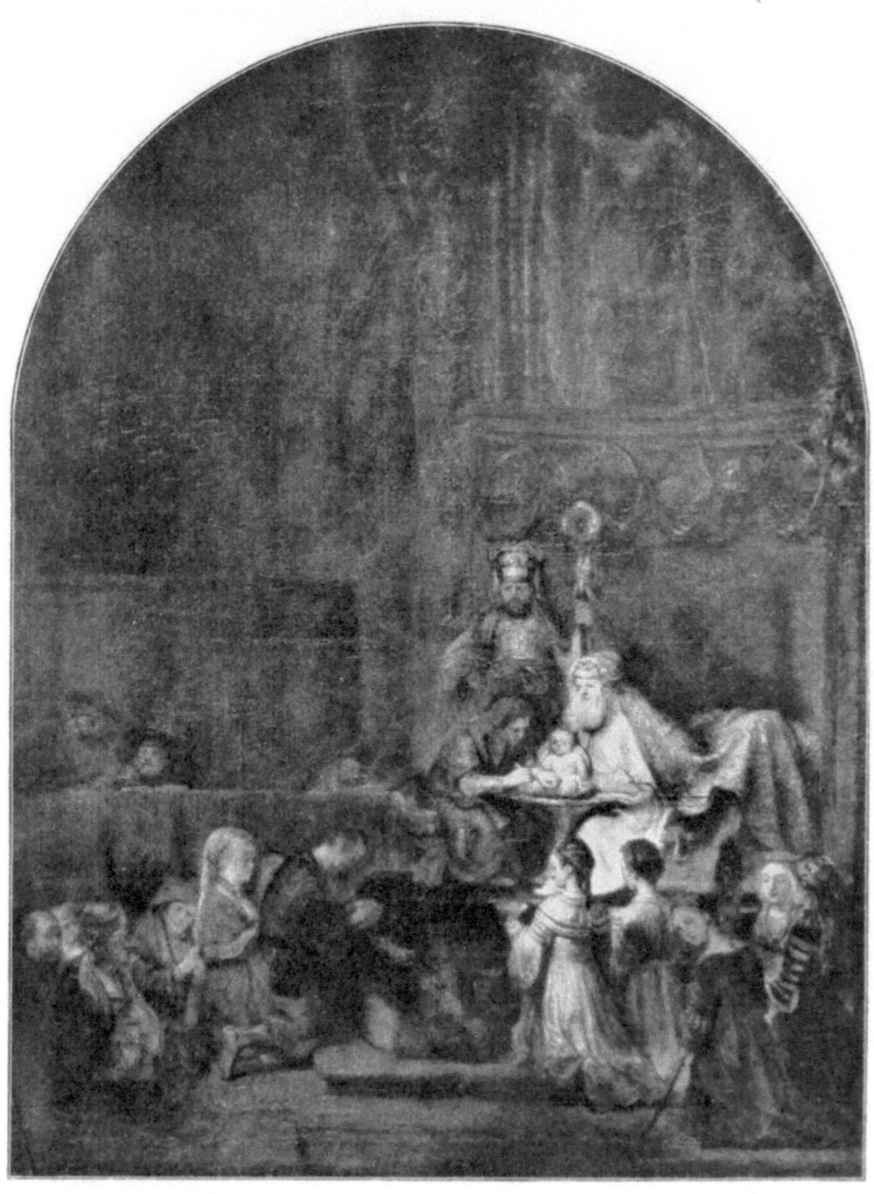

Atelierwiederholung des verschollenen Bildes von 1646: Beschneidung Christi
Studio copy of the lost „circumcision" of 1646   Une copie d'atelier après la peinture perdue de 1646

II.

REMBRANDT ZUGESCHRIEBEN

PAINTINGS ASCRIBED TO REMBRANDT   ŒUVRES ATTRIBUÉS A REMBRANDT

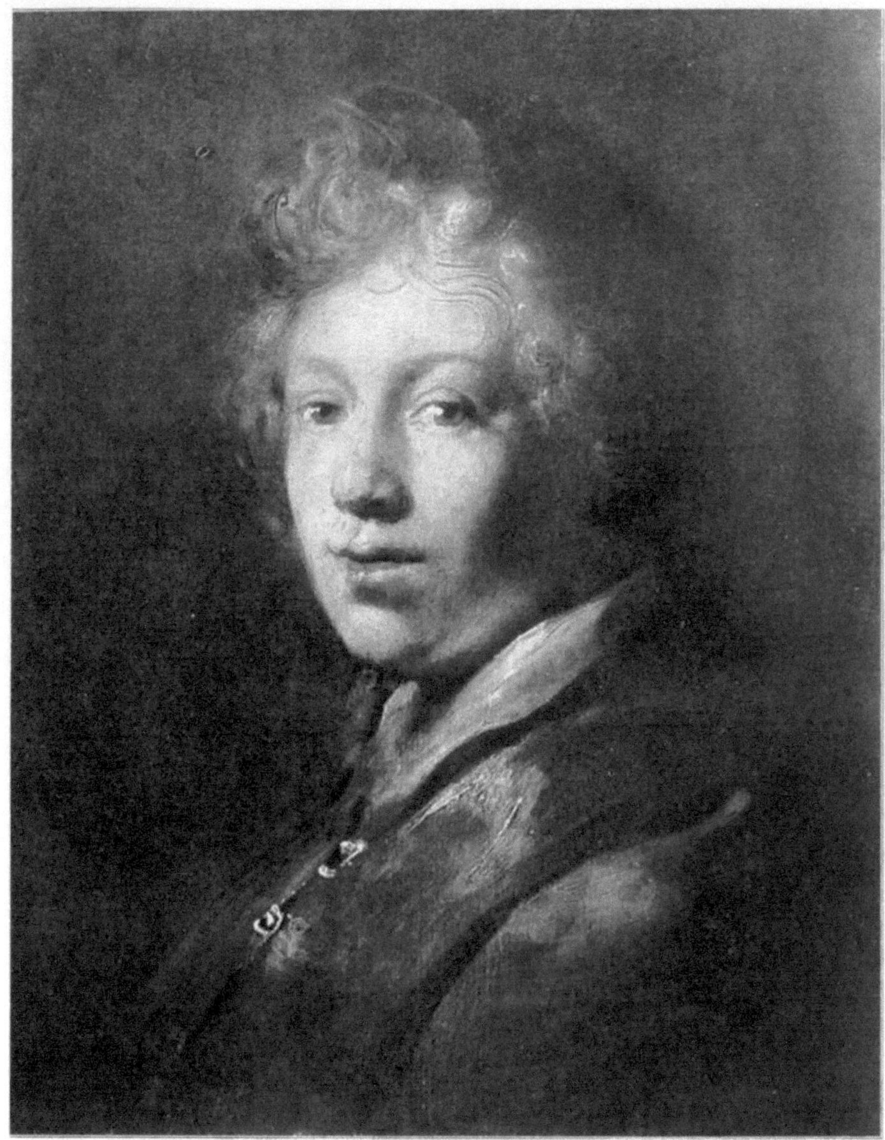

Bildnis Rembrandts (?)

Portrait of the artist (?)   Portrait de l'artiste (?)

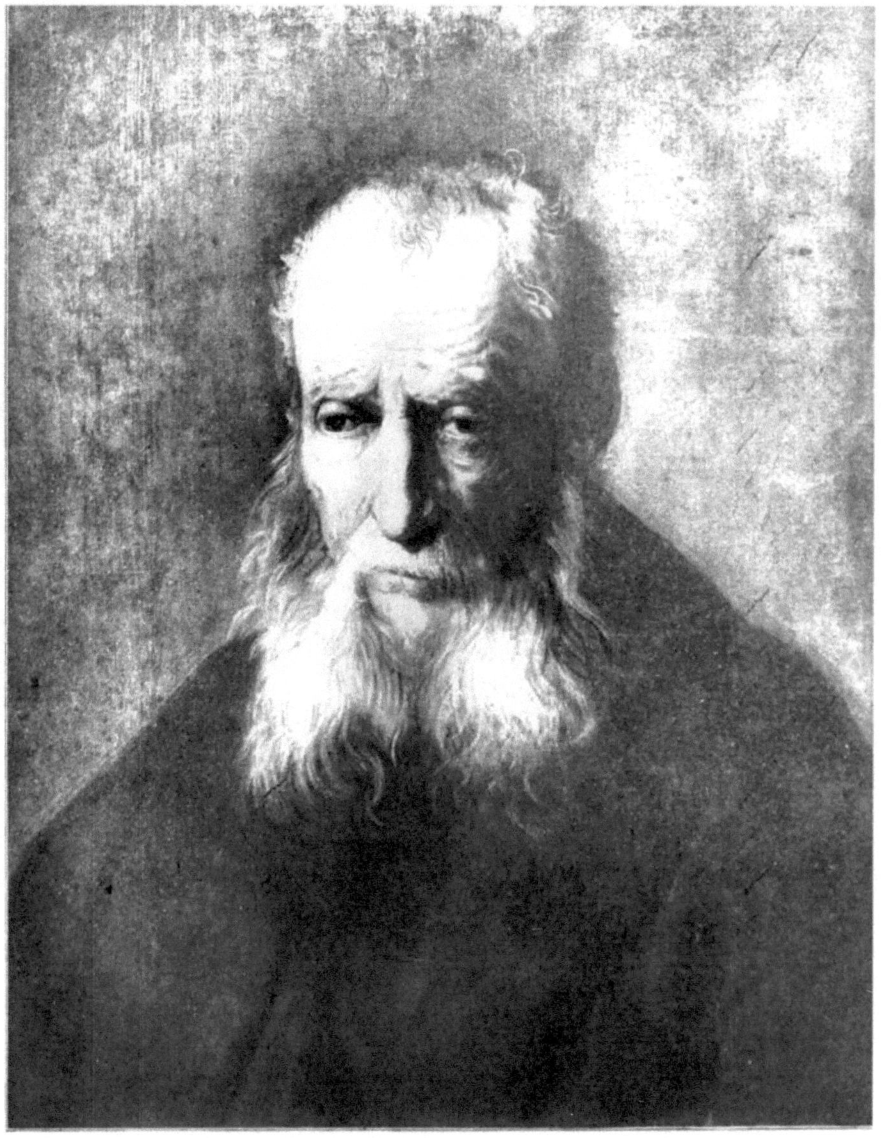

Bärtiger Greis. Studie

Bearded old man. Study   Un vieillard barbu. Étude

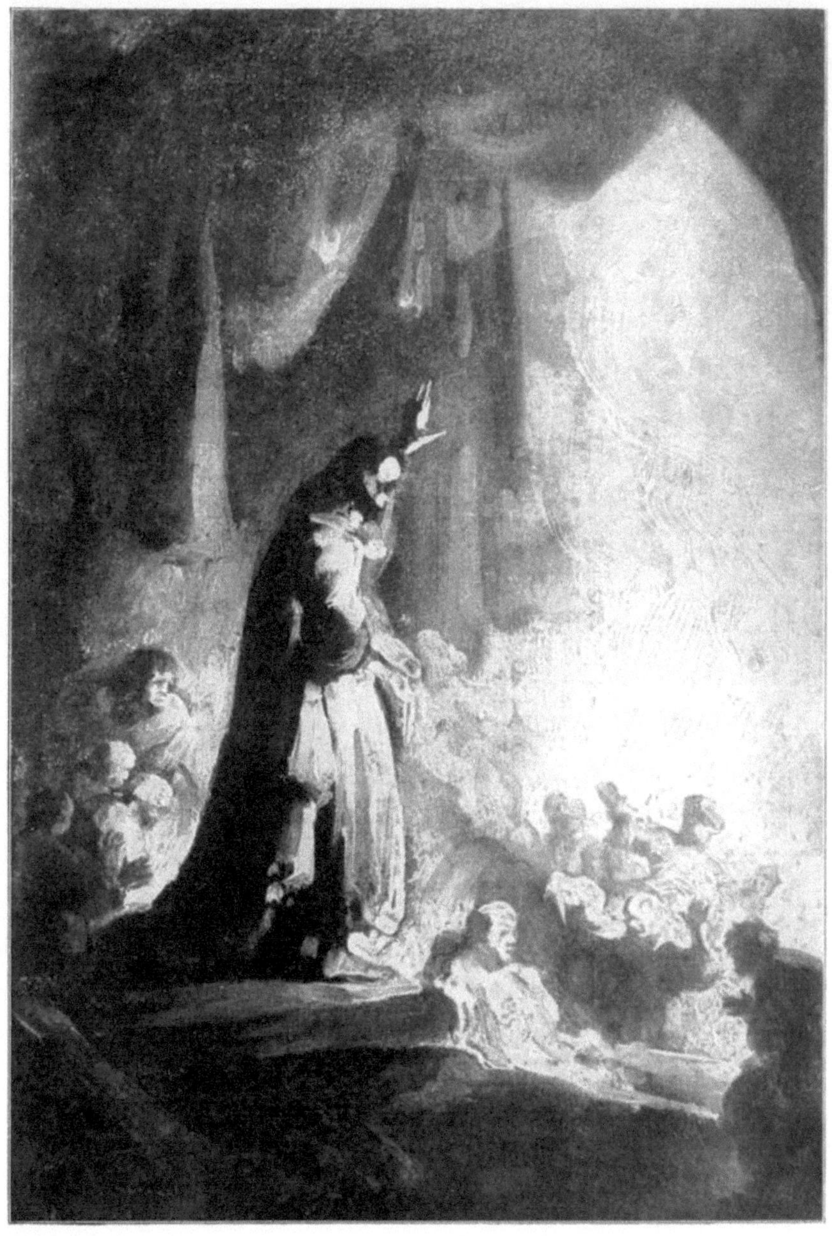

H. 25,2, B. 16,5

Auferweckung des Lazarus. Skizze

The raising of Lazarus

La résurrection de Lazare

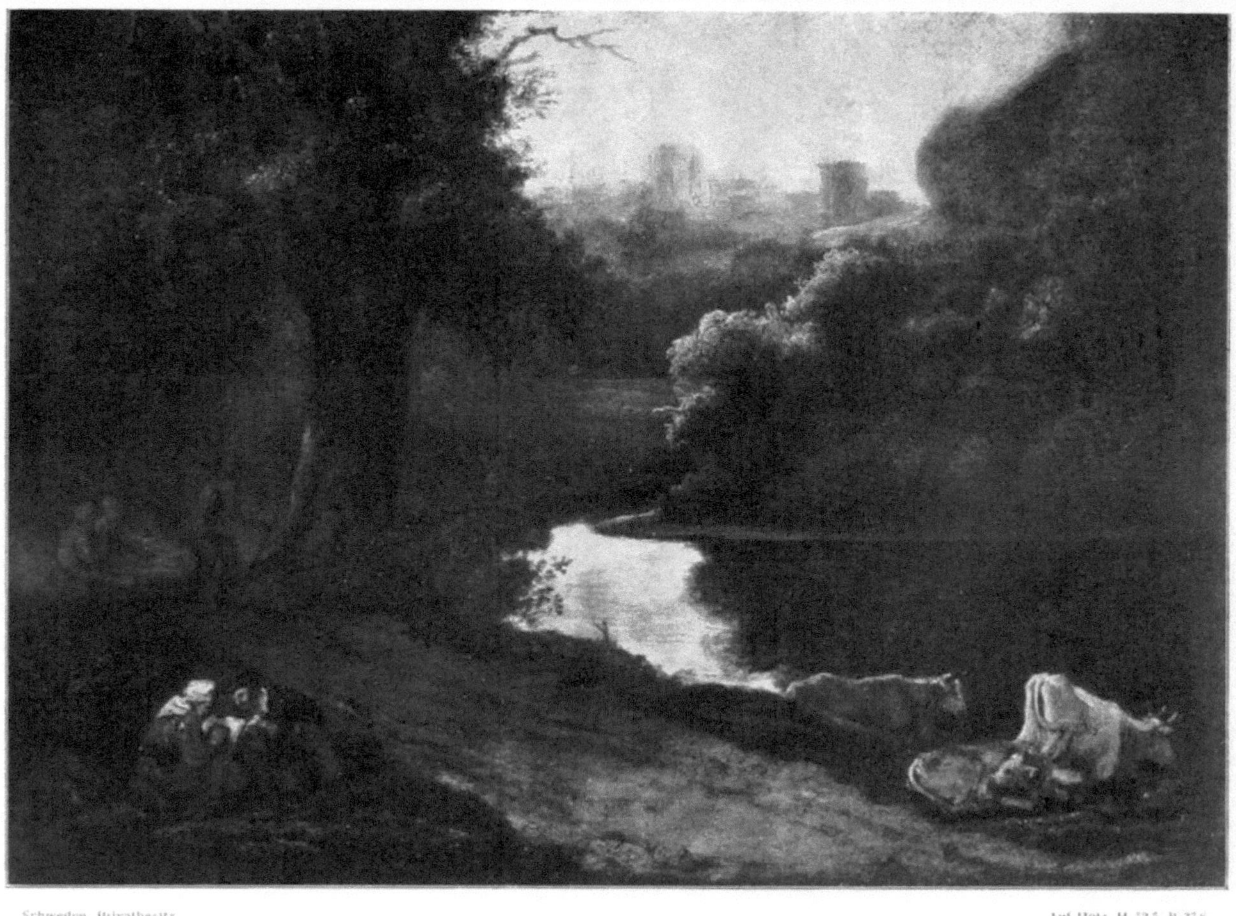

Schweden, Privatbesitz

Auf Holz, H. 52,5, B. 37,5

Waldige Flußlandschaft

Woody river scene

Paysage montagneux

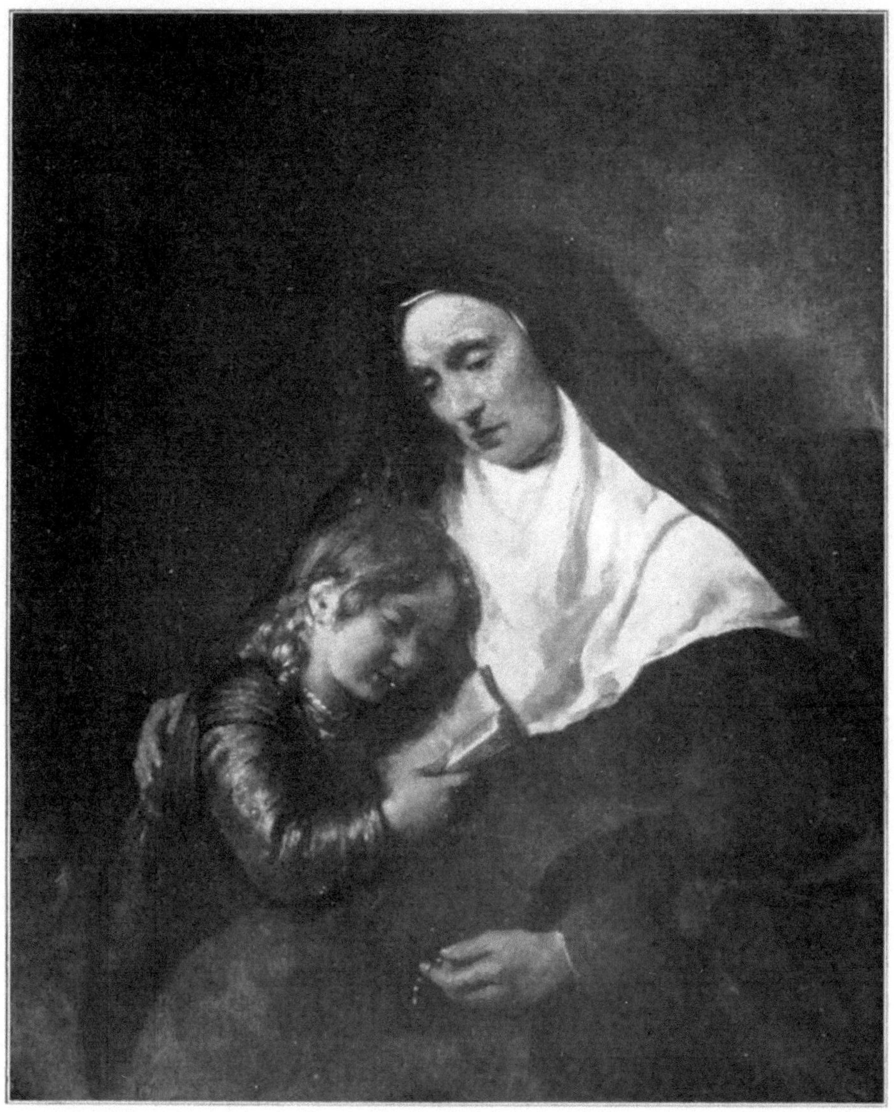

Timotheus und seine Großmutter

Timotheus and his grand mother   Timothéus et sa grand' mère

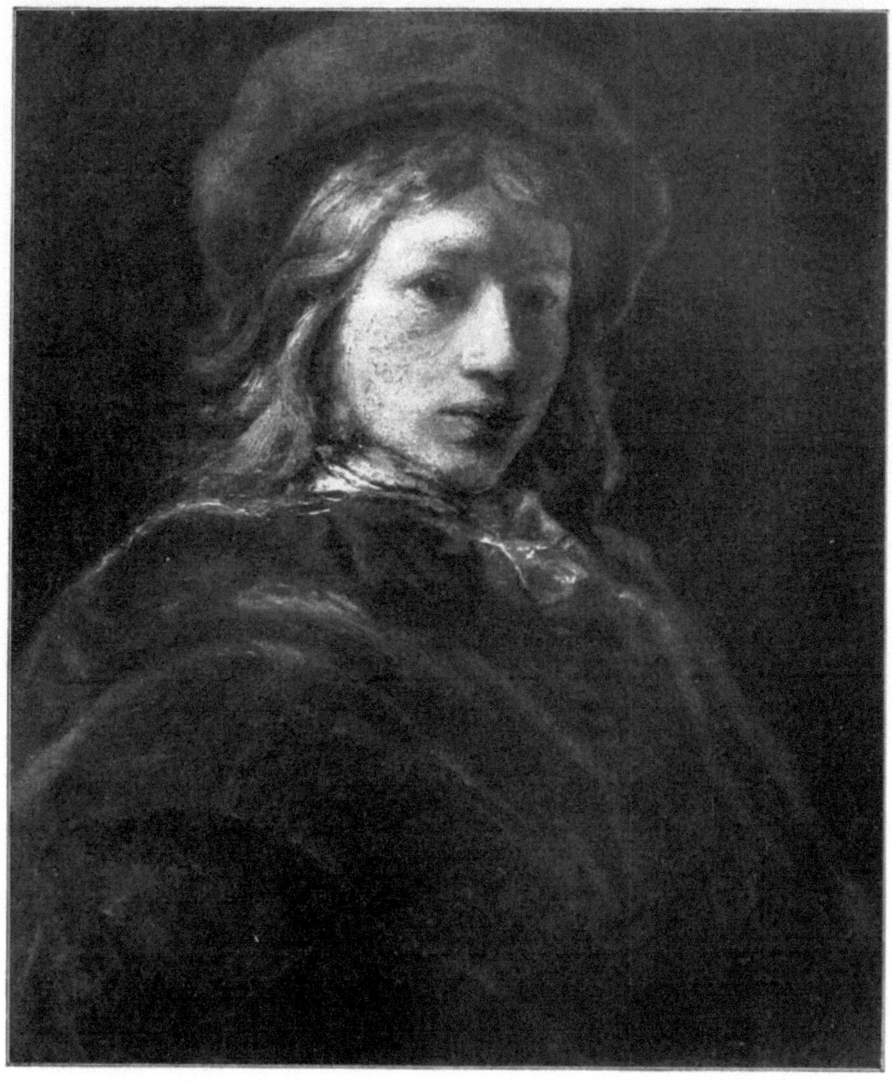

Bildnis eines Knaben

Portrait of a boy

Portrait d'un garçon

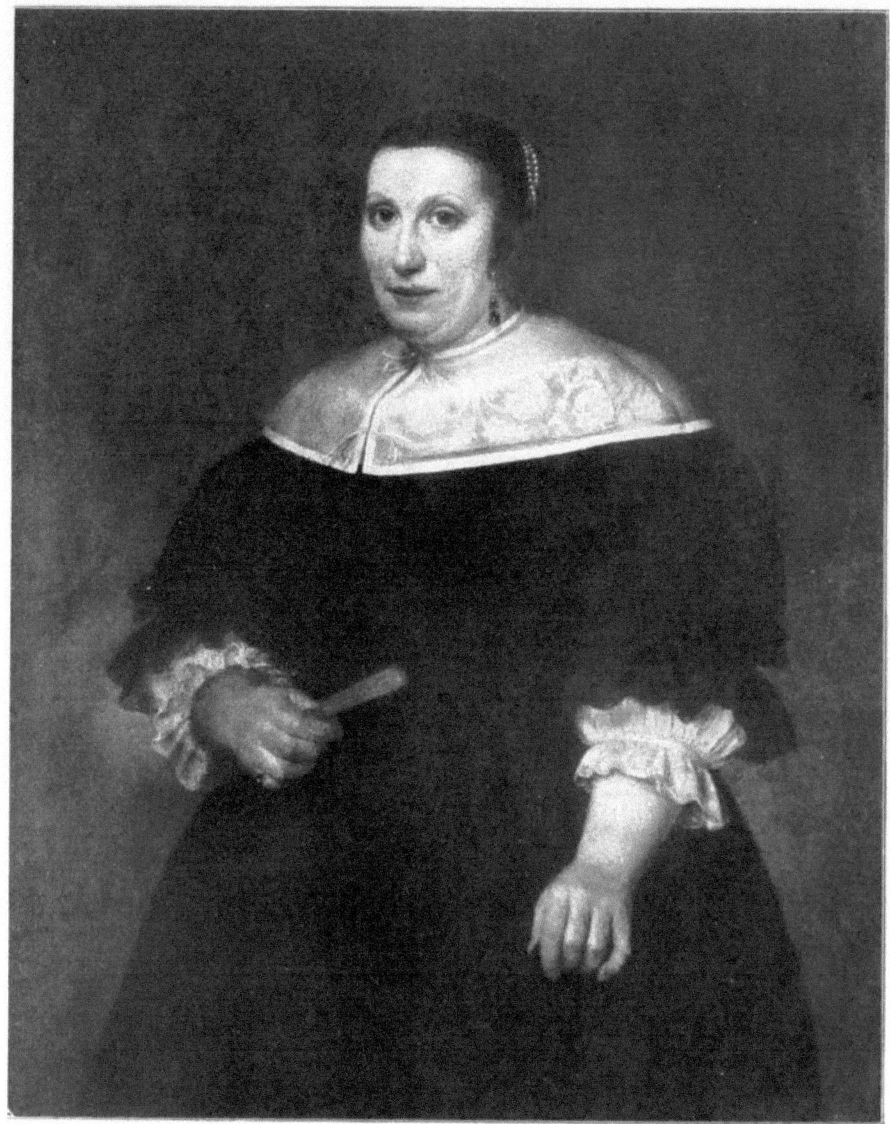

Bildnis einer Dame

Portrait of a lady   Portrait d'une dame

Nachträge zu den Erläuterungen

in „Rembrandt, Des Meisters Gemälde in 643 Abbildungen“, 3. Auflage 1909
(„Klassiker der Kunst“, Bd. II)

S. 3. Prophet Bileam (Prag, Hoschek). Besitzer zuletzt: New York, F. Hermann (†). Das Datum 1626 ist zum Vorschein gekommen. Für den Esel Bileams ist eine Zeichnung Dirk Vellerts benutzt (HdG 26).

S. 6 links. Darstellung im Tempel (Hamburg, Weber). Jetzt: Hamburg, Kunsthalle.

S. 6 rechts. Petrus unter den Knechten des Hohenpriesters (?) (Berlin, von der Heydt). Jetzt: Tokio, Koiro Matsukata.

S. 8. Christus an der Martersäule (Paris, Aynard). Jetzt: Wien, St. von Auspitz.

S. 9. Judas bringt die Silberlinge zurück (Paris, Schickler). Jetzt: Haag, A. Preyer.

S. 12. Auferweckung des Lazarus. Schulkopie nach dem Original bei Ch. Sedelmeyer (abgebildet in vorliegendem Band).

S. 14. Gelehrter. Nach Hofstede de Groot um 1627.

S. 16 rechts. Paulus (Paris. Harjes). Jetzt: Bremen, Kunsthalle.

S. 17. Jeremias (Stroganoff). Jetzt: Stockholm, Rasch.

S. 28 rechts. Selbstbildnis (Glasgow, Beattie). Zuletzt: Paris, E. Fischhof.

S. 31 rechts. Selbstbildnis (R. B. Berens). Jetzt: Näsby, C. R. Lamm; versteigert NewYork, Febr. 1923.

S. 33. Selbstbildnis (Nordamerika, Privatbesitz): Toledo (Ver. Staaten), E. D. Libbey.

S. 34. Selbstbildnis (Braunschweig). Nach Bredius Bol (Selbstbildnis), nach Hofstede de Groot Govert Flinck. Die Ansicht Hofstede de Groots halte ich für zutreffend.

S. 35 links. Rembrandts Vater (Paris, P. Müller). Jetzt: New York, M. Friedsam. Wohl alte Kopie nach einem verschollenen Original.

S. 35 rechts. Rembrandts Mutter (Haag, Bredius). Das Bild kommt in mehreren Wiederholungen vor (vgl. die Abbildung in vorliegendem Band), das Original ist noch nicht festgestellt.

S. 36. Rembrandts Mutter (London, Donaldson). Jetzt: Essen, Krupp von Bohlen.

S. 41. Rembrandts Vater (Kopenhagen). Das bezeichnete Original in Mainz, R. Busch (vgl. die Abbildung in vorliegendem Band).

S. 44 rechts. Rembrandts Vater (London, Neumann). Atelierkopie nach dem Original in Chicago (vgl. die Abbildung in vorliegendem Band).

S. 46 rechts. Greis (New York, Fabbri). Vielmehr von Lievens, wie Hofstede de Groot und H. Schneider richtig erkannten. Das Bild ist mit dem Monogramm des Lievens bezeichnet.

S. 48 rechts. Mädchenbildnis (Amsterdam, Goudstikker). Jetzt: Helsingfors, Simbryskoff.

S. 49. Junger Mann (Vogelenzang, Texeira de Mattos). Wohl Selbstbildnis. Jetzt: Chicago, Frank S. Logan.

S. 51. Knabenbildnis (Hamburg, Weber). Jetzt: Berlin, von Pannwitz (†).

S. 52. Damenbildnis, ganze Figur (Berlin, Simon). Jetzt: New York, Kunsthandel.

S. 58 links. Sogen. Schwester Rembrandts (Leipzig, Thieme). Alte Kopie nach dem Original im Nationalmuseum in Stockholm (vgl. die Abbildung in vorliegendem Band).

S. 60 links. Sogen. Schwester Rembrandts (Paris, Carcano). Nicht datiert, um 1632. Jetzt: New York, H. Reinhardt.

S. 60 rechts. Sogen. Schwester Rembrandts (London, Robinson). Statt „um 1632“ ist „1633“ zu lesen.

S. 61. Sogen. Schwester Rembrandts (Wien, Gutmann). Schulkopie nach dem Original von 1635 bei Ch. Sedelmeyer (vgl. die Abbildung in vorliegendem Band). Das Modell ist nicht die sogen. Schwester Rembrandts.

S. 62. Sog. Schwester Rembrandts (Berlin, Hollitscher). Jetzt: Holland, Kunsthandel.

S. 67 rechts. Bildnis eines jungen Mannes (Petersburg, Delaroff). Jetzt: Paris, Max Flersheim.

S. 85. Joris de Caullery (New York, Yerkes). Jetzt: Paris, G. Seligmann.

S. 95. Männliches Bildnis (The Grange, Ashburton). Jetzt: Wien, C. C. Castiglione (vorher: Berlin, C. von Hollitscher).

S. 96 links. Männliches Bildnis (Paris, Pourtalès). Jetzt: Cincinnati, Charles Taft.

S. 98. Bildnis einer Frau (Warschau, Lachnicki). Jetzt: New York, Metropolitan-Museum (Sammlung Altman).

S. 99. Bildnis einer jungen Frau (Paris, Pereire). Bol nahestehend. Zuletzt: London, Sir Hugh P. Lane.

S. 103. Bathseba (Rennes). Nach H. Kauffmann („Jahrbuch der preußischen Kunstsammlungen" 1920, S. 76), Toilette der Rhodope.

S. 105. Minerva (Reims, Charbonnaux). Zuletzt: Paris, F. Kleinberger. In diesem und dem folgenden Gemälde will Kauffmann Bildnisse von Humanistinnen erkennen, schwerlich mit Recht, da es sich offensichtlich um kostümierte Modelle des Künstlers handelt.

S. 107. Bathseba. Nach H. Kauffmann die Schäferin Bocena, die Geliebte des Königs Ulrich, und ihre Dienerin Phryne. Ihre Geschichte wird in J. Cats Trouringh erzählt.

S. 108. Raub der Europa (Paris, de Broglie). Jetzt: Berlin, L. Koppel.

S. 112. Hoherpriester (Paris, Lehmann). Vermutlich Zacharias im Tempel (vgl. HdG 72).

S. 113 links. Johannes der Täufer (New York, Ch. St. Smith). Jetzt: New York, F. Kleinberger.

S. 115 links. Greis (Philadephia, Griscom). Jetzt: Berlin, M. Kappel (†).

S. 117 links. Greis, Studienkopf (Paris, Wassermann). Zuletzt: Paris, Gimpel & Wildenstein.

S. 120. Orientale (Vanderbilt). Jetzt: New York, Metropolitan-Museum. Die letzte Ziffer des Datums ist nicht sicher, vielleicht ist eine 1 zu lesen.

S. 130. Saskia (London, Joseph). Zuletzt: London, Knoedler & Co.

S. 134. Rembrandt und Saskia (Buckingham Palace). E. Waldmann („Zeitschrift für bildende Kunst" 1919) hält das von Marcenay radierte Doppelbildnis der Versteigerung Vence (1761) und Erard (1831) für ein Gegenstück. Doch war das Bild (HdG 936) beträchtlich kleiner; auch erinnert es, soweit sich nach der Radierung urteilen läßt, auffällig an Bol.

S. 138. Flora (Hermance, Meyer de Stadelhofen). Zuletzt: Paris, Krämer.

S. 153. Bellona. Jetzt: New York, M. Friedsam.

S. 154. Bathseba (Haag, Wageningen). Jetzt: Hamburg, C. A. Mandl. Nach H. Kauffmann a. a. O. ist Orlanda, von der in J. Cats Trouringh erzählt wird, dargestellt. Die Motivierung dieser Annahme (es könne sich nicht um Bathseba handeln, da in der Bibel nicht von einem Brief die Rede sei, den die Frau auf Rembrandts Bild in der Hand halte) ist jedoch nicht stichhaltig. Bathseba wird traditionell öfters (Buytewech, J. Steen usw.), auch von Rembrandt selbst, z. B. auf dem Bild im Louvre (siehe auch HdG 43), mit einem Brief in der Hand wiedergegeben.

S. 160. Mardachai vor Esther (Paris, L. Bonnat). Jetzt: Bayonne, Musée Bonnat.

S. 175. Joseph, seine Träume erzählend (Six). Jetzt: Haag, A. Volz.

S. 180 links. Bathseba (Eremitage). Nach H. Kauffmann die Schäferin Bocena und Phryne (siehe oben zu S. 107).

S. 184. Der hl. Franz (London, O. Beit). Atelierkopien befinden sich in der Sammlung Johnson in Philadelphia und von Nemes in München.

S. 187 links. Rabbiner (New York, Yerkes). Jetzt: New Haven, Morell.

S. 193. Männliches Bildnis (Cronberg, de Ridder). Nach Hofstede de Groot Gegenstück zu dem weiblichen Bildnis beim Earl of Kinnaird (S. 211 rechts).

S. 202. Krieger (Mortimer). Nach Jan Veth („Kunstchronik" 1909) der Marquis d'Andelot.

S. 207. Weibliches Bildnis (Berlin, von der Heydt). Jetzt: Holland, Kunsthandel.

S. 208. Männliches Bildnis (Paris, Sedelmeyer). Jetzt: London, Sir Edgar Vincent.

S. 209. Bildnis einer alten Dame (London, Duveen). Jetzt: New York, Metropolitan-Museum (Sammlung Altman).

S. 210. Bildnis eines Mannes (Philadelphia, Wanamaker). Jetzt: Hamburg, H. Budge. Nach Bredius von dem Rembrandtschüler Jacques de Rousseau.

S. 212 und 213. Männliches und weibliches Bildnis (Wien, Liechtenstein). Vielleicht ein Bildnis François Copals und seiner Gattin Titia van Uijlenburgh, der Schwester Saskias (vgl. W. R. Valentiner in den „Monatsheften für Kunstwissenschaft", 1914).

S. 252. Männliches Bildnis (Perth, Earl of Mansfield). Jetzt: New York, Philip Lehman.

S. 253. Selbstbildnis (?) (Cassel). Nach Schmidt-Degener Bildnis des Hauptmanns Frans Banning Coq.

S. 260 und 261. Ehepaar (Buckingham Palace). Nach einer Annahme Schmidt-Degeners („Onze Kunst", 1913) François Copal und Titia van Uijlenburgh, nach einer anderen des Verfassers („Monatshefte für Kunstwissenschaft", 1914) Abraham van Wilmerdonc und seine Frau. Hofstede de Groot spricht sich gegen beide Hypothesen aus.

S. 262. Elisabeth Bas (Amsterdam). Gegen die Ansicht von Bredius, nach der es sich um ein Werk Bols handelt, ist Hofstede de Groot mit Recht mehrfach aufgetreten, zugleich mit dem treffenden Hinweis, daß das Bild richtiger um 1637 als 1642 zu datieren sei.

S. 264. Männliches Bildnis (Paris, Sedelmeyer). Jetzt: New York, Metropolitan-Museum (Sammlung Altman).

S. 267 rechts. Bildnis einer alten Dame (Paris, Montgermont). Jetzt: New York, Duveen Brothers.

S. 273. Männliches Bildnis (New York, Altman). Nach Schmidt-Degener Constantin Huygens. Jetzt: New York, Metropolitan-Museum.

S. 286. Christus am Kreuz (Paris, L. Bonnat). Schulkopie nach dem Bild der Sammlung Johnson, Philadelphia (vgl. die Abbildung in vorliegendem Band).

S. 291. Hanna im Tempel (Bridgewater Galerie). Der richtige Titel ist Timotheus und seine Großmutter (HdG).

S. 292. „Die Eintracht des Landes" (Rotterdam). Nach neuerlichen Untersuchungen (Schmidt-Degener, „Oud Holland", 1912) ist das Datum 1641 zu lesen.

S. 304. Abschied der Hagar (Newnham Paddox). Über die Frage der Echtheit siehe HdG 6. Zuletzt: London, P. & D. Colnaghi & Co.

S. 309. Pfauen (Aynhoe Park). Jetzt: Sammlung Chabot in Wassenaar beim Haag.

S. 311. Landschaft mit Schwänen (Paris, Schloss). Nach Hofstede de Groot Schulbild.

S. 313. Die Mühle (Bowood). Jetzt: Philadelphia, J. E. Widener. Die Echtheit ist ganz mit Unrecht angezweifelt worden.

S. 316. Selbstbildnis (Terrell). Statt Nordamerika ist zu lesen: New York.

S. 319 rechts. Selbstbildnis (London, Agnew). Jetzt: Philadelphia, J. E. Widener.

S. 321. Junges Mädchen (New York, R. Hoe). Jetzt: Saint Louis, W. K. Bixby. Vgl. „Burlington Magazine" 1910.

S. 324. Mädchen (Köln, Oppenheim). Versteigert in Berlin 1918 (Lepke) und Luzern 1922 (Chillingworth). Jetzt: Detroit, J. Haas.

S. 330. Bildnis einer Frau (Kiel, Martius). Jetzt: Berlin, Kunsthandel.

S. 331. Alte Frau (Paris, Porgès). Nicht Rembrandt; wahrscheinlich Nicolas Maes, nach Bredius van der Pluim. Jetzt: New York, H. C. Frick (†).

S. 332. Rembrandts Bruder Adriaen (Paris, Porgès). Die Annahme, daß es sich bei diesem Modell und dem Gegenstück um Rembrandts Bruder und seine Frau handele, kann nicht aufrecht erhalten werden, seitdem bekannt geworden ist, daß Adriaen 1652 starb und das Modell in Rembrandts Bildern noch um 1654 vorkommt. Dasselbe trifft für die Unterschriften der folgenden Bilder zu.

S. 336. Titus (Earl of Spencer). Jetzt: Richmond, Herbert Cook.

S. 338. Junger Mann am Fenster (Kopenhagen, Ny Carlsberg). Nach Hofstede de Groot der junge Daniel.

S. 341. Ephraim Bonus. 1920 aus der Sammlung Six verkauft. Jetzt: Amsterdamer Privatbesitz.

S. 342 und 343. Ehepaar (London, Westminster). Nach Schmidt-Degener Bildnis des Malers H. M. Sorgh und seiner Frau Ariaentje Hollaer („Oud Holland", 1914).

S. 345. Bildnis eines Malers (New York, Frick). Da das folgende Malerbildnis wahrscheinlich in der Mitte der fünfziger Jahre entstanden ist und daher als Bildnis Jan van Capelles nicht in Frage kommt, ist anzunehmen, daß uns das verlorene Bildnis dieses Künstlers in dem vorliegenden Gemälde erhalten ist.

S. 346. Malerbildnis (London, Morgan). Nach einer erneuten Prüfung erscheint es mir wahrscheinlich, daß das Bild erst in der Mitte der fünfziger Jahre entstanden ist. Dann könnte es ein Bildnis von Rembrandts Sohn Titus, der ja künstlerisch tätig war, sein.

S. 347. Reiterbildnis (Panshanger, Earl Cowper). Vermutlich der Amsterdamer Großkaufmann
Frederic Rihel (siehe HdG 669 d).

S. 349 links. Alte Frau (London, Dowdeswell). Jetzt: Cincinnati, Ch. P. Taft.

S. 353 links. Rabbiner (Paris, Porgès). Jetzt: New York, M. Friedsam.

S. 354. Männliches Bildnis (Leiden). Die Datierung Hofstede de Groots „um 1631" dürfte zu-
treffender sein.

S. 360 links. Männliches Bildnis (London, Mildmay). Jetzt: Saint Louis, W. K. Bixby.

S. 362 links. Jude (Grittleton House, Neeld). Zuletzt: London, Th. Agnew & Sons.

S. 362 rechts. Jude (Petersburg, Delaroff). Jetzt: New York, Otto H. Kahn.

S. 363 rechts. Studienkopf (Glasgow). Schulkopie nach dem Original bei Hofstede de Groot
(vgl. die Abbildung in vorliegendem Band).

S. 365. Jüdischer Philosoph (Paris, M. Kann). Jetzt: Philadelphia, J. E. Widener. Ein zweites
schwächeres Exemplar, von Bode für das Original gehalten, in der Sammlung M. Kappel
in Berlin.

S. 366 links. Greis (Paris, L. Bonnat), Jetzt: Bayonne, Musée Bonnat.

S. 373. Suessa (London, Newgass). Jetzt: Paris, Ch. Sedelmeyer.

S. 375 rechts. Mars (Petersburg). Daß dieses und das nebenstehend abgebildete Gemälde als
Gegenstücke gedacht waren, wie Hofstede de Groot annimmt, scheint mir nicht wahrscheinlich, da beide Köpfe nach derselben Seite gerichtet sind. Nach Prof. Six stellt
das Petersburger Bild Alexander den Großen dar. In der Tat erinnert die Auffassung
an die antike Medaille, die Six als das Vorbild angibt. Doch kann das Gemälde nicht
wohl identisch mit dem seit 1661 im Besitz des Marchese Ruffo in Messina befindlichen
Gemälde, das Alexander den Großen wiedergab, sein, da dieses den König sitzend in
Halbfigur darstellte. Vermutlich ist in der Zeichnung in Rotterdam, die als das Bildnis
eines Bildhauers gilt, ein Entwurf zu dem Alexander der Sammlung Ruffo erhalten.

S. 379. Christus und die Samariterin (Harrogate, Sheepshanks). Jetzt: Berlin, M. Kappel (†).

S. 384. Paulus (Earl of Wimborne). Jetzt: Philadelphia, J. E. Widener.

S. 385. Bartholomäus (?) (Kassel). Die richtige Benennung des Apostels ist Thomas (Hofstede
de Groot).

S. 386. Sibylle. Die von mir angenommene Datierung um 1656 (im Gegensatz zu der Bodes,
Hofstede de Groots und Jan Veths, die das Bild um 1667 ansetzen), wird durch die
Angabe des Kataloges Beurnonville (1884) bestätigt, nach der das Gemälde rechts bezeichnet und 1654 datiert war. Bezeichnung und Datum sind zwar jetzt nicht mehr
aufzufinden, doch dürften diese Angaben schwerlich aus der Luft gegriffen sein.

S. 386 rechts. Studie zu einer Geißelung (Berlin, Carstanjen). Jetzt in der Alten Pinakothek
in München ausgestellt.

S. 388. Philemon und Baucis (New York, Yerkes). Jetzt: New York, J. E. Widener.

S. 392. Christus. Die Angabe, daß sich das Bild in der Sammlung R. Kann befand, ist ein Ver-
sehen. Es war erst im Besitz Sedelmeyers in Paris und dann in der Sammlung des
Grafen A. Orloff Davidoff in Petersburg.

S. 393. Christus (Paris, M. Kann). Jetzt: New York, Isaak W. Fletcher.

S. 398 rechts. Selbstbildnis (Dresden). Vielleicht das Gegenstück zu dem Berliner Bildnis der
Hendrickje (S. 409).

S. 405. Selbstbildnis (Louvre). Vielleicht das Gegenstück zu dem Bildnis der Hendrickje mit
ihrem Kind im Louvre (S. 480), das nach dem Alter des 1654 geborenen Kindes eher
1660 als 1662 entstanden ist.

S. 407 links. Hendrickje (London, Ridley). Zuletzt: Cronberg, A. de Ridder (†).

S. 411 links. Selbstbildnis (Paris, Sedelmeyer). Bezeichnet und datiert 1660. Jetzt: New York,
Metropolitan-Museum (Sammlung Altman).

S. 413. Titus (New York, Altman). Jetzt: New York, Metropolitan-Museum.

S. 414. Titus (London, Agnew). Zuletzt: Paris, Jonas.

S. 417. Titus (Paris, M. Kann). Jetzt: New York, Metropolitan-Museum (Sammlung Altman).

S. 419 links. Titus (Paris, M. Kann). Zuletzt: New York, Jules Bache.

S. 420. Titus (Belvoir Castle). Zuletzt: New York, Jules Bache.

S. 421 bis 423. Rembrandts Bruder und Frau (siehe oben zu S. 332).

S. 426. Virgil (New York, Huntington). Stellt vielmehr Aristoteles dar und wurde für den Marchese Vincenzo Ruffo in Messina ausgeführt (vgl. Hoogewerff in „Oud Holland", 1918 und H. Schneider in der „Kunstchronik", 1918).

S. 430. Betende Alte (Haag, Bredius). Von Bredius u. a., schwerlich mit Recht, K. Fabritius zugeschrieben. Das Bild scheint als Studie für eine der Figuren auf der Beschneidung von 1646 (alte Kopie in Braunschweig, siehe die Abbildung in vorliegendem Band) von Rembrandt benutzt zu sein und müßte danach etwas früher datiert werden.

S. 431 links. Bildnis eines Greises (Washington, Slater). Jetzt: Kenosha bei Chicago, Nathan Allen.

S. 435. Polnischer Reiter (Dzikow, Tarnowski). Jetzt: New York, H. C. Frick (†).

S. 436. Alter mit roter Mütze (London, Hirsch). Vermutlich Atelierkopie des nebenstehenden Bildes in der Berliner Galerie.

S. 438. Lesender Greis (Paris, Harjes). Jetzt: Bremen, Kunsthalle.

S. 440. Alte Frau (Paris, Kleinberger). Jetzt: Philadelphia, J. E. Widener.

S. 443. Bärtiger Mann (Wien). Eher um 1661 entstanden und Gegenstück zu dem Bild in Petersburg S. 496 rechts.

S. 444 links. Alte Frau (Eremitage). Eine Federskizze zu dem Bild befindet sich in der Kunsthalle in Bremen.

S. 444 rechts. Alte, die Nägel schneidend (New York, Altman). Jetzt: New York, Metropolitan-Museum (Sammlung Altman).

S. 447. Männliches Bildnis, offenbar ein Großkaufmann, auf dessen Tätigkeit das in der Fensteröffnung sichtbare große Handelsschiff weist (Earl of Feversham). Das außerordentliche Bildnis, eines der schönsten Rembrandts, befindet sich jetzt in der Sammlung Edmond de Rothschilds in Paris. Datiert 1658 (nicht 1659).

S. 454. Christus (Ragolin, Raczynski). Das Gegenstück bildete vermutlich die „Nonne" in Epinal S. 461 als Maria. Beide Bilder gehörten wohl zu der Evangelistenfolge dieses Jahres.

S. 456 links. Matthäus (Louvre). Gehört mit den Bildern S. 458, S. 481 links und S. 502 zu einer Folge der vier Evangelisten (vgl. W. R. Valentiner, „Kunstchronik", Dez. 1920).

S. 457 links. Pilger (Paris, M. Kann). Vielmehr der hl. Jakobus (Hofstede de Groot). Jetzt: Toledo (Ver. Staaten), Willis.

S. 458. Evangelist (London, Sulley, verkauft). Stellt wahrscheinlich Markus dar und ist wie der Matthäus im Louvre und die anderen Evangelisten 1661 entstanden.

S. 461. Mönch (Earl of Wemyss). Jetzt: London, Hjalmar Linder.

S. 462. Christus (Aschaffenburg). Jetzt: München, Alte Pinakothek.

S. 465 oben. Beschneidung (Althorp House). Jetzt: Philadelphia, J. E. Widener.

S. 465 unten. Claudius Civilis (Stockholm). Über die Verstümmelung des Bildes vgl. C. Neumann Aus der Werkstatt Rembrandts 1918 und H. Kauffmann, Kunstgesch. Ges. in Berlin 1919.

S. 466. Homer (Haag). Eine (mit Unrecht angezweifelte) Federskizze zu dem Bild im Museum von Stockholm. Das Gemälde wurde für Vincenzo Ruffo in Messina ausgeführt.

S. 467. Lukretia (New York, Borden). Jetzt: Kopenhagen, H. Heilbuth; vorher: Amsterdam, A. Janssen.

S. 468. Pilatus (New York, Altman). Jetzt: New York, Metropolitan-Museum. Eine Federskizze in der Sammlung Six in Amsterdam; eine andere, etwas frühere, mit wesentlich anderer Anordnung im Besitz von Dr. F. Güterbock in Berlin.

S. 469 links. Mardachai vor Esther (Bukarest). Es scheint mir nicht unmöglich, daß das Bild zehn Jahre früher, um 1655, entstanden ist, da der Typus der Frau an den Hendrickjes erinnert und auch die Federskizzen zum Mardachai in der Sammlung Hofstede de Groots sehr wohl in die fünfziger Jahre passen. Allerdings urteile ich nur nach der Photographie. Das Bild wäre dann identisch mit dem großen und hoch bewerteten Gemälde, das 1657 im Besitz des Kunsthändlers Johannes de Renialme in Amsterdam („Esther und Ahasver") und 1682 im Besitz der Witwe Aldert Mathijsz in Amsterdam („Die Königin Esther") erwähnt wird (HdG 48 a und b).

S. 469 rechts. Haman in Ungnade (Petersburg). Die Szene entspricht nicht dem Bibeltext. Sollte vielleicht Urias, der vom König David in den Tod geschickt wird, mit dem warnenden Propheten Nathan im Hintergrund, dargestellt sein?

S. 470. Saul (Haag, Bredius). Von Bredius, doch schwerlich mit Recht, um 1657 datiert. Einige Zeichnungen, die Nathan vor David darstellen und der Zeit des Saul entstammen, weisen vielleicht darauf, daß Rembrandt ein Gegenstück mit diesem Motiv plante (vgl. W. R. Valentiner: Ein Altersentwurf Rembrandts im „Genius", 1920).

S. 471. Geißelung (Darmstadt). Nach dem Stil und nach den Vorstudien (Federzeichnungen bei Hofstede de Groot, im Louvre und in Dresden) ist das Bild schon 1656 entstanden, aber vielleicht 1668 von Rembrandt übergangen und neu datiert. Eine Werkstattwiederholung in der Sammlung Van Gelder, Ukkle.

S. 475. Selbstbildnis (Earl of Kinnaird). Stellt offenbar zugleich einen der Apostel dar und gehört zu der Folge von 1661 (siehe oben zu S. 456 rechts und 457). So erklären sich die hebräischen Schriftzüge auf dem Papier und der Schwertknauf, der aus dem Mantel an der Brust hervorschaut.

S. 479 links. Selbstbildnis (Carstanjen). Ausgestellt in der Münchener Alten Pinakothek.

S. 479 rechts. Selbstbildnis (Neeld). Jetzt: Berlin, M. Kappel (†).

S. 481 links. Titus (München). 1661 entstanden und Johannes darstellend, zu dem Titus das Modell bildete. Gehört zu der Evangelistenfolge dieses Jahres.

S. 481 rechts. Magdalena van Loo (Kolmar). Jetzt: Toronto, James C. Wood.

S. 482 und 483. Titus und seine Frau (Kann). Jetzt: New York, Metropolitan-Museum. Die Annahme, daß der Mann Spinoza darstelle (Goekoop-de Jongh) ist unhaltbar, da Spinoza nicht verheiratet war.

S. 484 und 485. Bildnis eines Ehepaars (Jussupoff). Jetzt: Philadelphia, J. E. Widener. Von der Annahme, daß in den Bildnissen Titus und seine Gattin zu erkennen seien, bin ich abgekommen. Das weibliche Bildnis ist links unten bezeichnet und datiert (die letzte Ziffer unleserlich).

S. 487. Eine Federzeichnung, die offenbar eine Vorstudie zu dem Gemälde bildet, in der Sammlung O. Huldschinsky in Berlin.

S. 491 rechts. Bildnis eines jungen Mannes (London, Beit). Jetzt: Rochester (Ver. Staaten), G. Eastman.

S. 498. Junger Jude (Kann). Jetzt: Montreal, Sir W. van Horne (†).

S. 500 rechts. Männliches Bildnis (Wimborne). Jetzt: Philadelphia, J. E. Widener.

S. 501. Männliches Bildnis (New York, Privatbesitz), vielmehr: Boston, T. O. Sears.

S. 502. Männliches Bildnis (Pittsburg, Schwab). Stellt den Evangelisten Lukas dar und gehört zur Evangelistenfolge von 1661.

S. 503. Männliches Bildnis (Berlin, L. Koppel). Stellt Gerard de Lairesse dar (Schmidt-Degener).

S. 507. Männliches Bildnis (New York, Museum). Vielleicht schon um 1654 entstanden.

S. 508 links. Bildnis (Eremitage). Stellt wahrscheinlich den Dichter Jeremias de Decker dar (K. H. de Raaf in „Oud Holland", 1912).

S. 516. Grablegung (Dresden). Von Rembrandts Hand sind der Christus, die Maria und einige Retuschen an den umstehenden Figuren. Alles andere ist von einem Schüler. Merkwürdig ist, daß Rembrandt das Bild signierte und es wohl unter seinem Namen verkaufte.

S. 519 rechts. Rembrandts Mutter. Der Stich Riedels ist vermutlich nach der Werkstattkopie im Depot der Dresdener Galerie gemacht.

S. 521. Der Stich der J. J. van Vliet ist wahrscheinlich nicht nach einem Gemälde, sondern nach einer Zeichnung Rembrandts, die uns im Britischen Museum erhalten ist, gefertigt. Vielleicht wurde das Bild von Rembrandt nie ausgeführt. (Vgl. A. M. Hind: Rembrandt's etchings p. 57.)

S. 522 links. „La Dame aux perles". Das Original des Stiches von Marcenay befindet sich im Besitz des Oberbürgermeisters Adenauer in Köln, ist aber nicht von Rembrandt (Bol?).

S. 522 rechts, S. 525 rechts und links, S. 527 rechts. Die Originale sind in vorliegendem Band abgebildet.

S. 526. Decker. Der Stich geht wahrscheinlich auf das Bild in der Eremitage zurück (vgl. de Raaf in „Oud Holland", 1912).

S. 538 oben. Ein drittes Exemplar, vielleicht das beste, im Besitz Sir Edgar Speyers in New York.

Aufbewahrungsorte und Besitzer der Gemälde

Systematisches Verzeichnis der Gemälde

I. Biblische Geschichte: 1. Altes Testament, 2. Neues Testament — II. Innenräume mit Figuren und Genredarstellungen — III. Bildnisse: 1. Selbstbildnisse und Bildnisse von Rembrandts Familienmitglieder, 2. Bildnisse unbekannter Personen, a) Männer und Knaben, b) Frauen und Mädchen — IV. Studien — V. Landschaften und Mythologie